Saga de
M é x i c o

Seymour Menton
and
María Herrera-Sobek

Bilingual Press/Editorial Bilingüe
TEMPE, ARIZONA

ISBN 0-927534-11-8

Library of Congress Cataloging-in-Publication Data

Menton, Seymour.
    Saga de México / by Seymour Menton and María Herrera-Sobek.
       p.   cm.
    Text in Spanish, section introductions in English.
    ISBN 0-927534-11-8 (paper only) : $16.00.
    1. Spanish language—Readers—Mexico. 2. Spanish language—
Readers—Mexican Americans. I. Herrera-Sobek, María. II. Title.
PC4127.M4M46   1991
468.6'421—dc20   91-33663
                                           CIP

PRINTED IN THE UNITED STATES OF AMERICA

Cover design by Peter J. Hanegraaf

Acknowledgments

The authors wish to thank the following for permission to reprint material appearing in this volume:

Fondo de Cultura Económica, México, D.F., for selections from *Popol Vuh*, ed. Adrián Recinos, Colección Popular; for selection from *Apariencias*, by Federico Gamboa; for selections from *Los de abajo*, by Mariano Azuela; and for "Nos han dado la tierra" and "Paso del Norte" from *El llano en llamas* by Juan Rulfo.

Miguel León-Portilla, for "El águila y el nopal" by Alfonso Caso, in Miguel León-Portilla, *De Teotihuacán a los aztecas*, Universidad Nacional Autónoma de México, Instituto de Investigaciones Históricas, 1971; for "Quetzalcóatl y los toltecas" from the *Códice Matritense del Real Palacio*, fols. 132 v, 134 v, and *Anales de Cuauhtitlán*, fol. 7, in *De Teotihuacán a los aztecas*; and for "Nacimiento de Huitzilopochtli" from the *Códice Florentino*, libro III, cap. I, in *De Teotihuacán a los aztecas*.

The late Francisco Monterde, for selections from his *Moctezuma, el de la silla de oro.*

Juana Inés Abreu, for selections from *Canek* by Ermilo Abreu Gómez.

The late José Mancisidor, for selections from his *Miguel Hidalgo, constructor de una patria.*

The late Rafael Muñoz, for selections from his *Santa Anna, el que todo lo ganó y todo lo perdió.*

María C. de Pérez Martínez and Rafael Sánchez de Ocaña, for selections from *Juárez el impasible* by Héctor Pérez Martínez.

The late Rodolfo Usigli, for the scene from his play *Corona de sombra.*

(Acknowledgments continue on p. 348.)

Contents

Illustrations

Preface

Saga de México is a distinctive reader for a fourth-year high school or second-year college class. It provides students with well-written, interesting stories, and it also gives them a clear picture of the history of Mexico from pre-Columbian times up to the present, supplemented with a view of contemporary Chicano life in the U.S. Southwest. Anecdotal and artistic presentations of the most significant periods of Mexican and Chicano history have been extracted from the works of well-known authors and arranged in chronological order. Important historical events and situations are expressed by means of poignant scenes presented in a succinct, artistic manner. The few textual changes that have been made have simplified the reading but have in no way altered the original tone of the selections. Various important aspects of the relations between the United States and its southern neighbor are presented from the Mexican point of view. Each of the eleven major divisions of the book ("Epoca Precolombina," "La Conquista," "El Virreinato," "La Guerra de Independencia," "La Anarquía de Santa Anna," "Juárez y Maximiliano," "La Paz Porfiriana," "La Revolución," "Caudillismo y cambios revolucionarios," "La crisis de la modernización: 1940-," and "Los chicanos,") is preceded by a short historical introduction in English and is illustrated with attractive and relevant photographs, paintings, and woodcuts by some of Mexico's most distinguished artists.

Abundant footnotes for words or expressions and geographical and historical names make reading more fluent and enjoyable. Exercises after each reading assignment are interesting and varied. The students' comprehension of the story is carefully tested by questions in Spanish and multiple-choice, fill-in, true-false or matching exercises. Sometimes students are asked to make up their own questions on the text which classmates are expected to answer orally in class. The students' vocabulary is increased by exercises involving cognates, word families, and equivalent expressions. A complete end vocabulary solves all difficulties that a fourth-year high school or second-year college student might have in reading the text.

Interesting projects involving outside reading based on a particular historical person, event, or period could be profitably encouraged among the students by the skillful teacher.

The original 1954 edition of this book has been thoroughly revised and expanded. Some selections have been deleted while others have been added. Exercises have been changed. The inclusion of the section entitled "Los chicanos" will make the book particularly significant in the Southwest, although an exposure to the history of our southern neighbor will be beneficial to students everywhere.

We should like to express our deep gratitude to the following authors for permission to include in this text selections from their works: Miguel León-Portilla, Francisco Monterde, Mauricio Magdaleno, Carlos Fuentes, Elena Poniatowska, Tomás Rivera, Rolando R. Hinojosa-Smith, Luis Dávila, and Alejandro Morales. We are also grateful to the Fondo de Cultura Económica for authorization to include the selections from the *Popol Vuh,* from Federico Gamboa's *Apariencias*, Mariano Azuela's *Los de abajo*, and Juan Rulfo's *El llano en llamas*; to Professor Palazón for authorization to include the selections from Fernández de Lizardi's *Obras*; to Juana Inés Abreu for Ermilio Abreu Gómez's *Canek*; to Olivia Ramírez de Yáñez for Agustín Yáñez's *Al filo del agua*; to Neus Expresate and Ediciones Era for José Revueltas's "Dios en la tierra"; to Rosario Ahumada de Díaz G. for José Vasconcelos's *El proconsulado*; to Chris Strachwitz of Arhoolie Records for permission to include the text of "Joaquín Murieta," which, along with many other important Chicano corridos, is heard on the Folklyric LP set 9004/5 (for a complete catalog of historic Chicano music send $1.00 to Arhoolie Productions, 10341 San Pablo Avenue, El Cerrito, CA 94530); to Hazel A. Burrows, Registrar of the Hood Museum of Art, Dartmouth College, Hanover, New Hamphire, for permission to reproduce panels 5 and 6 of the Orozco murals; to José Verde O. and Beatriz Zamorano Navarro of the Unidad de Documentación of the Instituto Nacional de Bellas Artes for their cooperation in the selection of and their authorization for the use of the very appropriate reproductions of the works by Félix Parra, Diego Rivera, José Clemente Orozco, Rolando Arjona, Fernando Castro Pacheco, Alberto Beltrán, and Luis Arenal; to Pablo

Elmore García, Director de Asuntos Jurídicos of the Instituto Nacional de Antropología e Historia, for the authorization to include the reproductions of the portraits of Santa Anna, Maximiliano and Carlota, and the photograph of Porfirio Díaz; to Héctor Darío Vicario for his photograph "La lucha revolucionaria"; to the National Farm Worker Ministry for the photograph "Thinning Sugar Beets"; to Jaime Rodríguez, UC Irvine professor of Latin American history, for his valuable comments on the section "La crisis de la modernización: 1940-"; to Tracy Terrell, UC Irvine professor of Hispanic linguistics, for his suggestions on the explanations of dialectal forms; to Luis Leal, professor emeritus, UC Santa Barbara, Mexicanist deluxe and loyal friend, for supplying the answers to our most difficult questions; to Ivonne Gordon for her recommendations regarding the selection of new reading material; to Patricia Candelaria for her suggestions regarding the revision of the exercises; to Gloria Chávez, Margarita Padilla, Sonia Ibarra, and Rosie Riojas for typing the manuscript; and to the University of California Irvine's Mexico/Chicano Program for its generous grant.

María Herrera-Sobek
Seymour Menton

ESTADOS   UNIDOS

114°   110°   106°   102°

Tecate

Mexicali

Francisco Zarco

El Faro

32°

Ensenada

San Vicente

El Chinero

Colonet

Cabo Colonet

Lázaro Cárdenas
San Quintín
El Socorro
El Consuelo
Rosario de Arriba
San Agustín
Misión San Fernando
Cataviña (Sta. Inés)
Laguna Chapala

Punta Prieta

I. Ángel de la
Guarda

I. Tiburón

I. San Lorenzo

Bahía
Sebastián
Vizcaíno

I. Cedros

Pta. Falsa
Guerrero Negro
El Arco

I. Natividad
Punta Eugenia

Punta Abreojos

I. GUADALUPE

18° 15'

BAJA CALIFORNIA NTE.

BAJA CALIFORNIA SUR

SONORA

El Golfo

El Chinero

Río Colorado

San Emeterio

San Luisito

Sonoyta
Altar

Caborca

Magdalena
Santa Ana

Benjamín Hill

Nacozari

Cananea

Hermosillo

Empalme

Guaymas

San José

I. Carmen

Loreto
Puerto Escondido

I. Concepción

Mulegé

Santa Rosalía

I. San Marcos

Ciudad Constitución

I. Magdalena

Cabo San Lázaro

I. Margarita

I. Creciente

Medano
I. Espíritu Santo
Pichilingue
San Cristóbal

La Paz

Todos Santos

San José
Santiago
Miraflores
Santa Catarina
Santa Anita
Cabo San Lucas

Tópico de Cáncer

23°
27'

CHIHUAHUA

Ciudad Juárez

El Paso

Casas Grandes
El Sueco

Buenaventura

El Carmen
Flores Magón

Villa Ahumada

Moctezuma

Chihuahua

Ciudad Guerrero

Ciudad Camargo

Hidalgo del Parral

San Buenaventura

Melchor Muzquiz

COAHU

Ciudad Obregón

Navojoa

Álamos

Los Mochis

San Blas

Guamúchil

Guasave

Culiacán

El Dorado

DURANGO

Gómez Palacio

San Pedro de

San Juan

Topia

Tepehuanes

Santiago Papasquiaro

Canatlán

Durango

Mazatlán

ZACAT

Concordia

NAYARIT

Acaponeta

Santiago Ixcuintla

Tepic

Compostela

Puerto Vallarta

Cabo Corrientes

JALISCO

Ixtapa

Cihuatlán

Ciudad Guzmán

Barra de Navidad

Manzanillo

COLIMA

Colima

MIC

Zacatecas

Aguas

Guadala

20°

OCÉANO

Islas Marías

IS. REVILLAGIGEDO

S. Benedicto

Clarión

Roca Partida

Socorro

16°

PACÍFICO

114°   110°   106°

MÉXICO

MAPA POLÍTICO Y COMUNICACIONES

■ Capital de la Republica
▲ Capitales de Estados
• Cds. hasta con 50,000 Hbs.
● Cds. hasta con 100,000 Hbs.
▣ Cds. hasta con 250,000 Hbs.
◉ Cds. hasta con 500,000 Hbs.
▢ Cds. con más de 500,000 Hbs.

Ferrocarriles Principales
Carreteras Pavimentadas
⚓ Puertos Marítimos
✚ Aeropuertos Importantes
Límites de Naciones
Límites de Estados

Escala Gráfica 0   100   200 Kms.

GOLFO DE MÉXICO

Trópico de Cáncer

NUEVO
LEÓN
Monterrey
TAMAULIPAS
Cd. Victoria
Piedras Negras
Nuevo Laredo
Reynosa
Matamoros
Cd. Mante
Tampico

US POTOSÍ
SAN LUIS POTOSÍ
GTO. QRO.
Guanajuato
Querétaro
HIDALGO
Pachuca
MÉXICO
D.F.
Toluca
Tlaxcala
Cuernavaca
PUEBLA
Puebla
Jalapa
Veracruz
MORELOS
GUERRERO
Chilpancingo
OAXACA
Oaxaca

Golfo de Tehuantepec

VERACRUZ
TABASCO
Villahermosa
Coatzacoalcos
Frontera

CHIAPAS
Tuxtla Gutiérrez

CAMPECHE
Campeche
Seibaplaya

YUCATÁN
Mérida
Progreso
Chichén Itzá

Q. ROO
Chetumal

C. Catoche
I. Mujeres
Cancún

BELICE
Golfo de Honduras

GUATEMALA
HONDURAS
EL SALVADOR

Río Usumacinta
Río Azul

Coyolxauhqui
Timbre mexicano

1

Epoca Precolombina

DURING THE EXCAVATIONS for the Mexico City subway in 1978, the site of the main plaza of the Aztec capital of Tenochtitlán was discovered. Remains of the twin temples dedicated to Huitzilopochtli and Tlaloc, the sculptured stone showing a dismembered goddess Coyolxauhqui, and many other archaeological treasures reignited interest throughout the world in the pre-Columbian period.

When the Spaniards arrived in the Western Hemisphere, they encountered to their amazement a land inhabited by numerous indigenous tribes at various levels of cultural development. The foremost of these in the Meso-American area were the Mayans and the Mexica-Colhuas, who did not become known as the Aztecs until the nineteenth century. The Mayans, often referred to as the "Greeks of the New World," dated back to at least the year 2000 B.C. according to recent archaeological discoveries in Belice, and they peaked between 300 and 900 A.D., their so-called Classical Period. The empire extended over southeastern Mexico, all of Guatemala, and a large part of Honduras. Renowned for its architecture, astronomy, and mathematical system, the Mayan culture has attracted an ever-increasing number of scientists and tourists to such outstanding sites as Bonampak and Palenque in Chiapas, Uxmal and Chichén-Itzá in Yucatán, Tikal in Guatemala, and Copán in Honduras. Archaeologists continue to discover and clear new sites while slow progress is being made in the struggle to decipher the Mayan hieroglyphic system. The POPUL VUH, the Mayan Bible, was written in the Maya-Quiché language with Spanish characters shortly after the Conquest. It was not discovered until 1688, in Chichicastenango, by the Dominican Friar Francisco Ximénez, who transcribed the original Quiché document and translated it into Spanish. His manuscript is now in the Newberry Library in Chicago.

The Aztecs did not arrive in central Mexico until the beginning of the fourteenth century, but they quickly extended their power to the area embracing all of present-day Mexico and beyond. Actually, they were the last of three important civilizations that arose in the central valley of Mexico. The earliest and possibly the most refined of all the Meso-American civilizations was the one in Teotihuacán dating back to around 300 B.C. Many archaeologists believe the Teotihuacán culture to be derived from the Olmec, famous for their colossal carved stone heads found near Mexico's Caribbean coast. The people of Teotihuacán were the builders of the monumental pyramids dedicated to the sun and the moon which still stand less than an hour's drive from downtown Mexico City. By 700 A.D., however, the Teotihuacán culture was in decline, and by 900 A.D. it was completely supplanted by the Toltecs. The latter established their center in Tula and dominated the whole area formerly controlled by Teotihuacán. According to legend, the Toltec priest-God Quetzalcóatl had taught his people the secrets of metallurgy and gold and silver craftsmanship. The selection "Quetzalcóatl y los toltecas" recounts the glory and affluence of the Toltec Empire and its eventual fall attributed to the expulsion of Quetzalcóatl.

The void left by the Toltecs was soon filled by the brash and hungry Aztecs coming from the North. According to legend, the Mexica-Colhuas or Aztecs migrated from their mythical land of Aztlán (the southwestern part of the United States) and were instructed by their priests to settle where they would see an eagle perched on top of a cactus plant devouring a serpent. ALFONSO CASO (1896-1970) interprets the symbolic meaning of this legend in his essay "El águila y el nopal." By the year 1325 the Aztecs had established their capital on an island in Lake Texcoco and named it Tenochtitlán, meaning "Tunal" (growing upon a rock). The militaristic Aztecs soon subjugated the other Indian tribes and forced them to pay tribute and provide the victims necessary for the Aztec human sacrifices. The violent, warlike nature of the Aztec Empire is exemplified in the legend of the birth of their principal deity Huitzilopochtli ("Hummingbird Wizard") and his victory over Coyolxauhqui, which may represent the change from a matriarchal to a patriarchal society.

At the time of the Conquest, the city of Tenochtitlán was one of the largest in the world. Hernán Cortés' letters to Emperor Carlos V as well as the many accounts written by the early missionaries attest to its grandeur. The Aztecs were especially skilled in working with gold, silver, jade, and feathers.

Much of what we know about the Aztecs, Mayans, and other pre-Colombian peoples has been unearthed in the twentieth century. As archaeologists develop increasingly sophisticated methods, it may be assumed that within a relatively short period of time many of the gaps in our knowledge of these cultures will close . . . even though the original destruction of the Indians' codices by the Spaniards may leave many questions unanswered forever.

La creación de la tierra

Esta es la relación de cómo todo estaba en suspenso, todo en calma, en silencio; todo inmóvil, callado, y vacía la extensión del cielo. Esta es la primera relación, el primer discurso. No había todavía un hombre, ni un animal, pájaros, peces, cangrejos, árboles, piedras, cuevas, barrancas, hierbas ni bosques: sólo el cielo existía.

No se manifestaba la faz de la tierra. Sólo estaban el mar en calma y el cielo en toda su extensión.

No había nada junto, que hiciera ruido, ni cosa alguna que se moviera, ni se agitara, ni hiciera ruido en el cielo.

No había nada que estuviera en pie; sólo el agua en reposo, el mar apacible, solo y tranquilo. No había nada dorado de existencia.

Solamente había inmovilidad y silencio en la oscuridad, en la noche. Sólo el Creador, el Formador, Tepeu, Gucumatz, los Progenitores, estaban en el agua rodeados de claridad. Estaban ocultos bajo plumas verdes y azules, por eso se les llama Gucumatz. De grandes sabios, de grandes pensadores es su naturaleza. De esta manera existía el cielo y también el Corazón del Cielo, que éste es el nombre de Dios. Así contaban.

Llegó aquí entonces la palabra, vinieron juntos Tepeu y Gucumatz, en la oscuridad, en la noche, y hablaron entre sí Tepeu y Gucumatz. Hablaron, pues, consultando entre sí y meditando; se pusieron de acuerdo, juntaron sus palabras y su pensamiento.

Entonces se manifestó con claridad, mientras meditaban, que cuando amaneciera debía aparecer el hombre. Entonces dispusieron la creación y crecimiento de los árboles y los bejucos y el nacimiento de la vida y la creación del hombre. Se dispuso así en las tinieblas y en la noche por el Corazón del Cielo, que se llama *Huracán.*

El primero se llama *Calculbá Huracán.* El segundo es *Chipi-Caculbá.* El tercero es *Raxa-Calculbá.* Y estos tres son el Corazón del Cielo.

Entonces vinieron juntos Tepeu y Gucumatz; entonces conferenciaron sobre la vida y la claridad, cómo se hará para que aclare y amanezca, quién será el que produzca el alimento y el sustento.

—¡Hágase así! ¡Que se llene el vacío! ¡Que esta agua se retire y desocupe (el espacio), que surja la tierra y que se afirme! Así dijeron. ¡Que aclare, que amanezca en el cielo y en la tierra! No habrá gloria ni grandeza en nuestra creación y formación hasta que exista la criatura humana, el hombre formado. Así dijeron.

Luego la tierra fue creada por ellos. Así fue en verdad como se hizo la creación de la tierra: —¡Tierra!, dijeron, y al instante fue hecha.

Como la neblina, como la nube y como una polvareda fue la creación, cuando surgieron del agua las montañas; y al instante crecieron las montañas.

Solamente por un prodigio, sólo por arte de mágica se realizó la formación de las montañas y los valles; y al instante brotaron juntos los cipresales y pinares en la superficie.

Y así se llenó de alegría Gucumatz, diciendo:

—¡Buena ha sido tu venida, Corazón del Cielo; tú Huracán, y tú Chipi-Caculhá, Raxa-Cuculhá!

—Nuestra obra, nuestra creación será terminada, contestaron.

Primero se formaron la tierra, las montañas y los valles; se dividieron las corrientes de agua, los arroyos se fueron corriendo libremente entre los cerros, y las aguas quedaron separadas cuando aparecieron las altas montañas.

Así fue la creación de la tierra, cuando fue formada por el Corazón del Cielo, el Corazón de la Tierra, que así son llamados los que primero la fecundaron, cuando el cielo estaba en suspenso y la tierra se hallaba sumergida dentro del agua.

De esta manera se perfeccionó la obra, cuando la ejecutaron después de pensar y meditar sobre su feliz terminación.

La creación de los animales y del hombre

Luego hicieron a los animales pequeños del monte, los guardianes de todos los bosques, los genios de la montaña, los venados, los pájaros, leones, tigres, serpientes, culebras, cantiles (víboras), guardianes de los bejucos.

Y dijeron los Progenitores: —¿Sólo silencio e inmovilidad habrá bajo los árboles y los bejucos? Conviene que en lo sucesivo haya quien los guarde.

Así dijeron cuando meditaron y hablaron en seguida. Al punto fueron creados los venados y las aves. En seguida les repartieron sus moradas a los venados y a las aves. —Tú, venado, dormirás en la vega de los ríos y en los barrancos. Aquí estarás entre la maleza, entre las hierbas; en el bosque os multiplicaréis, en cuatro pies andaréis y os sostendréis. Y así como se dijo, así se hizo.

Luego designaron también su morada a los pájaros pequeños y a las aves mayores: —Vosotros, pájaros, habitaréis sobre los árboles y los bejucos, allí haréis vuestros nidos, allí os multiplicaréis, allí os sacudiréis en las ramas de los árboles y de los bejucos. Así les fue dicho a los venados y a los pájaros para que hicieran lo que debían hacer, y todos tomaron sus habitaciones y sus nidos.

De esta manera los Progenitores les dieron sus habitaciones a los animales de la tierra.

Y estando terminada la creación de todos los cuadrúpedos y las aves, les fue dicho a los cuadrúpedos y pájaros por el Creador y Formador y los Progenitores: —Hablad, gritad, gorjead, llamad, hablad cada uno según vuestra especie, según la variedad de cada uno. Así les fue dicho a los venados, los pájaros, leones, tigres y serpientes.

—Decid, pues, nuestros nombres, alabadnos a nosotros, vuestra madre, vuestro padre. ¡Invocad, pues, a Huracán, Chipi-Caculhá, Raxa-Calculhá, el Corazón del Cielo, el Corazón de la Tierra, el Creador, el Formador, los Progenitores; hablad, invocadnos, adoradnos!, les dijeron.

Pero no se pudo conseguir que hablaran como los hombres; sólo chillaban, cacareaban y graznaban; no se manifestó la forma de su lenguaje, y cada uno gritaba de manera diferente.

Cuando el Creador y el Formador vieron que no era posible que hablaran, se dijeron entre sí: —No ha sido posible que ellos digan nuestro nombre, el de nosotros, sus creadores y formadores. Esto no está bien, dijeron entre sí los Progenitores.

Entonces se les dijo: —Seréis cambiados porque no se ha conseguido que habléis. Hemos cambiado de parecer: vuestro alimento, vuestra postura, vuestra habitación y vuestros nidos los tendréis, serán los barrancos y los bosques, porque no se ha podido lograr que nos adoréis ni nos invoquéis. Todavía hay quienes nos adoren, haremos otros (seres) que sean obedientes. Vosotros, aceptad vuestro destino: vuestras carnes serán trituradas. Así será. Esta será vuestra suerte. Así dijeron cuando hicieron saber su voluntad a los animales pequeños y grandes que hay sobre la faz de la tierra.

Luego quisieron probar suerte nuevamente, quisieron hacer otra tentativa y quisieron probar de nuevo a que los adoraran. Pero no pudieron entender su lenguaje entre ellos mismos, nada pudieron conseguir y nada pudieron hacer. Por esta razón fueron inmoladas sus carnes y fueron condenados a ser comidos y matados los animales que existen sobre la faz de la tierra.

Así, pues, hubo que hacer una nueva tentativa de crear y formar al hombre por el Creador, el Formador y los Progenitores.

—¡A probar otra vez! Ya se acercan el amanecer y la aurora; ¡hagamos al que nos sustentará y alimentará! ¿Cómo haremos para ser invocados, para ser recordados sobre la tierra? Ya hemos probado con nuestras primeras obras, nuestras primeras criaturas; pero no se pudo lograr que fuésemos alabados y venerados por ellos. Probemos ahora hacer unos seres obedientes, respetuosos, que nos sustenten y alimenten. Así dijeron.

Entonces fue la creación y formación. De tierra, de lodo hicieron la carne (del hombre). Pero vieron que no estaba bien, porque se deshacía, estaba blando, no tenía movimiento, no tenía fuerza, se caía, estaba aguado, no movía la cabeza, la cara se le iba para un lado, tenía velada la vista, no podía ver hacia atrás. Al principio hablaba, pero no tenía entendimiento. Rápidamente se humedeció dentro del agua y no se pudo sostener.

Y dijeron el Creador y el Formador. Bien se ve que no puede andar ni multiplicarse. Que se haga una consulta acerca de esto, dijeron.

Entonces desbarataron y deshicieron su obra y su creación. Y en seguida dijeron: —¿Cómo haremos para perfeccionar, para que salgan bien nuestros adoradores, nuestros invocadores? Echad la suerte[1] con vuestros granos de maíz y de tzité.[2] Hágase así y se sabrá y resultará si labraremos o tallaremos su boca y sus ojos en madera. Así les fue dicho a los adivinos.

En seguida les hablaron a aquellos adivinos, la abuela del día, la

---

[1]**Echad la suerte** Read your fortune   [2]**tzité** abbreviation of **teocintle**, an early form of corn

abuela del alba, que así eran llamados por el Creador y el Formador, y cuyos nombres eran Ixpiyacoc e Ixmucané.

Y dijeron Huracán, Tepeu y Gucumatz cuando le hablaron al agorero,[3] al formador, que son los adivinos: —Hay que reunirse y encontrar los medios para que el hombre que formemos, el hombre que vamos a crear nos sostenga y alimente, nos invoque y se acuerde de nosotros . . . Y comenzando la adivinación, dijeron así —¡Juntaos, acoplaos!

¡Hablad, que os oigamos, decid, declarad si conviene que se junte la madera y que sea labrada por el Creador y el Formador, y si éste (el hombre de madera) es el que nos ha de sustentar y alimentar cuando aclare, cuando amanezca!

Entonces hablaron y dijeron la verdad: —Buenos saldrán vuestros muñecos hechos de madera; hablarán y conversarán sobre la faz de la tierra.

—¡Así sea!, contestaron, cuando hablaron.

Y al instante fueron hechos los muñecos labrados en madera. Se parecían al hombre, hablaban como el hombre y poblaron la superficie de la tierra.

Existieron y se multiplicaron; tuvieron hijas, tuvieron hijos los muñecos de palo; pero no tenían alma, ni entendimiento, no se acordaban de su Creador, de su Formador; caminaban sin rumbo y andaban a gatas.

Ya no se acordaban del Corazón del Cielo y por eso cayeron en desgracia. Fue solamente un ensayo, un intento de hacer hombres. Hablaban al principio, pero su cara estaba enjuta: sus pies y sus manos no tenían consistencia; no tenían sangre, ni sustancia, ni humedad, ni gordura; sus mejillas estaban secas, secos sus pies y sus manos, y amarillas sus carnes.

Por esta razón ya no pensaban en el Creador ni en el Formador, en los que les daban el ser y cuidaban de ellos.

Estos fueron los primeros hombres que en gran número existieron sobre la faz de la tierra.

En seguida fueron aniquilados, destruidos y deshechos los muñecos de palo, y recibieron la muerte.

Una inundación fue producida por el Corazón del Cielo; un gran diluvio se formó que cayó sobre las cabezas de los muñecos de palo.

Y esto fue para castigarlos porque no habían pensado en su

[3]**agorero** seer

madre, ni en su padre, el Corazón del Cielo, llamado Huracán. Y por este motivo se oscureció la faz de la tierra y comenzó una lluvia negra, una lluvia de día, una lluvia de noche.

Llegaron entonces los animales pequeños, los animales grandes, y los palos y las piedras les golpearon las caras. Y se pusieron todos a hablar; sus tinajas, sus comales,[4] sus platos, sus ollas, sus perros, sus piedras de moler, todos se levantaron y les golpearon las caras.

—Mucho mal nos hacíais: nos comíais, y nosotros ahora os morderemos, les dijeron sus perros y sus aves de corral.

Y las piedras de moler: —Eramos atormentados por vosotros; cada día, cada día, de noche, al amanecer, todo el tiempo hacían *holi, holi, huqui, huqui*[5] nuestras caras, a causa de vosotros. Este era el tributo que os pagábamos. Pero ahora que habéis dejado de ser hombres probaréis nuestras fuerzas. Moleremos y reduciremos a polvo nuestras carnes, les dijeron sus piedras de moler.

Y he aquí que sus perros hablaron y les dijeron:

—¿Por qué no nos dabais nuestra comida? Apenas estábamos mirando y ya nos arrojabais de vuestro lado y nos echabais fuera. Siempre teníais listo un palo para pegarnos mientras comíais. Así era como nos tratabais. Nosotros no podíamos hablar. Quizás no os diéramos muerte ahora; pero ¿por qué no reflexionabais, por qué no pensabais en vosotros mismos? Ahora nosotros os destruiremos, ahora probaréis vosotros los dientes que hay en nuestra boca: os devoraremos, dijeron los perros, y luego les destrozaron las caras.

Y a su vez sus comales, sus ollas le hablaron así: —Dolor y sufrimiento nos causabais. Nuestra boca y nuestras caras estaban tiznadas,[6] siempre estábamos puestos sobre el fuego y nos quemabais como si no sintiéramos dolor. Ahora probaréis vosotros, os quemaremos, dijeron sus ollas, y todos les destrozaron las caras. Las piedras del hogar, que estaban amontonadas, se arrojaron directamente desde el fuego contra sus cabeza causándoles dolor.

Desesperados corrían de un lado para otro; querían subirse sobre las casas y las casas se caían y los arrojaban al suelo; querían subirse sobre los árboles y los árboles los lanzaban a lo lejos; querían entrar en las cavernas y las cavernas se cerraban ante ellos.

Así fue la ruina de los hombres que habían sido creados y formados, de los hombres hechos para ser destruidos y aniquilados: a todos les fueron destrozadas las bocas y las caras.

Y dicen que la descendencia de aquéllos son los monos que existen ahora en los bosques; éstos son la muestra de aquellos, porque sólo de palo fue hecha su carne por el Creador y el Formador. Y por esta razón el mono se parece al hombre, es la muestra de una generación de hombres creados, de hombres formados que eran solamente muñecos y hechos solamente de madera.

He aquí, pues, el principio de cuando se dispuso hacer al hombre; y cuando se buscó lo que debía entrar en la carne del hombre.

Y dijeron los Progenitores, los Creadores, y Formadores, que se llaman Tepeu y Gucumatz: "Ha llegado el tiempo del amanecer, de que se termine la obra y que aparezcan los que nos han de sustentar y nutrir, los hijos esclarecidos, los vasallos civilizados; que aparezca el hombre, la humanidad, sobre la superficie de la tierra". Así dijeron.

Se juntaron, llegaron y celebraron consejo en la oscuridad y en la noche; luego buscaron y discutieron, y aquí reflexionaron y pensaron. De esta manera salieron a luz claramente sus decisiones y encontraron y descubrieron lo que debía entrar en la carne del hombre.

Poco faltaba para que el sol, la luna y las estrellas aparecieran sobre los Creadores y Formadores.

De *Paxil,* de *Cayalá,* así llamados, vinieron las mazorcas amarillas y las mazorcas blancas.

Estos son los nombres de los animales que trajeron la comida: *Yac* (el gato de monte), *Utiú* (el coyote), *Quel* (una cotorra vulgarmente llamada chocoyo) y *Hob* (el cuervo). Estos cuatro animales les dieron la noticia de las mazorcas amarillas y las mazorcas blancas, les dijeron que fueran a Paxil y les enseñaron el camino de Paxil.

Y así encontraron la comida y ésta fue la que entró en la carne del hombre creado, del hombre formado; ésta fue su sangre, de ésta se hizo la sangre del hombre. Así entró el maíz (en la formación del hombre) por obra de los Progenitores.

Y de esta manera se llenaron de alegría, porque habían descubierto una hermosa tierra, llena de deleites, abundante en mazorcas amarillas y mazorcas blancas y abundante también en pataxte[7] y

[7]**pataxte** common form of cacao

cacao, y en innumerables zapotes,[8] anonas,[9] jocotes,[10] nances,[11] matasanos[12] y miel. Abundancia de sabrosos alimentos había en aquel pueblo llamado de Paxil y Cayalá.

Había alimentos de todas clases, alimentos pequeños y grandes, plantas pequeñas y plantas grandes. Los animales enseñaron el camino. Y moliendo entonces las mazorcas amarillas y las mazorcas blancas, hizo Ixmucané nueve bebidas, y de este alimento provinieron la fuerza y la gordura y con él crearon los músculos y el vigor del hombre. Esto hicieron los Progenitores, Tepeu y Gucumatz, así llamados.

A continuación entraron en pláticas acerca de la creación y la formación de nuestra primera madre y padre. De maíz amarillo y de maíz blanco se hizo su carne; de masa de maíz se hicieron los brazos y las piernas del hombre. Unicamente masa de maíz entró en la carne de nuestros padres, los cuatro hombres que fueron creados.

—*Popol Vuh,* versión de Adrián Recinos

Ejercicios

I. *Conteste a las preguntas siguientes en oraciones completas:*

1. ¿Quiénes eran Tepeu y Gucumatz?
2. ¿Cuántas entidades constituyen el Corazón del Cielo?
3. ¿Cuáles fueron las distintas etapas en la creación de la tierra?
4. En la creación de los animales, ¿a cuáles se mencionan con más detalle? ¿Por qué?
5. ¿Por qué querían los dioses que hablaran los animales?
6. ¿Qué decidieron hacer el Creador y el Formador al darse cuenta de que no hablaban los animales?
7. ¿Por qué no servía el primer hombre?
8. ¿Qué consejo dieron los adivinos a los dioses?

[8]**zapote** tropical fruit from the *sapota* tree [9]**anonas** annonas or custard apples [10]**jocotes** kind of yellow, acid-tasting plum [11]**nances** small round tropical fruit a little larger than a grape [12]**matasanos** white zapote

9. ¿Por qué se produjo el gran diluvio?
10. ¿De qué se hicieron por fin la primera madre y el primer padre definitivos? ¿Por qué?

II. *Llene el espacio en blanco.*

1. Antes de la creación del mundo todo estaba en _____.
2. Los Progenitores no pudieron conseguir que hablaran los animales; éstos sólo _____, _____ y _____.
3. Los muñecos de palo se multiplicaron pero no tenían _____ y andaban a _____.
4. En seguida fueron _____, _____, y _____ los muñecos de palo, y recibieron la muerte.
5. Los perros dijeron a los muñecos de palo: "Ahora nosotros os _____, os _____" y luego les _____ las caras.

III. *En el* Popol Vuh *se emplean frecuentemente pares de palabras o frases paralelas; escriba la frase equivalente de:*

1. todo en calma, en silencio
2. nada que se agitara
3. el mar apacible
4. grandes sabios
5. en las tinieblas
6. por un prodigio
7. después de meditar
8. quisieron hacer otra tentativa
9. desbarataron su obra
10. tallaremos su boca en madera

IV. *Prepárese a discutir la creación de la tierra, de los animales, del hombre y de la mujer según la versión bíblica y la del* Popol Vuh. *¿Existen otras versiones de la creación?*

El águila y el nopal

En un magnífico monumento, descubierto hace años en los cimientos del Palacio Nacional, aparece en la parte posterior el nopal y encima el águila; pero el nopal tiene sus tunas transformadas en corazones humanos, lo que demuestra que no se trata de la representación realista de la planta, sino del simbólico nopal que produce los corazones humanos, los *cuauhnochtlis* o tunas de águila.

El águila posada en el nopal, en la representación a que me estoy refiriendo, agarra dos tunas en forma de corazones, como tomando posesión de ellas, y es que el Sol, según la mitología azteca, se alimenta con la sangre y con los corazones humanos. El águila sobre el nopal significa entonces que el Sol está posado en el lugar en que recibirá su alimento. El nopal, el árbol espinoso que produce la tuna roja, es el árbol del sacrificio; y según la mitología, sólo el sacrificio de los hombres podrá alimentar al Sol; sólo ofreciéndole la tuna colorada, podrá el ave solar continuar su vuelo.

Y es que el sol es concebido por los aztecas como un guerrero; como el guerrero por excelencia, que tiene que luchar todos los días con sus hermanos, los poderes de la noche, representados por las estrellas, los *centzon mimixcoa* y *centzon huitznahuac*,"los innumerables del norte y del sur", y por los *tzitzimime,* los planetas, capitaneados todos ellos por la Luna, la *Coyolxauhqui* o *Malinalxóchitl.*

Si el Sol no venciera en esta lucha diaria, si alguna vez fuera débil y no pudiera resistir la acometida de sus innumerables enemigos, los poderes nocturnos se apoderarían del mundo; estrellas y planetas bajarían a la tierra y, como en la trágica noche del fin del siglo, cuando el sol desaparecería, los astros nocturnos se convertirían en fieras espantables que devorarían a los hombres, y así se acabaría el mundo cuando fuera derrotado el sol.

Por eso el águila, representante del Sol, se opone al tigre, representante de la noche, y por eso la lucha que en el cielo libra el Sol contra los poderes nocturnos, debe tener su imitación en la tierra en la lucha entre los guerreros águilas y tigres.

Los prisioneros que van a ser sacrificados al Sol llevan todos la pintura de tiza blanca con rayas rojas verticales, como aparecen pintados los dioses estelares: *Mixcóatl,* que representa la vía láctea, *Tlahuizcalpantecuhtli,* que representa al planeta Venus, etc., y llevan sobre los ojos, a manera de antifaz la pintura negra, bordeada de puntos blancos, que los caracteriza como dioses del cielo estrellado.

Cada prisionero que el azteca toma y sacrifica al Sol, es una estrella que ha sido capturada. Su corazón debe ser ofrecido al águila divina, para alimentarlo y ayudarlo a seguir en el combate.

Pero esta lucha eterna entre el Sol y los poderes nocturnos no es sólo una lucha cósmica entre dos fuerzas que se disputan el dominio del mundo; es también, y sobre todo, una lucha ética; un combate entre las fuerzas oscuras del mal, y las luminosas fuerzas del bien, representadas por el Sol. El azteca es entonces un pueblo con una misión. Un pueblo elegido. El cree que su misión es estar al lado del Sol en la lucha cósmica, estar al lado del bien, hacer que el bien triunfe sobre el mal, proporcionar a toda la humanidad los beneficios del triunfo de los poderes luminosos sobre los poderes tenebrosos de la noche.

Es claro que el azteca como todo pueblo que se cree con una misión, está mejor dispuesto a cumplirla si de su cumplimiento se deriva el dominio sobre los otros pueblos. Ya desde el siglo XVI la vocación apostólica y civilizadora de los pueblos europeos, se encuentra particularmente inflamada cuando aquellos que van a civilizar, son poseedores de riquezas que no pueden obtenerse en los países civilizados: oro, especias y perlas en el siglo XVI; petróleo, hule, henequén, quina en el siglo XX.

El pueblo azteca, como todo pueblo imperialista, tuvo siempre una excusa para justificar sus conquistas, para extender el dominio de la ciudad-estado de Tenochtitlán, y convertir al rey de México en el rey del mundo *"Cem-Anahuac tlatoani,* y a México-Tenochtitlan, en la capital del imperio que titulaban *Cem anahuac tenuchca tlalpan,* es decir "el mundo, tierra Tenochca".

La idea de que el azteca era un colaborador de los dioses; la concepción de que cumplían con un deber trascendental y que en su acción radicaba la posibilidad de que el mundo continuara viviendo, permitió al pueblo azteca sufrir las penalidades de su peregrinación, radicarse en un sitio que los pueblos más ricos y más cultos no habían aceptado, e imponerse a sus vecinos ensanchando constantemente su dominio, hasta que las huestes aztecas, llevaron el poder de Tenochtitlán a las costas del Atlántico y del Pacífico y sometieron a pueblos más adelantados culturalmente y más antiguos en la posesión de las tierras de la altiplanicie y de las costas.

El símbolo constante de esta fuerza expansiva, de esa explosión religiosa y económica; lo que sintetizaba el ideal azteca en su lucha por el poder y por el bien, era el águila sobre el nopal. El sol, dador de toda vida, podía seguir seguro su camino en el cielo; el águila divina, volaría todos los días de oriente a occidente, pues aquí en la tierra, alrededor del *tenochtli,* el árbol del sacrificio, el pueblo azteca se encargaría de luchar por él y proporcionarle su alimento mágico, la vida del enemigo, del hombre-estrella, que representaba a los poderes nocturnos que conspiraban contra la vida del Sol. La cultura azteca, su organización social, su dominio sobre los otros pueblos, desaparecieron absorbidos dentro de la cultura europea. Pero sin su acción imperial, la estructura de la Nueva España habría sido imposible. El *Cem anahuac tenochca* fue la base sobre la que se construyó la unidad de la Nueva España y ahora, la unidad de México. Alcanzada esta unidad, México no es ni será un país imperialista; nuestra misión no es, como la del romano o el azteca, regir a los pueblos, sino vivir en paz con ellos.

Pero el águila y el nopal, sigue en nuestro escudo como una inspiración; seguimos creyendo como el azteca, que es fundamental un ideal que inspire nuestra vida y ese ideal no puede ser otro que el de poner nuestras fuerzas en conjunción, para conseguir el triunfo del bien. Así, el viejo símbolo que movió a los aztecas a través de los desiertos y las planicies del norte, hasta fundar la Ciudad del Sol en medio del lago de la Luna, sigue siendo actual; sigue inspirando nuestro deseo de crear una gran patria que tenga su centro, allí donde por primera vez se posó el águila sobre el nopal.

—ALFONSO CASO, "El águila y el nopal", de MIGUEL LEON-PORTILLA, *De Teotihuacán a los aztecas*

Quetzalcóatl y los toltecas

Los toltecas, el pueblo de Quetzalcóatl.
eran muy experimentados.

Nada les era difícil de hacer.
Cortaban las piedras preciosas,
trabajaban el oro,
y hacían toda clase de obras de arte
y maravillosos trabajos de pluma.

En verdad eran experimentados.
El conjunto de las artes de los toltecas,
su sabiduría, todo procedía de Quetzalcóatl . . .

Los toltecas eran muy ricos,
no tenían precio los víveres, nuestro sustento.
Dicen que las calabazas
eran grandes y gruesas.
Que las mazorcas de maíz
eran tan grandes y gruesas como la mano de un metate.
Y las matas de bledos. [13]
semejantes a las palmas,
a las cuales se podía subir,
se podía trepar en ellas.

También se producía el algodón
de muchos colores:
rojo, amarillo, rosado,
morado, verde, verde azulado,
azul, verde claro,
amarillo rojizo, moreno y aleonado. [14]
Todos estos colores los tenía ya de por sí,
así nacía de la tierra,
nadie lo pintaba.

Y también se criaban allí
aves de ricos plumajes:
pájaros color de turquesa,
de plumas verdes,
amarillas y de pecho color de llama.
Toda clase de aves
que cantaban bellamente,
de las que trinan en las montañas . . .

Y estos toltecas eran muy ricos
eran muy felices;
nunca tenían pobreza o tristeza.
Nada faltaba en sus casas,
nunca había hambre entre ellos . . .

Se dice que cuando vivió allí Quetzalcóatl,
muchas veces los hechiceros quisieron engañarlo,
para que hiciera sacrificios humanos,

[13]**bledos** grasses   [14]**aleonado** blondish like the color of a lion

para que sacrificara hombres.
Pero él nunca quiso, porque quería mucho a su pueblo,
que eran los toltecas . . .
Y se dice, se refiere,
que esto enojó a los magos,
así éstos empezaron a escarnecerlo,
a burlarse de él.
Decían los magos y hechiceros
que querían afligir a Quetzalcóatl,
para que éste al fin se fuera,
como en verdad sucedió.

En el año 1-Caña[15] murió Quetzalcóatl
se dice en verdad
que se fue a morir allá,
a la Tierra del Color Negro y Rojo.

Se dice que en el año 1-Caña
él mismo se prendió fuego y se quemó,
se llama quemadero el lugar
donde Quetzalcóatl ardió.
Se dice que cuando ardió,
en seguida se elevaron sus cenizas,
vinieron a verlas todas las aves preciosas
que vuelan y van al cielo,
la guacamaya, el pájaro azul
el ave tornasol,[16] el ave roja y azul,
la de color amarillo dorado y otras aves de fino plumaje.
Cuando la hoguera dejó de arder,
se alzó el corazón de Quetzalcóatl
y llegó hasta el cielo, en él entró.

Dicen los viejos
que entonces se convirtió en la estrella de la mañana.

—*Códice Matritense del Real Palacio,* fols. 132 v, 134 v,
Anales de Cuauhtitlán, fol. 7, de MIGUEL LEON-
PORTILLA, *De Teotihuacán a los aztecas*

---

[15]**en el año 1-Caña** in Year One of the Reed   [16]**ave tornasol** tropical bird

Nacimiento de Huitzilopochtli

Mucho honraban los mexicas a Huitzilopochtli
sabían ellos que su origen, su principio,
fue de esta manera:

En Coatepec, por el rumbo de Tula,
había estado viviendo,
allí habitaba una mujer
de nombre Coatlicue.
Era madre de los Cuatrocientos Surianos
y de una hermana de éstos
de nombre Coyolxauhqui.

Y esta Coatlicue allí hacía penitencia,
barría, tenía a su cargo el barrer,
así hacía penitencia,
en Coatepec, la Montaña de la Serpiente.
Y una vez,
cuando barría Coatlicue,
sobre ella bajó un plumaje.
como una bola de plumas finas.
En seguida lo recogió Coatlicue,
lo colocó en su seno.
Cuando terminó de barrer,
buscó la pluma, que había colocado en su seno,
pero nada vio allí.
En ese momento Coatlicue quedó encinta.
Al ver los Cuatrocientos Surianos
que su madre estaba encinta,
mucho se enojaron, dijeron:
—"¿Quién le ha hecho esto?
¿quién la dejó encinta?
Nos afrenta, nos deshonra".

Y su hermana Coyolxauhqui
les dijo:
—"Hermanos, ella nos ha deshonrado,
hemos de matar a nuestra madre,
la perversa que se encuentra ya encinta
¿Quién le hizo lo que lleva en el seno?"

Cuando supo esto Coatlicue,
mucho se espantó,
mucho se entristeció.
Pero su hijo Huitzilopochtli, que estaba en su seno,
la confortaba, le decía:
—"No temas,
yo sé lo que tengo que hacer".
Habiendo oído Coatlicue
las palabras de su hijo,
mucho se consoló,
se calmó su corazón,
se sintió tranquila.

Y entre tanto, los Cuatrocientos Surianos
se juntaron para tomar acuerdo
y determinaron a una
dar muerte a su madre,
porque ella los había infamado.
Estaban muy enojados,
estaban muy irritados,
como si su corazón se les fuera a salir.
Coyolxauhqui mucho los incitaba,
avivaba la ira de sus hermanos,
para que mataran a su madre.
Y los Cuatrocientos Surianos
se aprestaron,
se ataviaron[17] para la guerra.

Y estos Cuatrocientos Surianos,
eran como capitanes
torcían y enredaban sus cabellos,
como guerreros arreglaban su cabellera.
Pero uno llamado Cuahuitlícac
era falso en sus palabras.
Lo que decían los Cuatrocientos Surianos,
en seguida iba a decírselo.
iba a comunicárselo a Huitzilopochtli.
Y Huitzilopochtli le respondía:

[17]**se ataviaron** dressed

—"Ten cuidado, está vigilante,
tío mío, bien sé lo que tengo que hacer".

Y cuando finalmente estuvieron de acuerdo,
estuvieron resueltos los Cuatrocientos Surianos
a matar, a acabar con su madre,
luego se pusieron en movimiento,
los guiaba Coyolxauhqui.
Iban bien robustecidos, ataviados,
guarnecidos para la guerra,
se distribuyeron entre sí sus vestidos de papel,
su *anecúyotl*,[18] sus ortigas,[19]
sus colgajos de papel pintado,
se ataron campanillas en sus pantorrillas,
las campanillas llamadas *oyohualli*.
Sus flechas tenían puntas barbadas.

Luego se pusieron en movimiento,
iban en orden, en fila,
en ordenado escuadrón,
los guiaba Coyolxauhqui.
Pero Cuahuitlícac subió en seguida la montaña,
para hablar desde allí a Huitzilopochtli,
le dijo:
—"Ya vienen".
Huitzilopochtli le respondió:
—"Mira bien por dónde vienen".
Dijo entonces Cuahuitlícac:
—"Vienen ya por Tzompantitlan".
Y una vez más le dijo Huitzilopochtli:
—"¿Por dónde vienen ya?"
Cuahuitlícac le respondió:
—"Vienen ya por Coaxalpan".
Y de nuevo Huitzilopochli preguntó a Cuahuitlícac:
—"Mira bien por dónde vienen".
En seguida le contestó Cuahuitlícac.
—"Vienen ya por la cuesta de la montaña".
Y todavía una vez más le dijo Huitzilopochtli:
—"Mira bien por dónde vienen".

[18]**anecúyotl** weapon   [19]**ortigas** nettles, a prickly plant

Entonces le dijo Cuahuitlícac:
—"Ya están en la cumbre, ya llegan,
los viene guiando Coyolxauhqui.

En ese momento nació Huitzilopochtli,
se vistió sus atavíos,
su escudo de plumas de águila,
sus dardos, su lanza-dardos azul,
el llamado lanza-dardos de turquesa.
Se pintó su rostro
con franjas diagonales,
con el color llamado "pintura de niño".
Sobre su cabeza colocó plumas finas,
se puso sus orejeras.
Y uno de sus pies, el izquierdo, era enjuto,
llevaba una sandalia cubierta de plumas,
y sus dos piernas y sus dos brazos
los llevaba pintados de azul.

Y el llamado Tochancalqui
puso fuego a la serpiente hecha de teas llamada Xiuhcóatl,
que obedecía a Huitzilopochtli.
Luego con ella hirió a Coyolxauhqui,
le cortó la cabeza,
la cual vino a quedar abandonada
en la ladera de Coatépetl,
El cuerpo de Coyolxauhqui
fue rodando hacia abajo,
cayó hecho pedazos,
por diversas partes cayeron sus manos,
sus piernas, su cuerpo.

Entonces Huitzilopochtli se irguió,
persiguió a los Cuatrocientos Surianos,
los fue acosando, los hizo dispersarse
desde la cumbre del Coatépetl, la montaña de la culebra.
Y cuando los había seguido
hasta el pie de la montaña,
los persiguió, los acosó cual conejos,
en torno de la montaña.
Cuatro veces los hizo dar vueltas.

En vano trataban de hacer algo en contra de él,
en vano se revolvían contra él
al son de los cascabeles
y hacían golpear sus escudos.
Nada pudieron hacer,
nada pudieron lograr,
con nada pudieron defenderse
Huitzilopochtli los acosó, los ahuyentó,
los destrozó, los aniquiló, los anonadó.
Y ni entonces los dejó,
continuaba persiguiéndolos.
Pero ellos mucho le rogaban, le decían:
—"¡Basta ya!"

Pero Huitzilopochtli no se contentó con esto,
con fuerza se ensañaba contra ellos,
los perseguía.
Sólo unos cuantos pudieron escapar de su presencia,
pudieron librarse de sus manos.
Se dirigieron hacia el sur,
porque se dirigieron hacia el sur,
se llaman Surianos,
los pocos que escaparon
de las manos de Huitzilopochtli.
Y cuando Huitzilopochtli les hubo dado muerte,
cuando hubo dado salida a su ira,
les quitó sus atavíos, sus adornos, su *anecúyotl,*
se los puso, se los apropió,
los incorporó a su destino,
hizo de ellos sus propias insignias.

Y este Huitzilopochtli, según se decía,
era un portento,
porque con sólo una pluma fina,
que cayó en el vientre de su madre, Coatlicue,
fue concebido.
Nadie apareció jamás como su padre.
A él lo veneraban los mexicas,
le hacían sacrificios,
lo honraban y servían.
Y Huitzilopochtli recompensaba

a quien así obraba.
Y su culto fue tomado de allí,
de Coatepec, la Montaña de la Serpiente,
como se practicaba desde los tiempos más antiguos.

—*Códice Florentino,* libro III, capítulo I. MIGUEL LEON-
PORTILLA, *De Teotihuacán a los aztecas*

Ejercicios

I. *Conteste a las preguntas siguientes en oraciones completas:*

1. En el monumento descubierto en el Palacio Nacional ¿cómo aparecen las tunas del nopal?
2. Según la mitología azteca ¿de qué se alimenta el sol?
3. Para los aztecas ¿qué representa el sol?
4. ¿Qué pasaría si el sol no venciera en su lucha diaria?
5. ¿Cuál fue la justificación del imperialismo azteca? Compárela con la de otros imperialismos.
6. ¿En qué oficios sobresalían los toltecas?
7. ¿Cómo murió Quetzalcóatl y en qué se convirtió?
8. ¿Cómo resultó Coatlicue encinta con Huitzilopochtli?
9. ¿Qué puede representar el triunfo de Huitzilopochtli sobre Coyolxauhqui?

II. *Escriba Ud. una oración sobre los aztecas y otra original para cada uno de los verbos siguientes:*

1. cumplir con
2. radicarse
3. imponerse a
4. ensanchar
5. someter

III. *La selección sobre el nacimiento de Huitzilopochtli tiene el mismo estilo dualístico que el* Popol Vuh. *Escriba Ud. la frase equivalente de:*

1. su origen
2. nos afrenta
3. se sintió tranquila
4. estaban irritados
5. ella los incitaba
6. se aprestaron para la guerra
7. iban en fila
8. él los acosó
9. él los anonadó
10. sus adornos

IV. *Prepárese a discutir los temas siguientes:*

1. La justificación de los sacrificios humanos de los aztecas.
2. El imperio azteca como base de la nación mexicana.
3. Quetzalcóatl, esta versión y otras.
4. El nacimiento de Huitzilopochtli y el de otros dioses o profetas.
5. Describa Ud. la escultura de Coyolxauhqui, encontrada en el Templo Mayor, y representada en el sello postal mexicano.

La profecía de Quetzalcóatl
José Clemente Orozco

2

La Conquista

QUETZALCOATL: plumed serpent, god of the wind, evening star. This legendary sage and priest of the Mexican Indians taught his people to till the soil and protested against the offering of human sacrifices to the pagan gods. Because of his attempts at reform he was driven out of the country, but not without first vowing to return someday from the east.

This legend, coupled with the cooperation of some of the tribute-paying Indian tribes who resented the tyrannical rule of the Aztecs, enabled Hernán Cortés and his small force to accomplish the miraculous military feat of conquering the huge Aztec Empire with its millions of subjects.

In November 1518, Hernán Cortés, then mayor of Santiago, Cuba, disobeyed the orders of the governor of the island and sailed forth to conquer Mexico with eleven vessels, six or seven hundred men, eighteen horses, and a few cannon. Whereas the two previous expeditions to Mexico had barely skirted the coast of Yucatán and Veracruz, Cortés and his men founded the city of Veracruz, communicated with Moctezuma II, the all-powerful Aztec ruler, and valiantly made their way up the mountains to the capital of this vast empire, Tenochtitlán. In this perilous journey, Cortés was aided immeasurably by Doña Marina, an Indian princess who had been sold into slavery by her mother in order to make a younger son the heir. Through Doña Marina, who knew both the Aztec and the Mayan languages, and Jerónimo de Aguilar, a shipwrecked Spanish sailor who had lived for several years among the Mayans and had learned their language, Cortés was able to induce the Tlaxcalan Indians to aid him in his conquest of the Aztecs.

In November 1519, one year after they had set sail from Cuba, Cortés and his men entered the fabulous Valley of Mexico. Well received by the irresolute and superstitious Moctezuma, the Spaniards had no trouble in gaining control of the city. However, as soon as the Indians realized that the Spaniards were not really gods, they began to get restive at the ever-present menacing appearance of these strangers with their proselytizing zeal and their thirst for gold.

Open rebellion broke out in Tenochtitlán while Cortés was in Veracruz defeating an expedition of Spaniards led by Pánfilo de Narváez which had been sent by Governor Velázquez of Cuba to force Cortés to recognize the governor's authority. Pedro de Alvarado, Cortés' right-hand man who had been left in charge of the Aztec capital, provoked the uprising by his lack of tact and his lust for gold. Despite Cortés' quick return to the capital, the revolt spread over the entire city. Moctezuma was no longer recognized by the Indians as their leader and was killed by a stone hurled by one of his former subjects. His brother Cuitláhuac and later his nephew Cuauhtémoc took his place and succeeded in driving the Spaniards out of the city. However, Cortés was not to be denied. After reforming his army, he laid siege to Tenochtitlán, which was then situated on an island in the middle of a lagoon. Without food or water, in August 1521 the Aztecs, under the dauntless leadership of Cuauhtémoc, were finally forced to surrender to Cortés. The Spaniards entered the city as conquerors and promptly began to rebuild it—with Indian labor.

FRANCISCO MONTERDE (1894-1985), author, literary critic, and professor of Mexican literature, realizing that the formation of modern Mexico starts with the Spanish conquests, has captured all the drama and pathos of those stirring episodes in the pages that follow.

El mensaje

Sobre el patio del palacio, extiende un toldo[1] negro la noche. Arden en los muros maderas resinosas, y los tambores de madera labrada resuenan con sonidos rítmicos. La luz hace brillar la silla de oro de Moctezuma y la espléndida túnica roja que le da el aspecto de una deidad altiva.

Danzarines ricamente vestidos saltan en el centro del patio y agitan, al bailar, pulseras y pendientes. Grandes abanicos de pluma siguen la cadencia.

Entonan[2] cantos que empiezan con velada[3] voz, ascienden

---

[1]**toldo** awning, cover [2]**entonar** to sing, chant [3]**velado** hushed

como por el lado de una pirámide y se cortan de pronto, con un breve grito, para empezar de nuevo.

De rodillas en el pavimento pulido, una adolescente coloca sobre las brasas—joyas vivas—hojas de tabaco seco, de las cuales se escapa en trémulas espirales el humo fragante.

Moctezuma, para adormecer su hastío,[4] aspira con indolencia el humo del tabaco, por un largo tubo, y lo deja salir, lentamente, mientras los cantos suben de tono y decrecen para ascender de nuevo.

Ha llegado al palacio un mensajero: sus pies, descalzos, se arrastran bajo el manto humilde. Tres veces se inclina ante Moctezuma y lo saluda tres veces. Sin atreverse a alzar los ojos, profundamente inclinado, le entrega una tela de algodón en la cual hay dibujos trazados con líneas obscuras, y un collar de transparentes cuentas.

Moctezuma, indolente, mantiene la tela extendida entre sus manos, para contemplar el dibujo de líneas firmes.

Son figuras de gente barbada; de extrañas, monstruosas bestias; de metálicas bocas que vomitan llamas y truenos, y de navíos de gran tamaño: mucho mayores que aquel en que Moctezuma va, por los lagos, de un santuario a otro.

El mensaje dice que esos hombres barbados vinieron por el mar, en grandes casas, y llegaron ese mismo día a la costa, por el lado donde el sol nace.[5]

Tiemblan levemente las manos de Moctezuma: ha comprendido que la profecía de Quetzalcóatl va a cumplirse; que acabarán su poder y su vida con la llegada de los dioses blancos.

De sus dedos resbala el collar de transparentes cuentas, que se convierten en polvo, al chocar contra las losas.

Sobre el palacio, en el cielo nocturno, un cometa augural tiende su cola.

—No soy de oro

Al otro día, Cortés va a visitar a Moctezuma, con doña Marina y varios de sus compañeros: Velázquez de León, Pedro de

---

[4]**hastío** boredom [5]**por el lado donde el sol nace** from where the sun rises, from the east

La Conquista
José Clemente Orozco

Alvarado, Diego de Ordaz, Gonzalo de Sandoval, Bernal Díaz del Castillo. Les siguen algunos soldados. En un salón del palacio real, Moctezuma los recibe, rodeado de lujo. Las paredes están revestidas[6] de mármol; los techos son de maderas finas trabajadas con esmero. Por las grandes puertas que se abren a los patios, se ven fuentes ornamentales. Todo es más espléndido que en el palacio de Axayácatl.[7] Rodean a Moctezuma sus parientes. Conducido Cortés hasta el fondo del salón, donde hay amplios asientos colocados sobre pieles de jaguar—en vez de ojos, dos pulidas esmeraldas—, Moctezuma lo sienta a su derecha y lo examina atentamente. Cortés habla de la formación del mundo y de la Pasión de Cristo. Doña Marina interpreta sus palabras, titubeante,[8] porque el tema es extraño para ella y porque la cohibe el lugar en que se halla: nunca pensó que llegaría allí, cuando la vendieron como esclava, en otro tiempo.

Cortés, al final de su discurso, aconseja a Moctezuma que no permita que sus súbditos hagan sacrificios sangrientos a los dioses de piedra, ni roben, ni mientan.

—Con esto—añade—, la primera parte de nuestra misión queda cumplida.

—Adoramos como debemos a nuestros dioses—replica Moctezuma—, pues nos parecen buenos. Yo te pido que no me hables de ellos.

Para cambiar de tema, añade:

—Bien sé que los de Tlaxcala te han dicho que soy como un dios; que todo lo que me rodea es de oro y plata, y que yo también soy de oro.

Levanta su vestidura, hasta dejar ver parte de la pierna, donde termina la sandalia, y dice:

—Mira: no soy de oro; soy como tú.

—Es verdad—responde Cortés—; los enemigos suelen inventar calumnias; yo no he conocido señor más generoso.

[6]**revestir** to coat [7]**palacio de Axayácatl** palace of Moctezuma's father where the Spaniards were lodged [8]**titubeante** haltingly, hesitatingly

Preso

Al amanecer, Cortés ha encontrado la justificación que buscaba, para prender a Moctezuma. Poco antes, había recibido cartas enviadas desde la costa, por uno de sus hombres de confianza, Juan de Escalante, en que éste le hablaba de celadas[9] que habían preparado desde México y de la muerte de cuatro castellanos, víctimas de un audaz guerrero, llamado Cuauhpopoca.

A esas cartas ha venido a unirse otra que tiene ante los ojos. La trajeron dos cempoaltecas,[10] en rápidas jornadas. Es un mensaje que procede también de la costa, de la Vera Cruz. En él le anuncian que Juan de Escalante murió en un encuentro con Cuauhpopoca, y que los mexicanos se han alzado contra los extranjeros.

Cortés guarda esa carta con las anteriores; manda llamar a los capitanes: Sandoval, Alvarado, Velázquez de León, Lugo, Dávila, y a algunos soldados, da orden de que ensillen, y sale cabalgando al frente de todos.

Al avanzar por las calles, va dejando en cada esquina un grupo de soldados. Una treintena de ellos lo acompaña hasta el palacio de Moctezuma; pero la mitad se queda en la puerta y en el primer patio.

Llega ceñudo[11] Cortés, en el instante en que Moctezuma despide a un mensajero, que acaba de informarlo sobre lo ocurrido en la costa. Tranquilo, en apariencia, se dispone a recibir al capitán general. Cuando entra, Moctezuma sonríe y le ofrece unas joyas de oro. Como aquél las toma sin que por ello se borren las arrugas de su entrecejo,[12] el monarca le entrega, para calmarlo—regio[13] presente—, a la más bella de sus hijas, y da a los cinco capitanes que lo acompañan otras tantas doncellas nobles.

La dura expresión no desaparece de la fisonomía[14] del capitán. Doña Marina, a quien el presente no ha agradado, pone más vigor en lo que Cortés dice a Moctezuma, a través de su intérprete:

—Cuauhpopoca ha dado muerte a varios castellanos, en la Vera Cruz; dice que tú le ordenaste que lo hiciera.

Moctezuma niega que haya dado tal orden.

—Yo tampoco pienso que nos hayas traicionado—replica Cor-

---

[9]**celada** ambush   [10]**cempoalteca** Indian from the region of Veracruz
[11]**ceñudo** frowning   [12]**entrecejo** space between the eyebrows, brow
[13]**regio** royal   [14]**fisonomía** face

tés—; pero es preciso que venga aquí ese guerrero, para averiguar lo ocurrido y castigar al que sea culpable.

Acepta entonces Moctezuma lo propuesto por el capitán general, y ordena que vayan en busca de Cuauhpopoca. Para dar mayor fuerza a su orden, Moctezuma ha entregado a uno de los mensajeros la piedra del sello imperial que colgaba de su brazo.

Cortés dice:

—Debo responder a Su Majestad[15] de las muertes ocurridas. En tanto que se aclara la verdad, es necesario que vengas a vivir con nosotros, en donde nos alojamos. —Y añade—: No tengas pena porque no estarás preso, sino en libertad, como en tu propia casa.

Moctezuma se yergue,[16] indignado, al responder:

—¿Cómo pretendes mandar sobre mi persona? Aunque accediera a ir, mi pueblo no lo toleraría.

Pero Cortés insiste, con firmeza:

—Nada revelará a tus vasallos que estás preso. Harás lo que quieras, y los míos te servirán en todo.

Moctezuma ha vuelto a negarse a hacer lo que se le pide; pero Velázquez de León interviene, bruscamente.

—¡Basta ya! O lo llevamos preso, o le damos aquí de estocadas.[17]

Moctezuma interroga a doña Marina:

—¿Qué ha dicho con voz tan alterada?[18]

Y ella responde:

—Conviene que vayáis[19] luego con ellos, porque os honrarán como merecéis; de lo contrario, aquí quedaréis muerto.

Moctezuma, después de titubear, inclinada la cabeza, decide ir con ellos.

Conducido en andas[20] por varios nobles que lo llevan en silencio, apesadumbrados,[21] emprende el camino de su prisión, precedido por Cortés y los capitanes que lo escoltan.

Al atravesar las calles, cunde la nueva y el pueblo trata de protestar; pero Moctezuma lo impide.

---

[15]**Su Majestad** Carlos V (1500-1558), Spain's most powerful monarch [16]**se yergue** (*3rd person sing. pres.* of **erguirse**) stands up erectly, stiffens with pride [17]**le damos aquí de estocadas** we'll kill him here with our swords [18]**alterado** excited, disturbed [19]**vayáis** *Doña Marina uses the "vosotros" form, as a singular, in talking to Moctezuma, as a sign of great respect.* [20]**en andas** on a litter [21]**apesadumbrado** grief-stricken

El castigo

Cuauhpopoca, el guerrero, llega con su hijo y quince nobles, a las puertas del palacio. Antes de entrar, cambia sus vestiduras suntuosas, por ropas humildes. Descalzo, en señal de respeto, comparece ante Moctezuma, bajos los ojos y saluda tres veces antes de acercarse a él:

—Señor . . . Mi señor . . . Gran señor.

Moctezuma le habla gravemente. El guerrero se inclina silencioso.

Silencioso continúa ante el consejo que lo juzga, en compañía de su hijo y de los quince nobles; y también en silencio escucha la sentencia de muerte.

—¿Tenéis algo que alegar en vuestra defensa?—les preguntan—: ¿Obedecisteis órdenes de Moctezuma, al dar muerte a los castellanos?

Cuauhpopoca y los demás acusados enmudecen.

Delante de Moctezuma, Cortés dicta órdenes, en nombre de aquél. Dice, por labios de doña Marina:

—El Emperador desea que el castigo sea ejemplar: los culpables morirán en la hoguera. Para alimentar el fuego, tomaréis los arcos, las flechas, las rodelas:[22] todas las armas que están en los arsenales. Así comprenderá quien vea la ejecución que las armas fueron tan culpables como los reos[23] y que no deben usar armas como ésas, contra nosotros.

Moctezuma nada agrega a lo ordenado.

* * *

Desde las azoteas del palacio, Cortés ve la ejecución de Cuauhpopoca, de su hijo y de los nobles. Altas llamas se elevan de la hoguera, alimentada por arcos, rodelas y flechas. Voces amenazantes vienen de las calles más lejanas. Luego, en presencia de Cortés, dos aventureros ponen a Moctezuma grilletes,[24] en pies y manos.

Para aliviar la molestia que le causa el roce[25] de los grilletes, los parientes de Moctezuma colocan trozos de tela de algodón, entre el cuerpo de aquél y los ásperos hierros.

---

[22]**rodela** round shield [23]**reo** condemned prisoner [24]**grillete** shackle, chain [25]**roce** rubbing, friction

Cuando las llamas se han extinguido y ya sólo se eleva una columna de humo, del lugar en que estuvieron los ejecutados, Cortés
regresa a las habitaciones de Moctezuma, acompañado de los capitanes. Satisfecho, se arrodilla ante él y le quita los grilletes.
Moctezuma le ve con asombro, por ese cambio repentino.
Doña Marina interpreta lo que Cortés dice:
—No sólo eres mi hermano, sino también el señor de muchas
tierras, y lo serás de otras que conquistaré para honra tuya. Puedes
volver a tu palacio, si así lo deseas, ahora que se ha cumplido la
justicia en los culpables.
Moctezuma responde, por los labios de los intérpretes:
—Gracias, Malinche;[26] pero ahora prefiero seguir aquí.
Entonces, Cortés lo abraza, y le dice con vehemencia:
—Créeme: te amo tanto como a mí mismo.

Ejercicios

I. *Conteste Ud. a las preguntas siguientes en oraciones completas:*

1. ¿Dónde está sentado Moctezuma?
2. ¿Por qué fuma Moctezuma?
3. ¿Qué entrega el mensajero al emperador?
4. ¿Qué son las metálicas bocas que vomitan llamas y truenos?
5. ¿De donde llegaron los hombres barbados?
6. ¿Por qué teme Moctezuma la profecía de Quetzalcóatl?
7. ¿Cuál es la primera parte de la misión de Cortés?
8. ¿Cuál es la justificación que encuentra Cortés para prender a Moctezuma?
9. ¿Quién es Cuauhpopoca?
10. ¿Qué le aconseja doña Marina a Moctezuma?

II. *Complete Ud. en español las oraciones siguientes:*

1. Antes de entrar en el palacio, Cuauhpopoca _____.

[26]**Malinche** *name given to Cortés by the Indians because he was always
seen in public with Doña Marina whose Indian name was Malinche*

2. Cuauhpopoca y los suyos están sentenciados a _____.
3. Cortés ve la ejecución de Cuauhpopoca desde _____.
4. Después de la muerte de Cuauhpopoca, Cortés le quita a Moctezuma _____.
5. Moctezuma prefiere quedarse con los españoles porque _____.

III. *Busque Ud. en el texto expresiones equivalentes a las que están escritas en bastardilla:*

1. Cortés y sus soldados llegaron a la costa por *el este.*
2. Moctezuma *se prepara a* recibir al capitán general.
3. Aunque *consintiera en* ir, mi pueblo no lo toleraría.
4. *Es preciso* que vengas a vivir con nosotros.
5. Cuauhpopoca y los demás acusados *guardan silencio.*

IV. *Busque Ud. en el texto las palabras españolas que tienen las mismas raíces que las palabras inglesas que siguen:*

1. ardent 2. resound 3. cadence 4. fumes 5. salute
6. pulverize 7. council 8. journey 9. negative 10. seal

La salida de Cortés

Mientras Moctezuma recibe a los emisarios que regresan de la Vera Cruz, satisfecho al oír lo que dicen acerca de los enemigos de Cortés que han venido en su busca, para obligarlo a que se marche con ellos, Cortés prepara su viaje y distribuye los soldados de que dispone.

Parte de ellos quedará en México, a las órdenes de Alvarado, para custodiar a Moctezuma. Aumenta las defensas del palacio de Axayácatl, y bajo su dirección se convierte en una fortaleza que será imposible tomar por asalto.

Antes de salir al encuentro de las fuerzas de Narváez, Cortés va a despedirse de Moctezuma, y éste le dice, con marcada ironía:

—Señor Malinche: hace tiempo que no te veo. ¿Qué te sucede, que andas sin sosiego? Por el paje sé que vas a ir contra tus hermanos y dejarás aquí a Tonatiuh.[27] ¿Puedo ayudarte en algo? Los que llegaron son cinco veces mayores en número que vosotros; y afirman que has venido huyendo de tu Rey, y que vienen a prenderte, para matarte.—Tras una pausa agrega—: Yo no os entiendo.

Cortés, alegre en apariencia, responde también con ironía:
—No te había dicho antes que saldría de aquí, por no causarte pesar con nuestra pelea. Mis hermanos que han llegado a la costa son, como yo, vasallos de Su Majestad el Rey, que me envió a hablar contigo; pero nosotros no somos iguales a ellos, como no lo sois vosotros y los indisciplinados otomíes.[28] Dejo aquí a Pedro de Alvarado, a quien llaman Tonatiuh, para que te sirva y ampare contra tus enemigos. Cuidarán de la Virgen y la Cruz;[29] les tendrán candelas encendidas de día y de noche, y no permitirán que hagan otra cosa en el templo. Así comprobaré la buena amistad que nos une.

—Sólo haremos en el templo la fiesta de Tezcatlipoca,[30] para la que tenemos tu permiso y el de Tonatiuh—responde Moctezuma.

Cortés le entrega unos presentes—de los mismos que de él recibió—, y lo abraza, en presencia de todos como si se despidiera de un amigo.

Moctezuma, por su parte, acompaña a Cortés y a doña Marina, hasta donde concluye la ciudad; se despide, con fingida tristeza de los extranjeros, y permanece allí, custodiado, hasta que los ve perderse en la lejanía.

La fiesta

Preludia[31] la fiesta del quinto mes. Ya cortaron, a la manera de los capitanes mexicanos, los largos cabellos del joven que va a ofrecerse al dios Tezcatlipoca. Ha cambiado de vestido y le han quitado las pinturas que cubrían su rostro. Le rodean cuatro hermosas doncellas que representan a cuatro diosas.

---

[27]**Tonatiuh** *Indian name meaning "child of the sun," given to Pedro de Alvarado because of his blond hair and strength*   [28]**otomíes** *rebellious Indians in the region of Guanajuato, northwest of Mexico City*   [29]**la Virgen y la Cruz** Cortés had ordered an altar built where the Spaniards could practice their religion and Padre Olmedo could attempt to convert the Indians [30]**Tezcatlipoca** *creator of the world; God second in importance only to the Supreme God*   [31]**preludiar** *to begin*

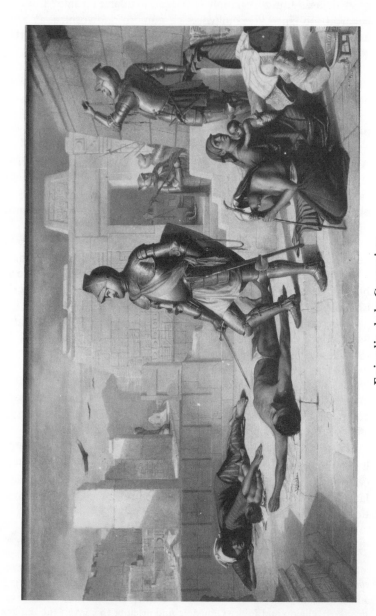

Episodio de la Conquista
Félix Parra

Al llegar la fecha señalada para el sacrificio, después de cuatro días de festines, conducen al joven a una canoa entoldada. Al embarcarse, lo abandonan las cuatro doncellas que lo acompañaron hasta entonces. Solamente los pajes permanecen a su lado.

La vigilancia de los sacerdotes impedirá que los extranjeros se enteren de que van a desobedecer sus órdenes: en la fiesta del quinto mes, habrá un sacrificio humano.

En el pequeño templo situado a una legua de la ciudad, el joven elegido asciende, paso a paso, las escaleras. En cada escalón, rompe una de las flautas que acompañaron sus danzas, y con ellas revive el recuerdo de sus compañeras y de los placeres disfrutados.

Finalmente, el joven consagrado al dios, llega a lo alto del templo, dispuesto a morir en manos de los cinco sacerdotes. Rompe la última flauta, y al erguirse, diez fuertes brazos lo sujetan . . .

* * *

En el pequeño templo, soldados españoles se han apoderado del joven cautivo que iban a sacrificar, y lo conducen prisionero al palacio de Axayácatl, mientras Alvarado y los capitanes que acudieron a la fiesta atraídos por el brillo de joyas, acuchillan a los nobles, para despojarles de sus collares, de sus cadenas, de sus brazaletes.

Quienes intentan escapar trepando por las paredes, caen derribados; los que se ocupan en las habitaciones de los sacerdotes, mueren en el interior. Algunos se fingen muertos para salvarse; pero si el menor movimiento los delata, sus enemigos caen sobre ellos y sin piedad los degüellan.

Ha caído más de un millar de nobles indefensos. Tras el estupor inicial, la muchedumbre reacciona, y se lanza contra los aventureros.

Entre los señores principales de Tenochtitlán que se hallaban en el centro de los danzantes, surgió un joven decidido, que impide la huída de los aterrorizados: Cuauhtémoc. Lucha valerosamente, sin armas, sólo con sus brazos, y derriba a varios aventureros, mientras exclama:

—¡Ya es tiempo de acabar con los teules![32]

Algunos mexicanos le siguen resueltos, y se enfrentan a

---

[32]**teules** *Aztec word for "Gods" or "divine beings," applied to the Spaniards*

Alvarado y los demás capitanes, que bajo la lluvia de flechas y jabalinas, se ven obligados a replegarse[33] y retroceder hasta el palacio de Axayácatl.

Si alguno de los aventureros codiciosos se detiene aún, para despojar de sus joyas a los nobles caídos, lo alcanzan las flechas que vibran al clavarse, y queda muerto al lado de su víctima.

Los mexicanos han puesto sitio al palacio de Axayácatl y lanzan sobre él, flechas, jabalinas, dardos y piedras, que obscurecen el cielo.

De pronto, Moctezuma aparece en la azotea del palacio; los guerreros se inmovilizan, y se hace un profundo silencio. Moctezuma les habla.

Cuando ha concluido su arenga, de la muchedumbre parte un grito:

—¡Tezcatlipoca! . . .

Moctezuma dice entonces al intérprete:

—Quieren la libertad del joven que representa al dios Tezcatlipoca.

Con rudeza, Alvarado le responde:

—¡No! ¿Así cumplen la promesa de no hacer sacrificios humanos?

Moctezuma replica gravemente:

—Por ti empezó la lucha; tú fuiste el que comenzó a matar, y con tu crueldad arruinaste todo. El prisionero no será sacrificado. ¡Dejadle salir!

Alvarado accede; transmite la orden para que dejen en libertad al joven.

Al salir el cautivo, la multitud lo aclama. Todos se inclinan a su paso, como si fuera el mismo dios Tezcatlipoca.

* * *

Cortés acaba de derrotar a Narváez, cuando llegaron hasta él unos emisarios de Moctezuma. Doña Marina le ha explicado que iban a quejarse por la crueldad de Alvarado y la matanza de los nobles.

Secamente, Cortés responde:

—Pronto iré a México,[34] y se arreglará todo.

Y enfadado, les ha vuelto la espalda.

[33]**replegarse** to retreat   [34]**México** Mexico City

* * *

En un rincón, Alvarado se disculpa ante Cortés, y trata de darle
explicaciones:

—Había una conspiración de los mexicanos, para acabar con
nosotros[35] durante su fiesta.

—¡Recordad que habían pedido licencia para hacer sus bailes!—replica fríamente Cortés.

Como Alvarado insiste en que los mexicanos querían tenderles
una celada y él prefirió sorprenderlos mientras se hallaban descuidados, Cortés concluye:

—¡Pues hicisteis mal, y fue una gran torpeza!

Cuitláhuac y Cuauhtémoc

Moctezuma, de pie, rodeado de nobles, espera la visita de Cortés.

La espera se prolonga; Moctezuma envía, con dos señores, un
mensaje para Cortés. Ellos regresan cabizbajos,[36] y le transmiten la
respuesta negativa.

Moctezuma continúa erguido.

Poco después, dice al padre Olmedo:

—Si el señor capitán no está enfadado conmigo, le daré un
caballo, de bulto,[37] con la figura de él montado: todo de oro.

Capitanes y soldados aconsejan a Cortés que se reconcilie con
Moctezuma.

—Refrene la ira vuestra merced; recuerde todos los bienes que
debemos a ese rey, que hasta nos ha dado sus hijas—dice uno.

Pero Cortés, airado,[38] responde:

—¡Es un perro! Se entendía con[39] Narváez secretamente, y
ahora ni de comer nos da. ¡Decidle que mande abrir los mercados,
o se acordará de mí!

Moctezuma recibe el mensaje; consulta a quienes lo rodean, y
envía la respuesta:

—Que deje en libertad a mi hermano Cuitláhuac, para que vaya

---

[35]**acabar con nosotros** to finish us off   [36]**cabizbajo** sad, with one's head
down   [37]**de bulto** in statue form   [38]**airado** angry   [39]**entenderse con** to
be "in cahoots" with

a ordenar que haya tianguis[40] y pueda el señor Malinche tener los alimentos que tomaba antes.

Cuando le trasmite doña Marina la contestación de Moctezuma, Cortés responde:

—Dile que dejaré en libertad a su hermano, como él desea.

Doña Marina, antes de traducir la respuesta, le advierte que no debe dar la orden, que no sería prudente dejarlo salir en esos momentos. Cortés insiste:

—¡He dicho que dejaré libre al hermano de Moctezuma! ¿Vamos a morirnos de hambre, por temor a lo que ese hermano pueda ordenar a los indios?

Doña Marina, bajos los ojos, traduce la respuesta, y cuando el emisario ha salido, se aleja de Cortés. El nada hace por retenerla. Queda, de nuevo, a solas con sus pensamientos.

* * *

El padre Olmedo trata de convencer a Moctezuma de que debe salir a hablar otra vez a los mexicanos, para que cese el combate.

—De nada servirá que les hable, dice Moctezuma, porque ya tiene otro señor: es mi hermano Cuitláhuac, y han decidido que nadie salga de aquí con vida: todos moriremos.

Cristóbal de Olid, impetuoso, interviene:

—¡Tendrás que subir, y dirás lo que te ordenemos que digas, o morirás!

Una daga brilla en la diestra de Olid, y su mano izquierda sujeta por el cuello a Moctezuma, que dice, desdeñoso:

—¡Será inútil! ¡Será todo inútil!

Conducen a las azoteas del palacio de Moctezuma, cuerpo sin alma, el fiel Itzcuauhtzin, Olid y dos soldados, con grandes rodelas, para cubrirlo. Doña Marina, como intérprete, va con ellos. Habla Itzcuauhtzin:

—Moctezuma dice que no combatáis, porque los teules han de vencer. El está preso, y si seguís combatiendo, teme que lo maten como se lo han dicho.

Abajo entre los gritos de la muchedumbre, una voz potente se eleva sobre las demás. Es Cuauhtémoc, que exclama:

—¿Qué dice esa mujer[41] de los teules? ¡Lo castigaremos como a un vil! ¡Ya Moctezuma no es nuestro señor!

[40]**tianguis** (*Mex.*) market day   [41]**mujer** woman; coward

Cuauhtémoc empuña una jabalina. El recio brazo se tiende y dispara el arma hacia Moctezuma, sobre quien también llueven piedras.

A pesar de que intentan protegerlo con las rodelas, Moctezuma recibe una herida en la frente: se tambalea, vacilante. Itzcuauhtzin y los soldados lo sostienen, y descienden con él, ensangrentado.

En busca del reposo

Los parientes rodean el cuerpo de Moctezuma. Le han puesto sus insignias, como en los días de triunfo, y lleva su manto suntuoso, cuyo brillo parece opacado por la muerte.

Dos soldados traen un tablón; en él depositan el cuerpo de Moctezuma, y lo conducen hasta la puerta del palacio de Axayácatl.

Desde lo alto, el intérprete grita:

—¡Ha muerto Moctezuma!

Tras una tregua de silencio las puertas se abren y la muchedumbre se repliega.

El cadáver de Moctezuma, rígida ave de brillantes plumas, queda depositado en la gran piedra en forma de tortuga, que está afuera del que[42] fué palacio de su padre.

Como varios guerreros mexicanos continúan viéndolo, conmovidos, Cuauhtémoc les dice, desde lejos:

—¡A combatir! ¡Ya han perdido demasiado tiempo!

Los guerreros se apartan del cadáver. Con Cuauhtémoc al frente, prosigue la pelea.

* * *

Se aproxima al cadáver de Moctezuma el que fue su robusto mayordomo, Apanécatl. Llevando a cuestas, solo, sin ayuda, el cuerpo, se aleja, paso a paso.

* * *

El mayordomo conduce en la canoa el cadáver de Moctezuma, doblado sobre sí. Con él va, de lugar en lugar, a través de la laguna,

---

[42]**del que** of the (building) which

buscando un sitio para incinerarlo; pero en todas partes los vecinos
lo rechazan:
—¡No queremos que te detengas en este lugar!
—¡Aléjate de aquí!
—¡Sería funesto para nosotros!
El mayordomo sigue bogando[43] por la laguna.
En la canoa, flecha perdida, va en busca del reposo que se le
niega, el cadáver de Moctezuma II, el señor a quien obedecían su-
misamente, desde la altiplanicie[44] que defienden nevadas cimas,
hasta las cálidas costas del golfo mexicano.

—FRANCISCO MONTERDE, *Moctezuma, el de la silla de oro*

Ejercicios

I. *Conteste Ud. a las preguntas siguientes en oraciones comple-*
tas:

1. ¿Por qué va Cortés a Veracruz?
2. ¿Que afirman los soldados de Narváez?
3. ¿Cuál es la única fiesta que van a celebrar los aztecas?
4. ¿Cómo han preparado los aztecas al joven que va a ofrecerse al dios?
5. ¿Qué representan las flautas que rompe el joven?
6. ¿Por qué no llega a sacrificarse el joven?
7. ¿Cuántos indios han sido matados por Alvarado y sus
soldados?
8. ¿Quién encabeza la rebelión de los aztecas?
9. ¿Qué quiere la muchedumbre de indios?
10. ¿Cómo se resuelve la cuestión del joven que iba a sacrificarse?

II. *Escoja Ud. de las frases entre paréntesis la que mejor comple-*
te las oraciones siguientes:

1. Después de derrotar a Narváez en Veracruz, Cortés (*a.* se

---

[43]**bogar** to row   [44]**altiplanicie** plateau (on which Mexico City is located)

dirige a España b. regresa a la capital de los aztecas c. forma una expedición para atacar a Cuba).
2. Cuando Alvarado se disculpa ante Cortés, éste (a. lo manda volver a España b. lo perdona c. se enfada).
3. Para que haya tianguis, Moctezuma pide (a. la libertad de su hermano Cuitláhuac b. que los españoles prometan marcharse c. que Cortés los deje seguir haciendo sacrificios humanos).
4. Al salir Moctezuma a la azotea para calmar a los aztecas, (a. éstos dejan de combatir b. Cuauhtémoc ofrece rendirse c. recibe una herida en la frente).
5. El cadáver de Moctezuma (a. sigue en la canoa en busca de reposo b. se entierra debajo del palacio c. se incinera).

III. *Busque Ud. en el texto las palabras españolas que tienen las mismas raíces que las palabras inglesas que siguen:*

1. custody 2. augment 3. prove 4. permanent 5. signal 6. sacred 7. culprit 8. advertise 9. ambidextrous 10. opaque

IV. *Prepárese Ud. a dar un resumen oral del papel de Moctezuma en la conquista de México basado en las expresiones siguientes:*

1. la profecía de Quetzalcóatl
2. un mensaje de Veracruz
3. la llegada de los españoles de Tenochtitlán
4. preso por Cortés
5. sustituído por Cuauhtémoc
6. despreciado y herido por los aztecas
7. la muerte
8. contraste entre su gloria imperial y su busca del reposo eternal

El henequén
Fernando Castro Pacheco

3

1521-1821

El Virreinato

NEW SPAIN: 1521-1821. Under Spanish rule for three hundred years, Mexico today is to a large extent the product of the Viceroyship. Race, religion, language, and culture were all profoundly influenced during this period by the original sixteenth-century *conquistadores* and missionaries and the subsequent swarms of colonial administrators and fortune hunters who sought to make a new life for themselves in New Spain.

The prevailing peace and order of the Viceroyship were conducive to the formation of a clearly defined caste system. At the top of the heap sat the Spanish aristocrats who held the important colonial offices. In second place stood the rather motley combination of upper-class *criollos* (children of Spaniards born in Mexico), Spanish immigrants, enterprising *mestizos* (usually children of Spanish men and Indian women), and a few descendants of the Indian royal families. The masses of the people were sharply divided between, on the one hand, the lower-class Spanish fortune hunters and most of the *mestizos* and, on the other hand, the enslaved Indians who worked the mines and tilled the soil for their Spanish masters. Under the system of *encomiendas,* groups of Indians were assigned to Spanish landowners who agreed to pay them for their labor, treat them humanely, and teach them the Christian doctrine.

How well this agreement was kept in Yucatán is poignantly illustrated by the selections from ERMILO ABREU GOMEZ's *Canek,* the story of the Mayan leader and sage who so sorely felt the problems of his people. Abreu Gómez (1894-1971) was a professor of Spanish literature, a scholarly critic, and the author of several books dealing with the Viceroyship. An excellent caricature of the lower-class Spanish immigrant is presented in the pages selected from MANUEL PAYNO's *El hombre de la situación.* Payno (1810-1894), one of Mexico's most distinguished nineteenth-century authors and statesmen, is best remembered for his voluminous novel, *Los bandidos de Río Frío.*

Politically, New Spain was ruled by a viceroy appointed by the

king of Spain and an *audiencia,* which was not only the supreme
tribunal but also the advisory council to the viceroy and a legisla-
tive body. At times, the members of the *audiencia (oidores)* even
assumed the functions of the viceroy. Very often disputes among
the viceroy, the *oidores,* and representatives of the Church would
threaten the tranquility of the colonial government. They were
usually settled by the arrival of a royal inspector (*visitador general*)
and the removal of the viceroy. Of the more than fifty viceroys that
held office between 1535 and 1821, the most distinguished were the
first, Antonio de Mendoza (1535-1550), who developed the mines,
built the cities of Guadalajara and Valladolid, and worked for the
improvement of the conditions of the Indians with the help of Fray
Bartolomé de las Casas; Luis Velasco (1550-1564), who emanci-
pated 150,000 slaves, distributed crown lands among the Indians,
and established the Royal and Pontifical University of Mexico in
1553; Antonio María de Bucareli (1771-1779), who did much to develop the country's commerce; and the Conde de Revillagigedo
(1789-1794), who remodeled Mexico City. Unfortunately for
Spain, the above-named men were not typical of the majority of
viceroys named by the crown in the seventeenth and eighteenth centuries. Inept government plus social and economic abuses over a
period of many years were to contribute to the downfall of the
Viceroyalty of New Spain at the beginning of the following century.

Canek

Canek dijo:
—Todo depende del lugar que el hombre ocupa en la tierra. Las
discordias y los aciertos de los hombres se explican si recordamos
cuál es la posición que tienen cerca de la tierra. Así vemos que los
salvajes se someten a la tierra; viven enterrados en ella. Son tierra.
Los indios—de madura infancia—viven al lado de la tierra. Duermen en paz sobre el pecho de la tierra: ellos conocen las voces de la
tierra; y la tierra siente el valor de sus lágrimas. Son olor de tierra;
olor que enriquece los caminos. Los blancos, en la madurez de sus
años, han olvidado lo que es la tierra. Pasan sobre ella aplastando
el dolor de su entraña y la gracia de sus rosas. Son el viento que se
quiebra y salta sobre el rostro de las piedras.

* * *

Canek dijo:
—Los blancos hicieron que estas tierras fueran extranjeras para
el indio; hicieron que el indio comprara con su sangre el viento que
respira. Por esto va el indio, fantasma de sí mismo, por los caminos
que no tienen fin, seguro de que la meta, la única meta posible, la
que le libra y le permite encontrar la huella perdida, está donde está
la muerte.

* * *

Canek dijo:
—Si te fijas puedes conocer la naturaleza y la intención de los
caminantes. El blanco parece que marcha; el indio parece que duerme. El blanco husmea;[1] el indio respira. El blanco avanza; el indio
se aleja. El blanco quiere poder; el indio descanso.

* * *

Canek dijo:
—Nosotros somos la tierra; ellos son el viento. En nosotros ma-
duran las semillas; en ellos se orean[2] las ramas. Nosotros alimenta-
mos las raíces; ellos alimentan las hojas. Bajo nuestras plantas[3]
caminan las aguas de los cenotes,[4] olorosas a las manos de las
vírgenes muertas. Sobre ellas se despeñan[5] las voces de los guerreros que las ganaron. Nosotros somos la tierra. Ellos son el viento.

* * *

Canek dijo:
—El futuro de estas tierras depende de la fusión de lo que está
dormido en nuestras manos y de lo que está despierto en las de
ellos. Mira a ese niño: tiene sangre india y cara española. Míralo
bien: fíjate que habla maya y escribe castellano. En él viven las
voces[6] que se dicen y las palabras que se escriben. No es ni de la tie-

---

[1]**husmear** to sniff [2]**orearse** to be exposed to the air [3]**planta** sole
[4]**cenote** *natural underground water reservoir in Yucatán where the Mayans
used to sacrifice young maidens* [5]**despeñarse** to be hurled from on high
[6]**voz** word

rra ni del viento. En él la razón y el sentimiento se trenzan.[7] No es de abajo ni de arriba. Está donde debe estar. Es como el eco que funde, con nuevo nombre en la altura del espíritu, las voces que se dicen y las voces que se callan.

* * *

Cada vez está más triste y más violento el corazón de Canek. Antes hablaba y decía su pensamiento. Ahora casi ha enmudecido; aprieta los puños y se va solo por los caminos de espinas, de piedra y de sol. Lo acompaña su sombra. En los ojos de Canek se ha encendido la sangre de los indios. La sombra de Canek es roja.

* * *

Don Chumín, el Administrador de la hacienda, se atrevió a hablar al amo. Le habló con la cabeza baja, el sombrero entre las manos.

—Señor—le dijo—las cosechas de este año han sido buenas. Ya se han ido los carros de algodón. Las trojes[8] están llenas. Y los molinos de aceite no dejan de trabajar.

—¿Y qué?[9]—preguntó el amo.

—Señor, es que estamos en octubre y a los indios sólo se les ha entregado, a cuenta, tres varas de manta y dos alpargatas.

—Tú eres amigo, sin duda, de ese Canek.

Al día siguiente llegó a la hacienda un nuevo administrador más parco de palabras,[10] y menos cercano a Canek.

* * *

Los hijos del difunto Chi—compadre de Canek—no tienen herencia. Del padre no han heredado sino una vaca. La vaca vive con ellos, al lado de ellos. De la vida de la vaca depende la vida de los niños. Es juguete para sus travesuras; guardián para su choza, miel para sus bocas. Los esbirros[11] llegaron a reclamar el nuevo tributo. Canek ofreció pagarlo con su trabajo. Los esbirros se rieron. Entraron, echaron un lazo y arrastraron a la vaca fuera del corral. El

---

[7]**trenzarse** to be intertwined [8]**troje** barn [9]**¿Y qué?** And so what?
[10]**más parco de palabras** more moderate in his speech, less talkative
[11]**esbirro** bailiff, constable

animal se resistía; hincaba la pezuña[12] en la tierra y mugía. Los esbirros se llevaron también la vida de los hijos del difunto Chi.

* * *

Llegaron al pueblo los chicleros.[13] Llegaron seis. Habían salido veinte. Llegaron seis. Murieron todos. Hasta los que llegaron estaban muertos. Canek los recogió y, para no lastimar sus llagas, los envolvió en hojas de plátano. El amo apuntó cien arrobas[14] de chicle.

* * *

El Padre Matías decía misa por las tardes. Además todas sus misas eran con sermón. En los sermones no hablaba de la liturgia ni de los milagros; prefería explicar en ellos cosas relativas a la injusticia de los hombres. La iglesia donde oficiaba se llenaba de gentes; es decir, de indios. Los ricos se quedaban en casa murmurando. A los que le llamaban la atención por su conducta, contestaba:

—Has de saber que para esto tengo permiso del señor Obispo.

Las limosnas que recogía para el culto las repartía entre los indios.

A los que le pedían explicaciones por esto, decía:

—Has de saber que el Padre Matías le dio permiso al Padre Matías para hacer la caridad del mejor modo posible.

* * *

El herrero de la hacienda se acercó al nuevo amo y dijo:

—Señor, ya está terminado[15] el hierro para marcar[16] a las bestias. ¿Hago otro para marcar a los indios?

El amo contestó:

—Usa el mismo.

Canek rompió el hierro.

---

[12]**hincar la pezuña** to dig her hoof in [13]**chiclero** gatherer of chicle [14]**arroba** weight of twenty-five pounds [15]**terminado** used up [16]**marcar** to brand

* * *

En la reunión del gremio[17] de alarifes[18] devotos de San Antonio, Canek dijo:

—Del dinero que se gasta en velas y en inciensos ¿por qué no tomamos algo para curar a los enfermos?

Un comerciante blanco gritó:

—Mejor compramos alcohol.

Los indios se emborracharon. En la borrachera hubo una disputa y el comerciante que vendía aguardiente, fue muerto.

Canek, lleno de ira, rompió la imagen de San Antonio.

Los blancos gritaron:

—Se han sublevado los indios.

Los soldados penetraron en las chozas de los indios amigos de Canek. Si el indio tenía un machete colgado de la pared, de un porrazo[19] lo tendían muerto.[20] Si el indio no tenía un machete colgado de la pared, de un porrazo lo tendían muerto.

El capitán explicaba:

—En algún lugar lo debe tener.

Los blancos gritaron:

—¡Se han sublevado los indios!

* * *

El mensaje de guerra que Canek envió a los pueblos de Yucatán no estaba escrito. Balam, Canché, Pat, Uk, Pech y Chi sólo llevaban en las manos la sangre de los indios que asesinaron los blancos.

* * *

Ante la crueldad de los blancos, Canek convocó a los indios semaneros.[21] Sin hablarles, les señaló una mesa donde había armas y pan.

Unos tomaron un pan. A éstos les dio un arma y les dijo que defendieran sus casas. Otros tomaron un arma. A éstos les dio un pan y les dijo que defendieran las trincheras. Otros tomaron un arma y

---

[17]**gremio** guild [18]**alarife** builder, mason [19]**de un porrazo** with one blow with a club [20]**lo tendían muerto** they would lay him out dead [21]**semanero** laborer engaged by the week

un pan. A éstos, como los viera[22] con señales de cautela, les ordenó que fueran capitanes.

* * *

El pueblo está en guerra. En el horizonte se encienden las ramas del viento. Se oyen en el aire los tunkules,[23] las icoteas[24] y los gritos de los indios en armas. Las tropas blancas llegaron al pueblo. El pueblo estaba en silencio, vacío y en la distancia se oía el rumor de la guerra: el golpe de los tunkules, de las icoteas y los gritos de los indios en armas. Las tropas blancas cayeron sobre el pueblo vecino. El pueblo estaba en silencio, vacío y en la distancia se oía el rumor de la guerra: el golpe de los tunkules, de las icoteas y los gritos de los indios en armas. El nombre de Canek era voz y eco en la sombra.

* * *

En Tiholop aprehendieron a unos indios que de rodillas decían el nombre de Canek. En Tixcacal aprehendieron a unos indios que de pie decían el nombre de Canek. En Sotuta aprehendieron a unos indios que, en silencio, decían el nombre de Canek.

* * *

El rancho de San José, porque dio asilo a Canek, fue incendiado por los blancos. Un capitán quiso dejar salir a los indios. Pero otro capitán le dijo:
—Déjalos dentro. El indio quemado hace buen abono.[25]

* * *

Del rancho de San Joaquín regresaron las tropas que perseguían a Canek.
Un capitán dijo:

---

[22]**viera** he had seen (*the -ra form of the imperfect subjunctive is often used instead of both the pluperfect and the conditional.*) [23]**tunkul** (*Mayan*) wooden drum [24]**icotea** (*Mayan*) fresh-water turtle, the carapace (shell) of which is used as a percussion instrument by the Indians [25]**abono** fertilizer

—Traigo un hato[26] de cincuenta bestias.
Otro capitán dijo:
—Sólo cuento veinte.
Otro capitán dijo:
—El número se completa con indios.

* * *

En la sabana[27] de Sibac los esbirros aprehendieron a Canek y a
sus amigos. Uno de los esbirros, de nombre Malafacha,[28] le ató las
manos.
—Capitán—dijo Canek—le va a faltar cordel.
Malafacha torció el nudo.
—Es inútil, capitán—añadió Canek—le va a faltar cordel para
atar las manos de todo el pueblo.
Canek sonrió. La sangre corría de sus manos como una llama
dócil.
Fray Matías fué bueno con Canek. Fray Matías le visitó en la
cárcel, conoció su inocencia y le hizo quitar los grillos. Mientras
Canek recordaba al niño Guy,[29] Fray Matías lloraba sobre las rodi-
llas del indio.

* * *

Cuando Jacinto Canek subió al patíbulo,[30] los hombres bajaron la cabeza. Por eso nadie vio las lágrimas del verdugo, ni la sonrisa del ajusticiado.[31] En la sangre de Canek, la sangre de la tarde
era blanca. Para las gentes los luceros que se encendían eran de sal
y la tierra de ceniza.

* * *

En un recodo[32] del camino a Cisteil, Canek encontró al niño
Guy. Juntos y sin hablarse siguieron caminando. Ni sus pisadas
hacían ruido ni los pájaros huían delante de ellos. En la sombra sus

[26]**hato** herd [27]**sabana** savanna, grassy plain [28]**Malafacha** "Badface"
[29]**niño Guy** *a good friend of Canek, engendered by the brother of the
owner of the hacienda; the boy died from a fever* [30]**patíbulo** gallows,
scaffold [31]**ajusticiado** condemned man [32]**recodo** bend

cuerpos eran claros, con una clara luz encendida por dentro. Siguieron caminando y cuando llegaron al horizonte empezaron a
ascender.

—ERMILIO ABREU GOMEZ, *Canek*

Ejercicios

I. *Conteste Ud. a las preguntas siguientes en oraciones completas:*

1. ¿A quiénes representan la tierra y el viento?
2. ¿Cuál es la única meta posible para el indio?
3. ¿Qué quiere el blanco? ¿Qué quiere el indio?
4. ¿A quiénes sacrificaban los mayas en los cenotes?
5. ¿De qué depende el futuro de México, según Canek?
6. ¿Por qué es roja la sombra de Canek?
7. ¿Por qué llegó a la hacienda un nuevo administrador?
8. ¿Qué representaba la vaca para los hijos del difunto Chi?
9. ¿Qué hizo Canek para ayudar a los chicleros?
10. ¿Qué hizo el amo para ayudar a los chicleros?

II. *Indique Ud. cuáles de las oraciones siguientes dicen la verdad.
Corrija las oraciones falsas:*

1. El amo mandó hacer un nuevo hierro para marcar a los
   indios.
2. Canek mató al comerciante.
3. Los soldados mataron a los indios aunque no tenían un
   machete colgado a la pared.
4. Canek ordenó a los que tomaron un arma que fueran capitanes.
5. Los indios defienden sus pueblos.
6. Canek rompe el cordel con el cual está atado.
7. Canek muere en el patíbulo.
8. El verdugo lloró al matar a Canek.

III. *Busque Ud. en el texto las palabras españolas que tienen las
mismas raíces que las palabras inglesas que siguen:*

1. charity   2. inherit   3. incendiary   4. vacant   5. asylum   6. record   7. incorporate   8. mute   10. petrify

IV. *¿Cuál es la actitud de los personajes siguientes frente a los indios?*

1. Canek   2. el Padre Matías   3. el amo   4. el comerciante   5. los capitanes

---

Un inmigrante andaluz

Como la hospitalidad de todos los habitantes de México ha sido
tradicional, y con especialidad la de los veracruzanos, Fulgencio no
tuvo ninguna dificultad en encontrar alojamiento y cena. Al día
siguiente, muy de madrugada, se puso en marcha; de manera que,
cuando el sol salió, comenzaba a entrar en un país montañoso,
donde seguramente debería encontrar la fortuna. En efecto: lleno
de asombro, comenzó a notar algunas piedras que relucían con un
brillo opaco, y otras que contenían partículas amarillas y algo roji-
zas. Muy animado, se restregó las manos, miró con sus ojillos alegres la perspectiva de riqueza que tenía delante, y comenzó a trepar
por la serranía.

A cada dos o tres pasos se detenía y levantaba piedras tras piedras. Las que eran calizas,[33] las tiraba diciendo:—Estas las dejare-
mos para los mexicanos. —Y las de granito, que según él tenían
muchas partículas de oro, las echaba en su maleta y decía: —Esto
es nuestro, y todito este oro es para los españoles.

Preocupado enteramente con el arduo pero para él productivo
trabajo, se desvió del camino real, de manera que, ya cerca de la
noche, fatigado, con los pies ampollados,[34] sin saber qué rumbo
tomar, observó con terror que las sombras crecían, y que extraños
aullidos de fieras se escuchaban por las cavernas de la sierra. Comenzaba ya a desesperar de su salvación y a llenársele los ojos de
lágrimas cuando escuchó el tin-tin agudo de una campanilla y, a

[33]**calizo** limy, chalky   [34]**ampollar** to blister

poco, percibió una recua[35] tras de la cual caminaban cuatro arrieros, muy alegres, cantando y chiflando[36] cancioncillas del país, muy semejantes a las de Andalucía.

El corazón de Fulgencio se abrió a la esperanza; y haciendo un esfuerzo, se puso en pie y comenzó a gritar con todas sus fuerzas:

—¡Paisano, paisanito, eh, paisano, duélase de[37] un viajero extraviado! Los arrieros torcieron la rienda a sus mulas y se dirigieron al lugar de donde venía la voz.

—¿Qué demonio está haciendo el paisano en este lugar tan extraviado?—le dijeron—Esta vereda sólo nosotros la conocemos.

—Vengo de Veracruz, paisano; y recogiendo por curiosidad unas piedrecillas, trepé de cerro en cerro y perdí el camino; pero aquí está ya el hijo de mi madre,[38] y les hará el favor de acompañarlos para que nada les suceda.

El que parecía mayordomo de los arrieros se echó a reír al notar el descaro del muchacho, y mandando traer una mula que venía sin carga, lo colocó en el aparejo[39] y así siguieron caminando todavía un largo rato. Fulgencio prosiguió su camino en compañía de los arrieros, hasta las cercanías de Puebla.[40] Pero, no por venir en compañía de los nuevos amigos, se descuidó de su principal ocupación, pues mientras éstos ordenaban el hato y echaban de comer a sus mulas, el muchacho se hacía el perdedizo[41] por un momento, y regresaba con los bolsillos llenos de piedras, de manera que, en pocos días, su maleta se había llenado completamente.

Poco antes de llegar a Puebla, Fulgencio se encaró con el mayordomo de los arrieros y metiendo sus dos manos en los bolsillos, y meneando a compás[42] la cabeza y la pierna derecha, le dijo:

—Tío Marcelo, ya hemos andado muchas leguas, ¿no es verdad?

—Y todavía nos falta la tercera parte del camino—le contestó el arriero.

—Pues bien; ¿le parece justo que arreglemos nuestra cuenta? Marcelo creyó que el muchacho quería pagarle el flete[43] de la mula en que había caminado y la comida de que había participado, y

[35]**recua** mule team   [36]**chiflar** to whistle   [37]**dolerse de** to take pity on [38]**aquí está el hijo de mi madre** here is the son of my mother, here I am [39]**aparejo** packsaddle   [40]**Puebla** *Mexico's fourth largest city, 70 miles southeast of Mexico City*   [41]**hacerse el perdedizo** to disappear   [42]**menear a compás** to shake rhythmically   [43]**flete** freight charge

como jamás fue su intención el cobrarle nada, le volteó la espalda con mucha calma.

—¿Qué cuentas hemos de arreglar, Fulgencio? No es nada, nada, pues estamos acostumbrados a esto los que hacemos viajes de México a Veracruz.

—No hay que darme la espalda, tío Marcelo, ni que echarla de guapo.[44]

—¡Bah! Dejemos eso, Fulgencio; no hay en esto generosidad, sino costumbre.

—¡Cómo! Explíquese bien, tío Marcelo. ¿Conque se acostumbra en las Indias[45] no pagar el trabajo? Diga, diga sin andarse con delicadeza, ¿cuántos reales me debe?

Marcelo volvió la cara lleno de asombro.

—¿Cómo? ¿Qué dices, Fulgencio?—le preguntó.

—Lo dicho, tío Marcelo: ¿cuántos reales me ha de pagar? . . .

—¿Yo pagarte?—interrrumpió Marcelo.

—¡Clarito! ¿Pues cuánto vengo yo ganando por venir montado en el mulo?

—¡Tuno bribón![46]—dijo Marcelo.

—Mi trabajo y nada más: clarito—replicó Fulgencio acercándose a Marcelo.

—Mira, no te doy de palos,[47] porque sé que eres andaluz y, como todos ellos desagradecido y fanfarrón. Pero ahora mismo te marchas de aquí con tu maleta de piedras, que le ha hecho ya mucho daño a una de mis mejores mulas. ¡Largo,[48] largo antes que yo haga una de las mías![49]

Fulgencio vió tan enojado y decidido al arriero que cargó su maleta y echó a andar por el camino real.

—¡Canalla de indio! Con todita razón son esclavos—dijo en cuanto se alejó un poco.—Me contuve; pero si me he dejado llevar de mi genio, de una mordida acabo con los arrieros y con todito el hato. Después que le he hecho el favor de caminar en su mula, no me ha querido pagar y me ha robado el indio.¡Ya se lo diré al señor virrey!

Ese día, Fulgencio tuvo que hacer su jornada a pie, cargando su maleta llena de piedras; pero como no había gastado su dinero fácil le fue encontrar alojamiento y comida.

---

[44]**echarla de guapo** to act like a "bigshot" [45]**las Indias** the Indies, America [46]**¡Tuno bribón!** Sly rascal! [47]**dar de palos** to thrash [48]**¡Largo!** Away [49]**hacer una de las mías** to let myself go

Al día siguiente del tremendo pleito con el tío Marcelo, llegó al mismo lugar donde se había detenido el virrey para hacer su entrada pública en Tlaxcala. Con un aire de confianza, como si fuese de la casa, Fulgencio logró acercarse al virrey al mismo tiempo que éste montaba en el coche para continuar su camino.

—¡Justicia, señor virrey!—dijo doblando una rodilla, quitándose una vieja y raída casqueta[50] e inclinando la cabeza con el aire más doloroso y sumiso.

—Vamos, retírate, no estorbes el paso—dijo el virrey algo amostazado.[51]

—¡Justicia, señor virrey, justicia!—volvió a exclamar Fulgencio.

—¿Qué se te ofrece? ¿Quién eres? Levántate y habla.

—Soy el mismo de Cádiz y el mismo de Veracruz, señor virrey.

—Singular respuesta—dijo éste dirigiéndose al Justicia Mayor del pueblo.

—El mismo que vino en compañía de vuecencia[52]—prosiguió Fulgencio, poniéndose en pie y levantando la cabeza.

—Vaya—dijo el virrey con buen humor—debí haberte reconocido por el traje y por la voz. Tú eres el andaluz pariente de Adán, que se me presentó en Veracruz . . . Bien . . . Despáchate[53] pronto . . . ¿Qué se te ofrece?

—¡Me han robado, me han robado!

—¡Pobre muchacho! Te quitarían acaso el dinero que te dí, ¿no es verdad? ¿Qué decís de esto, señor alcalde?—prosiguió. —Apenas acabo de entrar en el reino, cuando ya comienzo a oír quejas de los desórdenes. ¡Contad conque en el momento que llegue a México, mandaré que os reduzcan a prisión y, si el caso lo requiere, que os ahorquen si no parecen los ladrones que han robado a este muchacho.

—Señor virrey—contestó el alcalde poniéndose pálido—si vuecencia me manda ahorcar, obedeceré, pues soy fiel súbdito de su majestad; pero podría jurar que no hay un solo ladrón desde el real puerto de Veracruz a esta ciudad.

—Pues el Justicia dirá lo que quiera, señor virrey; pero a mí me han robado—interrumpió Fulgencio.

—¿Y quién te ha robado? Habla, explícate—continuó el virrey—porque este es un caso muy grave y yo no permitiré . . .

[50]**raída casqueta** worn-out cap   [51]**amostazado** angry   [52]**vuecencia** your excellency   [53]**despacharse** to hurry up

—Unos arrieros.

—¿Unos arrieros?—interrumpió el alcalde.—¡Imposible! ¡Si es la gente más honrada de todo el reino! Conducen dinero, joyas y toda clase de cosas muy valiosas, y en cuarenta años que hace que resido en el país no he oído decir que los arrieros se hayan robado ni una sola hebra de seda.[54]

—Pues todito eso será muy cierto—insistió Fulgencio—pero a mí me han robado, señor virrey.

—No lo dudo, no lo dudo, señor alcalde—dijo el virrey, con mucha seriedad.—Este muchacho no puede mentir, y ya veremos cómo parecen no sólo los ladrones, sino también el robo. En el acto mandará usted, señor alcalde, que sean detenidos y reducidos a prisión todos los arrieros que se encuentren en el camino.

—Pero, señor virrey—dijo el alcalde—es imposible que los arrieros hayan robado ni a este muchacho ni a nadie. Las personas que están aquí pueden decir si los arrieros son o no la gente de más confianza y seguridad de la Nueva España. Tenga vuestra excelencia la bondad de ordenar que este muchacho nos refiera algunos pormenores y nos diga en qué consistió su robo, y yo prometo, a fe de Pedro Carrasco,[55] que antes que vuecencia llegue a México, los ladrones estarán castigados.

—Nada más justo, señor alcalde—respondió el virrey.

—Vamos, muchacho; explícate y cuenta con franqueza lo que te ha pasado.

Fulgencio se rascó la cabeza, miró a toda la concurrencia que había acompañado al virrey hasta el coche y, haciéndose el ánimo[56] de hablar clarito, como él decía, se encaró con el alcalde.

—Por el nombre de Fulgencio García que me dió mi señor padre, que lo que digo es purita verdad. Verá usted, señor virrey. Yo estaba recostado debajo de un árbol, cuando ví llegar una yegua torda y tras de la yegua torda unos mulos, y tras de los mulos otros mulos, que eran los arrieros. Yo nada les pedí y ellos me montaron en un mulo aparejado y día con día he venido trabajando hasta aquí cerca.

—¿Y en qué has venido trabajando?—le preguntó el alcalde Carrasco.

---

[54]**hebra de seda** thread of silk   [55]**a fe de Pedro Carrasco** in the name of Pedro Carrasco (*the name of the justice of the peace*)   [56]**hacerse el ánimo** to decide

—¡Toma!⁵⁷ en venir encima del mulo; pero acabaré mi queja. Como decía, señor virrey, aquí cerca les pedí que me pagaran.

—¿Que te pagaran? Y ¿por qué?—preguntó el alcalde.

—¡Toma! señor alcalde, ¡todito lo que he ganado por venir montado en el mulo! No quisieron darme nada, y me han robado: ahí está el cuento.

—¿Y esa es toda tu queja?—le preguntó el virrey conteniendo la risa.

—¿Y qué más, señor virrey?

—Señor alcalde, me pone usted en el acto en la cárcel a ese muchacho por embustero y calumniador; y si lo encuentra usted justo, como lo encontrará, puede usted mandar que le den veinticinco azotes.

—Señor virrey—observó el alcalde—he oído que se llama García, y como los García son nobles, la pena de azotes . . . vuecencia sabe, que por las paternales y benéficas leyes de nuestros amados y augustos soberanos, el castigo de azote es sólo para los indios y para los plebeyos.

—Es verdad—contestó el virrey—pues entonces es necesario imponerle otro castigo.

—Señor virrey—interrumpió Fulgencio—lo mejor será . . .

—¿Qué será mejor, terco embustero?

—Que vuecencia me lleve a México y allá . . .

—Y allá vayas a querer que te pague yo por el trabajo que voy a darte de caminar en coche.

—Señor virrey, la cosa no es lo mismo; los arrieros y los plebeyos deben pagar hasta por dar los buenos días a los que nos llamamos García; y los García, debemos servir de rodilla al virrey.

—En el fondo dice bien este muchacho—repuso sonriendo el virrey, y el alcalde y los demás asistentes tuvieron que sonreír también. Se despidió de todos y montó en el coche. Al partir las mulas, sacó la cabeza del coche y dijo:

—Que acomoden por ahí a ese muchacho en uno de los coches de mi comitiva.

—MANUEL PAYNO, *El hombre de la situación*

⁵⁷**¡Toma!** Why!

Ejercicios

I. *Conteste Ud. a las preguntas siguientes en oraciones completas:*

1. ¿Por qué levantaba Fulgencio piedras?
2. ¿Por qué tiraba las piedras calizas?
3. ¿Cómo se desvió del camino real?
4. ¿Quiénes salvaron a Fulgencio?
5. ¿Hasta dónde prosiguió Fulgencio con sus nuevos amigos?
6. ¿Qué trabajo había hecho Fulgencio?
7. ¿Cómo explica el tío Marcelo la conducta de Fulgencio?
8. ¿Qué hizo Fulgencio cuando el arriero se enojó?
9. ¿Por qué busca Fulgencio al virrey?
10. ¿Dónde encuentra Fulgencio al virrey?

II. *Escriba Ud. en español cinco preguntas y sus respuestas sobre lo que pasó entre Fulgencio y el virrey.*

III. *Busque Ud. en el texto expresiones equivalentes a las que están escritas en bastardilla:*

1. Al día siguiente, Fulgencio *se puso en camino.*
2. *¡Apiádese Ud. de* un viajero extraviado!
3. Llegó al mismo lugar donde *se había parado* el virrey.
4. Mandará Ud. que *lleven presos a todos los arrieros.*
5. *Ordene Ud. por favor* que este muchacho nos refiera algunos pormenores.

IV. *Busque Ud. en el texto palabras en español que pertenecen a la misma familia que las palabras siguientes:*

1. especial 2. alojar 3. montaña 4. dolor 5. perder
6. vía 7. cara 8. lejos 9. morder 10. asistir

4

La Guerra de Independencia

THE MEXICAN WAR of Independence may be divided into three distinct phases dominated respectively by Miguel Hidalgo, José María Morelos, and Vicente Guerrero. Contributing causes of the revolt were the oppressive restrictions placed by the Spaniards on the colony's economy and culture, the new doctrines of the English, French, and American political theorists which had inspired the American Revolution of 1776 and the French Revolution of 1789, and Napoleon's invasion of Spain and the consequent enthronement of his brother, Joseph Bonaparte.

In the early hours of the morning of September 16, 1810, Hidalgo, parish priest of the town of Dolores, proclaimed the independence of Mexico and rallied his lower-class *mestizo* and Indian parishioners around the banner of Our Lady of Guadalupe. With his chief lieutenant Ignacio Allende, Hidalgo marched his mob of rebels on to Guanajuato, where, thanks to the valiant efforts of a poor miner, the Alhóndiga, Spain's most important granary and arsenal in the area, was captured by the insurgents. The events leading up to and including Hidalgo's harangue to his mob of parishioners are vividly recounted by JOSE MANCISIDOR (1895-1956), novelist of the Revolution from Veracruz and compiler of an excellent anthology of Mexican short stories. The attack on the Alhóndiga is related by JUAN DIAZ COVARRUBIAS (1837-1858), who was cruelly executed at the age of twenty-one during the bitter War of the Reform.

The revolt led by Hidalgo was soon squelched. Hidalgo and his chief assistants were captured and executed in 1811. Nevertheless, the struggle for independence continued under another priest, José María Morelos. A former pupil of Hidalgo, Morelos formed a strong fighting force with the aid of Nicolás Bravo, Hermenegildo Galeana, and Mariano Matamoros and dealt the Spaniards many defeats with his bold tactics. He convoked a congress at Chilpancingo which in 1813 drew up a formal declaration of independence from Spain and a provisional constitution, prepared in part by Ig-

Hidalgo inmortal
Rolando Arjona

nacio Rayón. However, once again the royalists gained control. Morelos was captured and executed, and the revolt seemed doomed to failure.

In Mexico City, the effects of the revolt of the everyday life of the lower classes were chronicled in the press of the time by JOSE JOAQUIN FERNANDEZ DE LIZARDI (1776-1827), known by his pseudonym, "El Pensador Mexicano." With the restoration to the Spanish throne of Fernando VII in 1813 came the restoration of the Inquisition and the censorship of Lizardi's newspaper articles. Consequently, Lizardi expressed his criticism of the corrupt colonial society in the first Mexican and Spanish American novel, *El Periquillo Sarniento* (1816).

Fernando VII and Apodaca, his new viceroy, tried to reestablish peace by granting pardons to all the insurgents. Among leaders, only Vicente Guerrero and Guadalupe Victoria continued the apparently hopeless struggle. However, the Spanish Revolution of 1820 forced Fernando VII to restore the liberal Constitution of 1812. This act alienated some of the conservatives in Mexico, who united around Agustín de Iturbide, an ambitious young royalist officer. Iturbide duped the viceroy into providing him with an army to exterminate the guerrilla movement. However, once he came into contact with the rebels, he realized that he could not hope to defeat them. Iturbide met Guerrero in the small town of Iguala, and on February 21, 1821, the two men issued the famous Plan of Iguala declaring Mexico independent, pledging full protection to the Roman Catholic Church, and promising to form a constitutional monarchy. Supported by insurgents like Bravo, Rayón, and Guadalupe Victoria, Iturbide soon entered Mexico City in triumph.

El grito de Dolores

En Dolores, donde todo parecía transcurrir serenamente en medio de la paz y el trabajo, los viñedos reventaban cargados de maduros frutos, las morenas[1] abrían sus anchas hojas al viento y al sol, los telares producían tejidos de apreciable calidad, los jarros y vasijas, modeladas por manos mágicas, tomaban formas caprichosas y el vino que se elaboraba bajo la vigilante mirada del cura de la Parroquia, entonaba los ánimos y refrescaba las gargantas.

[1]**morera** white mulberry tree

Pero deteniéndose cuidadosamente ante la actitud reservada del Cura, a quien las gentes amaban profundamente, entonces, se echaba de ver que cuando no se sentía observado por ojos indiscretos, se entregaba a la lectura de papeles escritos en una lengua extraña y que entraban al país, para sobresalto y preocupación de las autoridades virreinales, Dios sabe cómo.

Si como ese sencillo cura, el curioso supiera descifrar tan misterioso lenguaje, no hubiera encontrado dificultad para descubrir, en medio de palabras sonoras y llenas de elocuencia, estos alarmantes y a la vez conmovedores conceptos: libertad, igualdad, fraternidad . . . Y era así, a través de estas lecturas prohibidas y severamente condenadas, por las que Hidalgo, el Párroco de Dolores estaba enterado de lo que más allá de las fronteras de la Nueva España y al otro lado del mar habían conquistado, para ellos mismos, los hombres del 76 y el 89.

Y desde que a su conocimiento llegara lo que estos hombres—hombres reales, de carne y huesos como él—conquistaran un pensamiento íntimo, agudo y candente, lo atormentaba. A ratos los pensamientos se le escapaban en voz alta, en diálogos consigo mismo, en los cuales no era raro escuchar palabras incoherentes, frases peligrosas castigadas por el régimen español, que el Cura Hidalgo, con sus cincuenta y cinco años bien llevados, se sentía capaz de desafiar.

El que lograra inspirarle confianza, conseguiría de él la participación de sus sueños, de sus anhelos ya concretados con exactitud, en una generosa aspiración que la miseria, la esclavitud y la explotación de su pueblo estimulaban hasta hacerlo desesperar momentáneamente.

En ocasiones, oficiales del ejército de visita en su casa hablaban a solas con él, y el silencio que de tales conversaciones guardaran despertaba la curiosidad y la inquietud en los no iniciados. Pero pasado el cerco misterioso, algún joven podía recibir, de labios del propio Hidalgo, la siguiente proposición:

—Hombre, si yo te comunicara un negocio muy importante y al mismo tiempo de mucho secreto, ¿me descubrirías?[2]

Invariablemente, el escogido, sobresaltado pero decidido a merecer la confianza y a ser fiel a los secretos de aquel buen cura que tan raras virtudes poseía, contestaba:

—No, señor . . .

_____

[2] **¿me descubrirías?** would you inform against me?

Y entonces Hidalgo, poniendo toda su fe en la causa que estaba dispuesto a defender, abría su corazón:

—Pues bien, guarda el secreto y oye: no conviene que siendo mexicanos, dueños de un país tan hermoso y rico, continuemos por más tiempo bajo el gobierno de los gachupines:[3] éstos nos explotan, nos tienen bajo su yugo, que ya no es posible soportar por más tiempo; nos tratan como si fuéramos sus esclavos; no somos dueños aún de hablar con libertad, no disfrutamos de los frutos de nuestro suelo, porque ellos son los dueños de todo; pagamos tributo para vivir en lo que es de nosotros y para que ustedes los casados vivan con sus esposas; por último, estamos bajo la más tiránica opresión.

Y haciendo breve pausa, interrogaba:

—¿No te parece que esto es una injusticia?

Y luego proseguía:

—Pues bien, se trata de quitarnos este yugo haciéndonos independientes; quitemos al virrey, le negamos la obediencia al Rey de España y seremos libres; pero para esto, es necesario que nos unamos todos y nos prestemos con toda voluntad; hemos de tomar las armas para correr a los gachupines y no consentir en nuestro suelo a ningún extranjero . . .

Y en seguida, queriendo pulsar[4] el estado de ánimo de su interlocutor, le preguntaba:

—¿Qué dices? ¿Tomas las armas y me acompañas para realizar esta empresa? ¿Das la vida si es necesario por la libertad de tu patria? Tú eres joven, estás ya casado, luego tendrás hijos . . . ¿Y no te parece bien que ellos gocen de la libertad que tú les diste, haciéndolos independientes, y que gocen con satisfacción de los frutos de la madre patria?

Cuando Hidalgo escuchaba complacido la respuesta decidida de su interlocutor y veía la emoción que su discurso provocaba, daba fin a su arenga de la siguiente manera:

—Pues guarda el secreto y no se lo comuniques a nadie, ni a tus compañeros, aunque te lo pregunten . . .

Y después, venciendo una ligera duda:

—No hay otro remedio; es preciso resolvernos a llevar a cabo nuestra empresa: ve y silencio . . .

* * *

[3]**gachupín** (*Mex.*) Spaniard   [4]**pulsar** to examine, feel the pulse of

Eran las cinco de la mañana del 16 de septiembre de 1810, hora y día en que Hidalgo y Allende, por las pequeñas calles de Dolores, un humilde pueblo en donde nacía una nacionalidad, discurrían animados y encendidos sus corazones por la empresa que acometían . . . Bajo la bandera de la libertad se agrupaba un ejército de treinta hombres constituído por sederos,[5] alfareros, artesanos y serenos del pueblo.

Poco después, como era domingo, comenzaron a llegar los feligreses[6] a escuchar la acostumbrada misa del señor Párroco. Pero este domingo no habría misa, porque el Párroco andaba muy ocupado en cosas mayores.

El número fue aumentando y como entre el cielo y la tierra nada permanece oculto, no faltó quien les informara lo que horas antes había sucedido, nueva que no hubo quien no recibiera con júbilo.

Así que Hidalgo comprendió que había llegado el momento de comunicarles por boca propia la buena nueva, salió de la casa y habló sencillamente, en un lenguaje claro como el lenguaje de los minutos solemnes, y expresó algo que repercutió en el humilde corazón de aquellas gentes y las llenó de gozo.

—Mis amigos y compatriotas—dijo Hidalgo pleno de serenidad—no existe para nosotros, ni el Rey ni los tributos: esa gabela[7] vergonzosa, que sólo conviene a los esclavos, la sobrellevamos desde hace tres siglos como signo de la tiranía y servidumbre; terrible mancha que sabremos lavar con nuestros esfuerzos. Llegó el momento de nuestra emancipación: ha sonado la hora de nuestra libertad; y si conocéis su gran valor, me ayudaréis a defenderla de la garra ambiciosa de los tiranos. Pocas horas faltan para que me veáis marchar a la cabeza de los hombres que se enorgullecen de ser libres. Os invito a cumplir con este deber. De suerte que sin patria, ni libertad, estaremos siempre a mucha distancia de la verdadera felicidad. Preciso ha sido dar el paso que ya sabéis; y comenzar por algo ha sido necesario: la causa es santa y Dios la protegerá. Los negocios se atropellan;[8] y no tendré, por lo mismo, la satisfacción de hablar por más tiempo ante vosotros. ¡Viva, pues, la Virgen de Guadalupe! ¡Viva la América, por la cual vamos a combatir!

No era ésta la misa que los feligreses estaban acostumbrados a escuchar, pero enardecidos respondieron con un ronco grito que voló hasta la serranía cercana.

[5]**sederos** silk weavers   [6]**feligrés** parishioner   [7]**gabela** tax, duty, tribute
[8]**se atropellan** are moving with great speed

Y comenzaron los preparativos de marcha. Quién[9] agitaba una honda;[10] quién alzaba una lanza o un machete; quién blandía un garrote; pero no había uno solo que no estuviera decidido a seguir a su Párroco.

La noticia cundió con rapidez asombrosa. Pronto más de quinientos hombres esperaban a Hidalgo que, haciendo su aparición a caballo, se puso al frente de aquella columna abigarrada[11] que nada tenía de marcial, pero en la que palpitaba como en el despertar de todo pueblo, un ansia de independencia y libertad contenida por tres siglos de esclavitud.

—JOSE MANCISIDOR, *Miguel Hidalgo, constructor de una patria*

El héroe de Guanajuato

Hidalgo se acercó y le dijo:

—Pípila.[12]

—Mande su merced, señor Cura—respondió el designado por este nombre, quitándose respetuosamente su viejo sombrero de paja.

—La patria necesita de tu valor.

—¿Qué es necesario hacer para servirla?

—¿Te atreverás a prender fuego a la puerta de la Alhóndiga[13]—interrogó el anciano viéndole fijamente a la cara, para medir el grado de espanto que semejante proposición debía causarle.

—Eso y mucho más si su merced quiere—respondió el herculeo insurgente, y sin vacilar a la vista de un peligro tan inminente.

—Pues ahora mismo, ¿qué es lo que necesitáis?

—Solamente una tea[14] y esta losa—respondió el imperturbable paisano, inclinándose a levantar del suelo una gran losa de esas que tanto abundan en Guanajuato, para cubrir su cuerpo.

—Pues ve, Pípila, que la patria te espera—dijo Hidalgo para alentarle.

[9]**quién** there were some who [10]**honda** slingshot [11]**abigarrado** motley [12]**Pípila** (*nickname of Juan José Martínez, a poor miner of Guanajuato*) "Hen Turkey" [13]**la Alhóndiga** *public granary and warehouse, popularly called the "Castillo de Granaditas," built between 1798 and 1809, and strongly fortified by the Intendant Riaño in order to resist the advance of Hidalgo and his insurgent army* [14]**tea** torch

Y entonces el insurgente, cubriendo su cuerpo con la losa que sostenía con su mano izquierda, mientras que en la derecha llevaba una tea encendida, se deslizó a gatas[15] hasta el punto terrible de cuyos límites nadie había podido pasar.

Fue tan profunda la sorpresa de los asaltantes, que hubo un momento casi de silencio completo, en que se suspendió el fuego para ver el resultado de aquella maniobra atrevida.

Pero una *Providencia* pareció proteger al atrevido insurgente, pues pasó sano y salvo en medio de los proyectiles que le arrojaban; ya llegaba a la puerta cuando un enorme pedrusco[16] soltado por varios hombres desde la altura, cayó sobre él; un grito unánime de los que contemplaban fue la oración más elocuente que pudo llegar a los oídos de Pípila, que había sido apachurrado[17] como un insecto bajo el pie; pero al cabo de dos segundos se levantó dando un brinco y saludando a sus compañeros, como lo hacen los toreros que después de haberse hallado entre los cuernos del toro han tenido la fortuna de escapar de ellos vivos.

El peso del pedrusco había dado con él en tierra, en efecto; pero habiendo deslizado a lo largo de la losa con que cubría su cuerpo, no le había causado ningún daño. Entonces, protegido por las mismas murallas de la Alhóndiga, se acercó a la puerta, y con una calma digna del hombre que hasta allí acababa de llegar, aplicó la tea a ella, hasta que la madera, algo vieja, comenzó a arderse.

Un joven salvó[18] de un brinco en su caballo la distancia entre la puerta y los asaltantes, gritando:—¡Viva Hidalgo! ¡Viva la Virgen de Guadalupe! ¡Viva la América! . . .

La puerta, medio incendiada, cedió a los esfuerzos de los asaltantes, dándoles paso al interior de la fortaleza.

—JUAN DIAZ COVARRUBIAS, *Gil Gómez el Insurgente*

[15]**a gatas** on all fours   [16]**pedrusco** rough piece of stone   [17]**apachurrar** to crush, flatten   [18]**salvar** to clear

Ejercicios

I. *Conteste Ud. a las preguntas siguientes en oraciones completas:*

1. ¿En qué trabajan los habitantes de Dolores?
2. ¿Qué hacía el Cura Hidalgo cuando nadie lo observaba?
3. ¿A qué sucesos se refieren los años de 76 y de 89?
4. ¿Quiénes hablaban a solas con Hidalgo?
5. ¿Cómo trataban los españoles a los mexicanos?
6. ¿Qué tenían que hacer los mexicanos para hacerse independientes?
7. ¿Cuál es la fecha del comienzo de la Guerra de Independencia de México?
8. Según Hidalgo, ¿quién iba a proteger su causa?
9. ¿Qué armas llevaban los soldados de Hidalgo?
10. ¿Con cuántos hombres salió Hidalgo de Dolores?

II. *Busque Ud. en el texto expresiones equivalentes a las que están escritas en bastardillas:*

1. Había descubierto estos alarmantes y *al mismo tiempo* conmovedores conceptos.
2. No *está bien* que siendo mexicanos, continuemos por más tiempo bajo el gobierno de los gachupines.
3. No *gozamos* de los frutos de nuestro suelo.
4. ¿Tomas las armas para *llevar a cabo* esta empresa?
5. *Soportamos* la gabela vergonzosa desde hace tres siglos.

III. *Busque Ud. en el texto las palabras españolas que tienen las mismas raíces que las palabras inglesas que siguen:*

1. mature 2. ventilate 3. insomnia 4. negotiate
5. spouse 6. invincible 7. elocution 8. jubilee
9. brandish 10. sustain

IV. *Prepárense a describir oralmente el heroísmo de Pípila basándose en las expresiones siguientes:*

1. un pobre minero

2. prender fuego a la puerta de la Alhóndiga
3. una tea y una losa
4. apachurrado por un pedrusco
5. la puerta incendiada

Diálogo fingido entre una muchacha y tata Pablo

MUCHACHA: Tata,[19] ¿qué comeremos hoy? No hay más que medio.[20]

TATA: ¿Qué hemos de hacer, hija? Haz unos chilaquiles.[21]

MUCHACHA: Si no alcanza, tata; mire usted: cuartilla de tortillas,[22] que son seis y parecen obleas;[23] tlaco[24] de chiles que dan dos, y chiquitos, son tres tlacos, y tlaco de manteca (que más se le unta a un gato en el hocico para aquerenciarlo), ya es el medio cabalito.[25] ¿Y el carbón?

TATA: Pues hija, trae tres tlacos de tortillas y tlaco de chile, y comeremos eso, que para semejante guiso no se necesita lumbre.

MUCHACHA: ¡Válgame Dios, si me hace tanto daño!

TATA: Pues hija, si no hay otro remedio, ¿qué hemos de hacer?

MUCHACHA: ¡Ay, tata! ¡Jesús, cómo está todo! No en balde hay tanto ladrón; si ya no se puede vivir en México. Por una parte, no halla la gente en qué buscar un real; y por otra, el día que lo tiene, no le alcanza ni para frijoles, porque de todo dan una herejía. Reniego de los insurgentes; ellos tienen la culpa de todo; nada dejan entrar aquí, y ya los pobres ladramos. ¿No es verdad, tata?

TATA: Sí, hija, la mayor parte de nuestras desdichas se ha originado por los insurgentes; pero aquí dentro hay quienes les ayuden y cooperen a aumentar nuestra miseria.

MUCHACHA: ¿Y quiénes son ésos, tata?

---

[19]**Tata** Daddy   [20]**medio** coin (half of un real)   [21]**chilaquiles** Mexican dish made with tortillas, hot pepper and cheese   [22]**cuartilla de tortillas** *cuartilla,* a silver coin worth two or three centavos; therefore, three *centavos* worth of tortillas   [23]**obleas** wafers for sealing letters   [24]**tlaco** Nahuatl word for half   [25]**cabalito** exactly

TATA: Hija, los *monopolistas:* aquellos que son mucha parte de la carestía[26] y escasez de los víveres o semillas.

MUCHACHA: ¡Ay, tata! ¿Y esos monospodristas[27] son animales a modo de los gorgojos,[28] que se comen el maíz, el trigo, frijol y todo?

TATA: Sí, hija, animales son, y grandes.

MUCHACHA: Pues entonces serán capaces de comerse cargas enteras de semillas.

TATA: No digo. Atajos[29] enteros se tragan.

MUCHACHA: ¡Qué barrigas tan grandes no tendrán!

TATA: Sí las tienen; y algunos son de quince o veinte varas.

MUCHACHA: Pues ¿dónde andan esos terribles animales tan grandes que yo no los conozco ni los he visto?

TATA: Sí los has visto, sino que no los has advertido, porque ellos andan solos y sus estómagos los dejan en su casa.

MUCHACHA: Usted me vuelve loca, tata; ¿cómo puede ser eso?

TATA: Mira, inocente, los monopolistas son hombres como todos, pero sus comercios son criminales. Entre dos o tres abarcan un convoy de víveres; lo encierran y les ponen a las semillas el precio que quieren; y, tal vez, para poder hacerlo con más libertad, suelen comprar a los vendedores menos pudientes los rezagos que tienen de aquellos efectos, para que no les hagan mala obra y para que el público, quiera que no quiera, les compre a ellos solos al precio que se le antoja vender.

MUCHACHA: ¿Conque, según eso, estos hambrientos animales son los comerciantes de víveres?

TATA: Pues; pero no todos. Hay muchos cristianos, arreglados, y que hacen cuanto beneficio al público.

MUCHACHA: ¿Y dónde viven esos buenos, para ir a comprarles?

TATA: Yo no puedo señalarte sus casas, pero de que los hay, los hay; el caso es dar con ellos.

MUCHACHA: ¡Qué diablura! ¿Qué hiciera yo para saber dónde viven? Pero sabe usted, tata, han de ser tan pocos que se han de perder de vista . . .

TATA: Pues no, hija mía; de todo hay en el mundo, bueno y malo.

MUCHACHA: Sí pero más malo que bueno.

TATA: Es verdad; mas ya has platicado. Anda y mira qué haces de comer, que es tarde.

---

[26]**carestía** lack of; high price [27]**monospodristas** *play on word* monopolistas; *literally,* rotted monkeys [28]**gorgojos** weevil [29]**(h)atajos** herds

Despídese Juanillo del tío Toribio

JUANILLO: Llegó por fin, querido tío, el día en que nos hemos de dar el último adiós.

TORIBIO: ¿Cómo así, Juanillo; qué es lo que dices?

JUANILLO: ¿Qué digo? Que me vengo a despedir de usted porque me voy.

TORIBIO: ¿Cómo, me voy? ¿Y cuándo?

JUANILLO: Muy breve, y ya estoy con el pie en el estribo.[30] ¿No se acuerda usted que le dije el otro día que me había de ir, y que ya tenía comprados mis atavíos de caminante y campesino?

TORIBIO: Es verdad.

JUANILLO: Pues ya llegó la hora.

TORIBIO: Vamos, tú te chanceas.[31]

JUANILLO: No, no me chanceo, es de veras. Vea usted mi pasaporte.

TORIBIO: Esta señal no deja duda; pero habiéndote tú criado en esta ciudad, aún después de que salgas me parece que te has de arrepentir en cuanto vuelvas la cara desde el camino y veas las hermosas torres y capiteles de tu lugar patrio.

JUANILLO: ¿Qué dice usted tío? ¿Yo me había de arrepentir? ¿Yo había de volver a ver esa tierra infeliz y plagada de tantos males? Antes me convirtiera en estatua de salitrón[32] que tal haga.

TORIBIO: ¡Hombre, estás loco!

JUANILLO: No, sino muy en mis cabales.[33]

TORIBIO: ¿Pues cómo te produces de ese modo? ¿Tanto es lo que aborreces a México?

JUANILLO: A México no, tío; a sus habitantes menos. ¿Sabe usted lo que me ha hostigado días[34] ha? El estado en que se halla esta ciudad tan infeliz. Por todas partes no se oyen sino lástimas, no se ven sino miserias y trabajos y no se gustan sino sinsabores siendo casi generalmente la sal de esas odiosas conversaciones *las cosas del día*, como dicen; esto es, por lo regular siempre entran a la parte en toda plática los insurgentes, que los insurgentes tornaron, que los insurgentes volvieron, que los insurgentes

---

[30]**estoy con el pie en el estribo** *literally,* "I am with my foot on the stirrup": I'm ready to go   [31]**chanceas** you're joking   [32]**salitrón** block of salt   [33]**en mis cabales** perfectly sane   [34]**hostigado días ha** bothered me for the last few days

por aquí, que el padre Morelos[35] por allí, que Matamoros[36] tornó y que todas las pláticas se vuelven de insurgentes, que le aseguro a usted que me tienen insurgentado hasta el alma con tanto insurgentear[37] todos los días. Y luego, fuera bueno que hablaran siempre la verdad; pero no señor. Cada platicón[38] es un general, cada tertulio un político consumado, cada mujer un soldado aguerrido.[39] Y con esto, cada uno cuenta lo que sueña y llueven mentiras que es miedo. Según es el carácter o el espíritu de los platicones, así son sus cálculos. Unos dan leyes al gobierno y dicen que si ellos fueran, harían esto y aquello y se acabaría la insurrección en cuatro días, porque los insurgentes son un puñado de cobardes, sin armas ni disciplinas; y así, que, tomándose ésta y aquella medida, atacándolos a un tiempo por éste y aquel punto, o no escaparían ni las ratas, o se disiparían como el humo.

Otros, haciendo grande la pelea contraria, se figuran mil gigantes de viento, aumentan victorias, disminuyen pérdidas y hacen a cada insurgente un Aquiles.[40] Entre paréntesis de las mentiras, se fomenta el odio y la rivalidad de ambos partidos, se despedaza al prójimo; se hace pesado socorrer al infeliz sólo porque nació acá o allá; se procura abatir[41] el mérito y todo se vuelve un desorden de cabezas y corazones que ni ellos se entienden. Vea usted ahora si tendré razón para salir de aquí con la cabeza más tiesa que el patriarca Lot[42] cuando salió de Sodoma.[43]

TORIBIO: Es verdad, pero si a ti, que tienes tu padre, te parece México tan malo llegándote nomás al alma, ¿qué me parecerá a mí, que me llega al alma y al cuerpo con los malditos monopolistas con quienes ya no tengo vida? Cada día nos aprietan más

---

[35]**Padre Morelos** *Father José María Morelos, leader of the Mexican War of Independence from Hidalgo's execution in 1811 until his own execution in 1815* [36]**Matamoros** *Father Mariano Matamoros, a hero of the War or Independence of 1810* [37]**insurgentear** to talk continuously about the insurrection [38]**platicón** one who talks too much [39]**aguerrido** accustomed to war, veteran [40]**Aquiles** *Achilles, Greek hero of the Trojan War* [41]**abatir** to knock down; — **el mérito** to chop down, criticize [42]**patriarca Lot** *Abraham's nephew whose wife was converted into a statue of salt when she looked back at the city of Sodom while fleeing from it.* [43]**Sodom** *city of sin usually linked with Gomorrah*

el sitio por dentro estos condenados. ¡Oh, si como hay garitas[44]
y zanjas contra los insurgentes, hubiera otras veinte garitas más
y fosos y torreones[45] y murallas y parapetos, coronados de
cañones y vigías[46] contra estos perros ladronazos, que sólo
tratan de hacer su fortuna sobre las ruinas de sus semejantes!
JUANILLO: Mucho tema tiene usted con los monopolistas. Siempre
que vengo no se habla de otra cosa.
TORIBIO: Con razón. Así la tienen ellos conmigo y con todos los
pobres.
JUANILLO: Pero, tío, si dicen que los insurgentes tienen la culpa de
las presentes carestías.
TORIBIO: Vayan noramala los embusteros.[47] Y no negaré que en
mucha parte sea así, pero no en lo general. Lo que viene de parajes donde ellos no están, ¿por qué se encarece tanto? Lo que
entra sin tener novedad en el camino, ¿por qué? Pero no nos
cansemos; los huevos que ponen las gallinas en México, los
patos de estas lagunas y las ollas y cántaros que se hacen a las
orillas de la ciudad, los petates[48], etcétera, todo lo vemos caro
y excesivamente caro, pues esto ni lo interceptan los insurgentes, ni lo abarrotan.[49] Conque si hasta los indios y las indias
han aprendido a robar, valerse de la ocasión y a disculparse con
los insurgentes, ¿qué extraño es que los maestros usen del mismo mentiroso pretexto? ¡Ay, hijo, cuántos, cuántos tienen que
agradecer a los insurgentes el pan que comen! Muchos que eran
ricos han quedado a perecer por la insurrección y entregados a
la mendicidad. Esto es constante, pero no lo es menos que
otros, que ni pasaban ni esperaban pasar de miserables, han
alzado la cabeza. Dios sabe cómo, y no digo más.

Diálogo entre el francés y el italiano

ITALIANO: Pues dígame usted, y dispense tantas preguntas . . .
FRANCES: Pregunte usted más que el catecismo, porque mañana
me largo para Francia, y así ésta es la última conversación. Se
lo advierto a usted para que pregunte cuanto quiera, ya sea con
orden, ya sea saltando por donde le acomode.

---

[44]**garitas** guardhouses, sentinel posts   [45]**torreones** watch towers
[46]**vigías** lookouts, watches   [47]**Vayan noramala los embusteros** Let the
liars be damned.   [48]**petates** straw mats   [49]**abarrotan** they hoard

ITALIANO: Pues ¿quién con esos truenos duerme? Preguntaré a usted más que tonto en tierra que no ha visto. ¿Dígame qué tales están los caminos y hosterías de Indias?

FRANCES: A excepción de muy pocos, los más están de los demonios. Sin embargo, todos se llaman caminos reales; pero lo son de conejos o pájaros porque están intransitables. Sólo con leer los partes oficiales de las gacetas se sabe que hay parajes donde apenas se puede andar. No se lee otra cosa sino que en tal y tal parte se fugaron los insurgentes por lo montuoso y áspero de los lugares.

ITALIANO: Y las tropas ¿por qué no van por donde los insurgentes?

FRANCES: Porque las tropas es otra gente, no rancheros rurales como los insurgentes, que los más son jinetes y conocen el terreno, y así se dejan ir por una ladera o se enmarañan en un monte que ni el diablo que los siga.

ITALIANO: ¿Qué tal es el carácter de los americanos?

FRANCES: Oh, monsieur, ésa es una pregunta difícil de responder con acierto. Sea lo primero que yo no traté a todos los americanos, sino a los de México, y así no puedo responder por todos; y sea lo segundo, que el tiempo que estuve fue muy corto para comprenderlos; sin embargo, diré a usted de los que traté lo que pude advertir, según mi corta comprensión.

ITALIANO: Con eso me contento.

FRANCES: Pues mire usted, los españoles americanos tienen mil bellas prendas, que les hacen de un carácter apreciable, aunque por desgracia estas prendas están matizadas con unos *peros* que las deslucen.[50] En efecto, son hombres, y como tales tienen sus vicios y virtudes como todo hijo de vecino. Hablo en lo común, no en lo general, pues no hay regla sin excepción. Americanos habrá que, estando llenos de todo lo bueno, carecerán de los defectos que noté en los más de ellos y no en todos, que eso quiere decir, *en lo común y no en lo general.*

ITALIANO: Pues explíquese usted con alguna más claridad para que lo entienda.

FRANCES: Vea usted: los americanos son capaces, esto es, tienen capacidad y talento, como he dicho a usted, para aprender cuanto hace el más hábil de otra nación, para imitarlo y aun excederlo; pues hombres que trabajan con tanta perfección sólo

---

[50]**están matizadas con unos peros que las deslucen** are tinged with ifs and buts that detract from them

mirando y sin instrumentos propios, ¿qué hicieran aprendiendo y con los auxilios de las herramientas más delicadas? Los americanos son liberales; _pero_ declinan en pródigos o desperdiciados. Y esta nota de disipadores se las han echado en cara sus émulos[51] muchas veces, y no entienden. A causa de este vicio hay muchos envueltos en la miseria que deberían vivir con desahogo.[52] Verá usted que no se paran en dar cualquier dinero por una friolera,[53] como lleve el sobrenombre de moda. En las mujeres que gastan la plata y en los hombres que se lo permiten llega esta prodigalidad al extremo de locura, y de locura que no se creyera si no se hubiera visto. En tiempo de don Manuelito Godoy,[54] al agente de éste, Branciforte[55] (que por pecados de los criollos fue virrey de México) tuvo habilidad para desemperlar[56] a las señoras de aquella ciudad valiéndose de su preocupación o simpleza. Hizo que su mujer, hermana del de Alcudia,[57] se adornase el cuello con corales y fingiese abandonar las perlas. No fue menester más para que al instante las señoras mexicanas, estrechísimas modistas[58] y tenaces aduladoras, abandonaran efectivamente las mejores perlas y diesen un increíble valor a los corales (que hasta entonces eran adorno propio de las indias pobres), de modo que no era madama de gusto ni del día la que no traía al pescuezo coloreando como toro matado en las corridas del día; y mientras ellas arrinconaban las perlas, el virrey las compraba baratas por medio de sus satélites; y así recogió en perlas un tesoro, quizá por la mitad de su valor. Así que el virrey se fue y que no vieron las mexicanas un excelentísimo cuello godoyano[59] guarnecido de corales, sino los de las indias sus paisanas, se quitaron los suyos y echaron menos sus perlas. ¿Qué le parece a usted? ¿No son simplísimas las americanitas? ¿No son aduloncísimas?[60] Ya se ve, oí decir que hubo tiempo en que se quitaron un diente, seco y sin

[51]**émulos** emulator, rival [52]**con desahogo** in comfort [53]**friolera** trifle [54]**Manuelito Godoy** _Duke of Alcudia (1767-1851), Spanish minister under Carlos IV and favorite of the queen._ [55]**Don Miguel de la Grua Talamanca y Branciforte** _Marqués of Branciforte, the fifty-third viceroy of New Spain (1794-1798)_ [56]**desemperlar** de-pearl, to take away their pearls [57]**Alcudia** _see Manuelito Godoy_ [58]**estrechísimas modistas** slaves of the latest fashions [59]**godoyano** _related to Godoy, the Spanish minister_ [60]**aduloncísimo** big flatterer

llover,[61] sólo por adular a una virreina que tenía este defecto; semejantes a los adulones de Alejandro que andaban corcovados[62] sólo porque el emperador tenía la cabeza inclinada sobre un hombro. Estos entes sí deben llamarse con toda verdad *inciviles, autómatos y tontos,* pues o no conocen sus locuras siendo tan claras, o si las conocen, van contra los gritos de la razón por capricho, por vanidad o por lisonja.

A más de esto, sabemos que todo hombre tiene sus vicios y virtudes, y que no hay nación alguna cuyos habitantes sean todos malos ni todos buenos. En virtud de esto, ¿por qué ha de haber americanos tan sandios[63] y emponzoñados que han de negar lo que la naturaleza grita y las historias acuerdan? ¿Por qué si me ha robado un negro he de decir que todos los negros son ladrones? ¿Por qué si una mujer hermosa me ha ofendido, he de decir que es fea? Diga que es loca en hora buena; pero no fea, porque todo el mundo está mirando mi mentira. ¿Y por qué, por último, no he de querer aprovecharme de las armas con que mi enemigo me ha enseñado a vencer? Estas son tonteras o enemigas que yo no entiendo; pero hay algunos miserables mortales tan preocupados en aquel reino, que no sólo cierran los ojos a la razón, sino que matriculan[64] entre sus aborrecidos a aquel que la conoce. Si un americano hiciera estas reflexiones, otros al instante dirían: *Ya éste se degradó; es un adulador; está alucinado; es un chaqueta.*[65] Pero yo, si fuera el tal americano, me reiría de ellos y oiría sus sarcasmos con una lástima despreciante, creyendo bien compensadas mis tareas con el remedio de algunos abusos públicos y privados, y con el aprecio que me dispensaron los hombres de juicios y de virtud, que siempre son pocos en los reinos.

Tan carecen, amigo, estas verdades de toda ponderación[66] y lisonja, que se puede decir que no hay en Indias cosa más probada. Todos los días se ven españoles europeos que arriban a México envueltos en un embreado[67] y calzados de unas groseras alpargatas,[68] y a pocos años los ve usted rozando sedas y

---

[61]**diente seco y sin llover** literally, "dry tooth and without rain"; *fig.* a tooth without cavities [62]**corcovados** hunchbacked [63]**sandio** foolish [64]**matricular** to enroll, include, incorporate [65]**chaqueta** traitor, Spanish sympathizer [66]**ponderación** excessive praise [67]**embreado** rough shirt made from the same material as sails [68]**alpargatas** sandals

acaso rodando coche.[69] ¿En qué está esto? ¿Es México
Jauja?[70] No, porque hay mil infelices en cada calle. ¿Se han
eximido los europeos de la maldición de Dios al primer hombre
in sudore vultus tui vesceris panem?[71] Tampoco. Pues ¿en qué
está la decantada fortuna de los españoles en América con preferencia a los hijos del país? No es impenetrable la causa. El
que tiene, ama, socorre y protege al que no tiene; y el que no
tiene, sufre, trabaja, guarda, y ayuna hasta que tiene. He aquí
desenredado todo el *busilis*[72] de la dificultad. Los criollos no
son así. El que tiene, tiene para sí; es muy poquito y mentecato
y jamás participa de su suerte con otro paisano, aunque lo vea
rabiar de hambre; y lo que no tiene, no hace por tener, antes
desperdicia lo poco que adquiere. El gachupín rico favorece al
gachupín pobre, el criollo rico no trata sino de servirse, cuando
más, del criollo pobre; pero nunca de darle la mano, ponerlo en
zancos[73] ni hacerlo gente. El europeo pobre sufre todas las im-
prudencias de su amor mientras cría uñas;[74] el americano nunca las cría, porque le acomoda sufrir nada. El español guarda y
se amarra la tripa[75] mientras puede resollar con libertad, de
modo que cuando gasta veinte pesos en una francachela,[76] ya
tiene, o en giro[77] o rehundidos,[78] mil o dos mil. El indiano
jamás guarda ni para otro día; hoy tiene diez pesos, y si es
menester, gasta veinte, quedándose con la droga[79] de los otros
diez. Esta no es liberalidad, sino desperdicio, así como aquélla
no es ruindad, sino prudente economía.

Este es, en suma, el carácter de los americanos, según entiendo. Vuelvo a decir que no hablo en general y que hay criollos que carecen de estos vicios; pero no son los más.

—JOSE JOAQUIN FERNANDEZ DE LIZARDI,
El Pensador Mexicano

[69]**rodar coche** to drive a carriage   [70]**Jauja** land of milk and honey, a
fabulous land   [71]**in sudore vultus tui vesceris panem** with the sweat of
your brow you will earn your bread   [72]**busilis** difficulty, snag   [73]**poner
en zancos** to put on stilts or in a good position   [74]**cría uñas** he gains
strength and know-how   [75]**se amarra la tripa** he tightens his belt   [76]**francachela** huge meal   [77]**giro** check   [78]**rehundidos** stored away
[79]**droga** *coll.* debt

Ejercicios

I. *Conteste a las preguntas siguientes en oraciones completas:*

1. ¿De qué se queja la muchacha?
2. ¿Quienes tienen la culpa según la muchacha?
3. ¿Quiénes son los monopolistas?
4. ¿Por qué el autor deforma la palabra "monopolistas" en "monospodristas"?
5. ¿Por qué se va Juanillo de la capital?
6. ¿Qué opinan los capitalinos de los insurgentes?
7. Según el francés, en qué condición se encuentran los caminos de México?
8. ¿Por qué las tropas del gobierno no pueden acabar con los insurgentes?
9. ¿Qué hizo el virrey Branciforte para "desemperlar" a las señoras de la ciudad de México?
10. Según el francés, ¿por qué prosperan los españoles en México?

II. *Busque Ud. en la segunda columna el sinónimo de cada palabra en la primera:*

A	B
1. embusteros	a. semillas
2. carestía	b. lugares
3. rezagos	c. fosos
4. lisonja	d. desperdiciados
5. parajes	e. escasez
6. víveres	f. adulación
7. sinsabores	g. restos
8. partes	h. mentirosos
9. pródigos	i. informes
10. zanjas	j. molestias

III. *Explique Ud. en español el significado de las frases siguientes.*

1. con el pie en el estribo
2. hacer de cada insurgente un Aquiles
3. muy en mis cabales
4. la sal de estas odiosas conversaciones
5. se figuran mil gigantes de viento
6. con la cabeza más tiesa que el patriarca Lot cuando salió de Sodoma
7. pregunte usted más que el catecismo
8. los más están de los demonios
9. estas prendas están matizadas con unos *peros* que las deslucen
10. coloreando como toro matado en las corridas del día

IV. *Temas para discutir:*

a. la corrupción en el virreinato
b. la visión de los insurgentes entregada en las selecciones sobre Hidalgo y el Pípila y en las de Lizardi
c. las generalizaciones sobre el mexicano y el español en México—y sobre los inmigrantes en general

5

La Anarquía de Santa Anna

THREE HUNDRED YEARS of submission to Spain's despotic colonial rule had hardly prepared Mexico for democratic government. Like most of the other Spanish American republics, Mexico was plagued throughout the nineteenth century by armed struggles between liberals and conservatives, by foreign invasions, and by repeated attempts on the part of various military heroes to set themselves up as dictators. For over thirty years, 1822-1855, this anarchical situation was identified with General Antonio López de Santa Anna.

Shortly after leading the triumphant Mexican army into Mexico City, General Iturbide, supported by the conservative elements, had himself crowned Emperor Agustín I. On December 5, 1822, General Santa Anna, commander of the port of Veracruz, first rose to national prominence by issuing a *pronunciamiento* abolishing the empire and restoring the congress. Iturbide was forced to abdicate and leave the country.

The Mexican Republic was launched in 1824, based on a federal constitution with Guadalupe Victoria as its first president. Between 1823 and 1858 Mexico had forty-eight different chief executives. This exceedingly rapid turnover was in great part due to the machinations of the unscrupulous and ambitious Santa Anna. Towards the end of General Victoria's term the country began to suffer from the strife among the many basically different groups that constituted Mexican society.

Taking advantage of the situation, Santa Anna was at first content to remove and install presidents without assuming the office himself. In 1828 he declared the defeated candidate Vicente Guerrero victor and had him seated as president. The following year Santa Anna won the acclaim of his fellow citizens by defeating an expedition sent by Fernando VII to recapture New Spain. In 1833 he had himself chosen president for the first time. Later, after twelve years of liberal domination, the conservatives, supported by Santa Anna, took office in 1836 and promptly set about drawing up a very reac-

Antonio López de Santa Anna
Carlos París

tionary constitution based on a strongly centralized government. This centralization of power was one of the immediate causes of the Texans' struggle for independence. The year 1838 brought a new foreign invasion and another chance for Santa Anna to distinguish himself. In the notorious Pastry War—involving debts to French citizens, among whom was a baker who charged that Santa Anna's troops had eaten pastry without paying for it—the French were driven out of Veracruz by the same General Santa Anna. This victory was made even more melodramatic by the fact that Santa Anna lost a leg in the battle.

When the Americans invaded Mexico as a result of border disputes and the imperialistic designs of the United States on Texas, New Mexico, Arizona, and California, Santa Anna insured the defeat of his country by letting petty jealousies stand above his duty to his country. Nevertheless, after the Americans had withdrawn their troops, Santa Anna rose to the height of his career as a "Gilbert and Sullivan" general when in 1853 he had himself *elected* "perpetual dictador" to be addressed as "Most Serene Highness."

Santa Anna's role at the Alamo in the Texan War is vividly presented by RAFAEL F. MUÑOZ (1899-1972). Muñoz, a newspaperman by profession, is especially well known for his short stories about Pancho Villa and the Revolution.

Epílogo

En el destierro, los años pasan lentamente. Santa Anna intenta regresar al país, pero no se le permite. Una vez que tocó tierra mexicana, lo encerraron en la cárcel y por poco lo fusilan.

Más años. Nuevos hombres, nuevos gobiernos. Todos sus amigos y todos sus enemigos han muerto ya. Por fin, un gobierno pacífico y legalista, el de Lerdo de Tejada,[1] le permite volver a México, pero no le reconoce su grado de general de división, ganado a orillas del Pánuco[2] batiendo a Barradas, y no le da un centavo.

[1] **Lerdo de Tejada** *Sebastían Lerdo de Tejada, president from 1872 to 1876. He succeeded Benito Juárez and was defeated in 1876 when he ran for re-election. After the brief interim presidency of José María Iglesias, the government was taken over by General Porfirio Díaz.* [2] **Pánuco** *a river in the state of Tamaulipas where in 1829, near Tampico, Santa Anna defeated a Spanish expedition led by Isidro Barrada, the purpose of which was to recapture Mexico for the Spanish crown.*

El viejo caudillo ha gastado todo su dinero en el destierro. Ya no ve, está pobre, está quieto. Cuando lo atacan en los periódicos, se calla.

Sin que nadie lo vea, muere en su cama durante la noche del 20 al 21 de junio de 1876. Había dado a su esposa, para los gastos de la casa, sus últimos cuatro pesos. A nadie molesta con su última queja. Se va como ha vivido: sin anunciarlo a nadie, sin consultar, sin pedir ayuda, sin vacilaciones ni preparativos. Es la última sorpresa que da.

Ochenta y dos años.

Once veces presidente de la República.

Desterrado por toda la América.

Millonario y miserable, poderoso y perseguido, tirano y cautivo.

Patriota y traidor . . . ¡Héroe y villano!

El Alamo

Texas perteneció a la Nueva España sin disputa, hasta que los Estados Unidos compraron a Francia la Luisiana, en 1803, provocando con Madrid la controversia de que el territorio adquirido llegaba hasta el río Grande.

En 1819, España y los Estados Unidos celebraron un tratado de límites que mantuvo el dominio del Rey de España en Texas.

En 1832, el general José Antonio Mejía, con el objeto de extender la revolución de Veracruz,[3] pasa a Texas a invitar a los colonos norteamericanos a desconocer la administración de Bustamante. Los americanos aceptan. Son federalistas, pues su nación ha adoptado ese sistema. Su número ha crecido considerablemente. Muchos de ellos no tienen permiso para instalarse en territorio mexicano. Y cuando el Gobierno comprende que ha cometido un error al poblar todo Texas con extranjeros, es demasiado tarde. Los texanos están dispuestos a independizarse.

[3]**revolución de Veracruz** *revolt, led by Santa Anna, against Anastasio Bustamante, who had been vice-president under President Guerrero. Bustamante overthrew Guerrero and attempted to establish a strong central government. The Federalists supported Santa Anna who, after exactly a year of fighting, entered Mexico City triumphantly. He was elected president, with the title of Excelencia, for the first time in 1833.*

El 3 de octubre de 1834, el presidente Santa Anna reúne a su secretario de Estado, a tres generales, tres diputados, a Esteban F. Austin[4] y a Lorenzo de Zavala,[5] para discutir la situación de Texas. Tres horas de debate. Austin insiste en que Texas debe ser independiente. Y el excelentísimo don Antonio lo manda encerrar, por tres meses.

Un año después, Santa Anna, que había sido federalista, derriba la Constitución de 1824[6] y establece el sistema central. Los colonos americanos se levantan en armas y declaran la independencia de Texas. David G. Burnett es presidente de la República. Samuel Houston, el generalísimo. Su bandera es verde, blanca y colorada, como la mexicana, sólo que en vez de águila, lleva en el centro la fecha de 1824, en recuerdo de la Constitución.

* * *

Las pequeñas guarniciones[7] mexicanas en Texas son atacadas por amotinados[8] colonos, a los que se han unido centenares de aventureros de los Estados Unidos, llamados "voluntarios". El general Cos es sitiado y obligado a capitular en San Antonio. No hay más remedio que emplear la fuerza. Y el presidente interino[9] vuelve los ojos a Manga de Clavo.[10] El vencedor de Tampico es el hombre para someter a los rebeldes texanos.

Santa Anna, que había afilado cuidadosamente su espada, "siempre la primera en descargar el golpe sobre el cuello de los osados enemigos de la patria", la blande y marcha a la guerra.

Situación endemoniada. Descontento por la abolición de la Constitución federalista.[11] Ejército reducido al mínimo. La tesorería en la miseria. Temor de declarar nuevos impuestos que

[4]**Esteban F. Austin** *Stephen F. Austin, leader of the American colonists in Texas* [5]**Lorenzo de Zavala** *Mexican statesman, who betrayed his country, signed the Texas declaration of independence, and was elected that republic's first vice-president* [6]**Constitución de 1824** federalist constitution written after the defeat of Emperor Agustín I (Iturbide) [7]**guarnición** garrison [8]**amotinado** rioting [9]**presidente interino** *Miguel Barragán* [10]**Manga de Clavo** *Santa Anna's hacienda in the mountains between the cities of Veracruz and Jalapa* [11]**abolición de la Constitución federalista** *After defeating the Federalists led by vice-president Valentín Gómez Farías, Santa Anna had established an absolute dictatorship, and had then left General Miguel Barragán in Mexico City as acting president.*

producirían revueltas. Cuando Santa Anna se instala en San Luis
Potosí[12] para organizar con aire[13] un ejército, se encuentra con que
durante los primeros cinco días, los soldados no tienen paga, ni qué
comer. Hay necesidad de conseguir un préstamo, casi insignificante, al
cuatro por ciento . . . mensual. De nuevo, el gran organizador se
muestra en toda su actividad, imaginación fértil, incansable, autoritario. Reúne dinero, reúne hombres, fabrica municiones, requisa[14] armas y caballos, uniforma, disciplina. A fines de 1835, un
ejército de 6,000 inexpertos reclutas se lanza al desierto, a cruzarlo
en una longitud de 1,700 kilómetros.

* * *

Invierno. Vientos nortes barren el llano día y noche, fríos inten-
sos causan la muerte de algunos caballos. A veces, la caballería
pasa la noche al aire libre, sobre dos pies de nieve. Mueren los
animales. Los carros con provisiones quedan abandonados. Ríos.
Hay que hacer balsas frente a cada uno, porque el ejército no lleva
equipaje de puente. Carros volcados sobre las aguas, soldados que
se pierden en la corriente. Pólvora que se moja. Tiempo que corre.
El ejército va dejando un rastro de cadáveres y despojos.[15]

Y cuando pasa por alguna población, don Antonio se entera de
que sus enemigos están organizando una revuelta. Hay que salir inmediatamente, otra vez al desierto, para que la tropa no oiga las
malas noticias.

El 26 de febrero con más de dos meses de marcha, el ejército entra en San Antonio. Los rebeldes americanos se refugian en El
Alamo.

* * *

El Alamo. Vieja y pacífica misión de San Antonio. Alamos[16]
gigantes dan sombra a sus gruesas murallas, a sus amplios patios.
Los franciscanos se fueron hace mucho tiempo, entraron los militares. Hace muchos años que la misión se ha convertido en fortaleza.
Muro exterior de ocho pies de alto y tres de grueso, formando un

[12]**San Luis Potosí** *city 70 miles north northeast of Guanajuato* [13]**con aire**
briskly [14]**requisar** to requisition, seize [15]**despojos** abandoned supplies
[16]**álamo** poplar tree

cuadrángulo de 450 pies de largo y 150 de ancho. Dentro, el convento, con paredes de seis pies de espeso, la iglesia, de muros de cuatro pies de grueso, un recinto[17] de 200 pies de largo con otra robusta pared y un ancho foso. Catorce cañones enfilados desde las esquinas, en las puertas, en los ángulos. De frente y de flanco. Y 183 hombres dispuestos a todo. Su Excelencia decide esperar a que llegue el resto de su ejército y pone sitio a El Alamo.

* * *

Los colonos son esclavistas:[18] hombres y mujeres, viejos y niños de color trabajan en los campos con grilletes al pie, castigados por el látigo del blanco. Para burlar la Constitución mexicana, que prohibe la esclavitud, aquellos infelices traídos del Africa han "firmado" contratos para prestar "voluntariamente" sus servicios por cincuenta, por ochenta o por noventa y nueve años . . .

Santa Anna se pregunta:—¿Toleraremos por más tiempo que esos infelices giman en cadenas en un país cuyas leyes protegen la libertad del hombre sin distinción de color ni casta?

Cuando se encuentra alguno, personalmente da un martillazo en su cadena. Todos los jefes tienen órdenes escritas de libertar y dar protección a los esclavos.

* * *

El comandante Travis, jefe de los sitiados, se dirige a todos los demás texanos pidiéndoles refuerzos. Todos se lo prometen, pero nadie se los envía. Sam Houston, el generalísimo, le escribe: "Animo y sostenerse a toda costa, pues ya voy en camino en su auxilio con 2,000 hermosos hombres y ocho cañones". Santa Anna intercepta el correo y lee la carta.

Los rebeldes quieren ganar tiempo en espera de refuerzos. Pretenden parlamentar. Envían un emisario, al que Su Excelencia dice:

—No les queda más recurso, si quieren salvar sus vidas, que ponerse inmediatamente a las órdenes del Gobierno.

Y como le contestan con algunos tiros, manda clavar frente a la puerta de El Alamo una bandera roja. No dará cuartel.[19]

---

[17]**recinto** inclosure   [18]**esclavista** slaveholder   [19]**dar cuartel** to give quarter, show mercy

* * *

La noche del 5 al 6 de marzo se prepara el asalto general. No hay suficiente artillería para abrir brechas en los muros: pero el caudillo no quiere esperar a que Sam Houston se presente, si es cierto que se acerca. Pasa la noche en vela, tomando café muy cargado. Nervioso, impaciente. Dos mil soldados van rodeando el fuerte. A rastras, se colocan a 300 pasos de la muralla exterior y esperan . . .

Domingo, 6 de marzo de 1836. A las cinco y media se oye el toque de ataque. Las sombras de la noche han desaparecido ya. Los americanos, cazadores, tiradores certeros, están rifle al pecho. Los asaltantes llegan bajo el muro bajo una lluvia de balas. No pueden escalarlo, y con el mismo muro se protegen. Truenan los cañones de dentro y de fuera. Varios jefes mexicanos están heridos y dentro, Travis lleva la cabeza vendada con un paño ensangrentado. "Joven de veintisiete años, pelirrojo, de temperamento vehemente y valeroso".

Otro asalto por diferente rumbo se detiene también al pie de la muralla esperando que los cañones abran brechas. El tercer asalto toma el muro exterior y la mayor parte de los cañones. Los texanos se retiran al convento, la iglesia y el recinto interior, protegidos por barricadas de sacos de arena. Todo lo toman los mexicanos, cuarto por cuarto, rincón por rincón, barricada por barricada. Lucha cuerpo a cuerpo, a bayoneta, a culatazos,[20] a cuchilladas. Una carnicería brutal, rapidísima. Cada tiro de americano es un asaltante muerto. Después, una bayoneta le impide cargar de nuevo. Cae el convento, cae el recinto, cae por fin, la iglesia, donde está el hospital de sangre de los sitiados.

Un corneta es el primero en entrar. Mira a un hombre herido en el suelo. Le apunta con su arma. El herido suplica en español:

—No me mates . . . Tengo mucho . . .—y ofrece al corneta un grueso paquete de billetes de Banco. Entran los generales Amador y Cos, el sitiado y vencido meses antes en el mismo lugar, y Santa Anna, a quien Cos dice:

—Señor presidente, aquí tiene usted este prisionero. En el nombre de la República, le suplico le conceda la vida.

Su Excelencia mueve la cabeza en sentido negativo. Una mirada es orden para varios soldados. El herido cae atravesado por las ba-

---

[20]**a culatazos** with blows with the rifle butts

yonetas. Travis, el jefe. Su heroísmo le falló en el último momento. La oferta de dinero a cambio de salvar la vida no concuerda[21] con la defensa de la muralla.

El segundo en jefe, Bowie, "antiguo negrero[22] y pirata", "terrible en el uso del cuchillo en un combate mano a mano", está oculto con otros cuatro en un pajar.[23] Los soldados mexicanos, que buscan enemigos en todas partes, los encuentran, frente al general Castrillón, que pide para ellos clemencia a su jefe. Este le responde volviéndole la espalda. Está cumpliendo su amenaza de la bandera roja plantada frenta a la puerta. Cinco muertos más. "En menos de una hora acabó todo".

Bajas[24] mexicanas, 400. Americanas, todos los hombres, 183. Sobrevivientes y libres, la viuda del capitán Dickinson, muerto en la defensa, y su hijita. Varias otras mujeres y los esclavos negros.

Santa Anna mandó hacer una pira[25] para los cadáveres americanos. El fuego ardió todo el día y toda la noche, hasta que Travis, Bowie, Dickinson y sus compañeros se volvieron ceniza.

Cuando Sam Houston y sus 2,000 hermosos saben la noticia, dan media vuelta y echan carrera.

—RAFAEL MUÑOZ, *Santa Anna, el que todo lo ganó y todo lo perdió*

Ejercicios

I. *Escoja Ud. de las frases entre paréntesis la que mejor complete las oraciones siguientes:*

1. Una vez que Santa Anna regresó del destierro, (a. lo fusilaron   b. lo encerraron   c. lo impidieron desembarcar).
2. El gobierno de Lerdo de Tejada (a. le reconoció el grado de general   b. le dió una pensión   c. le permitió volver a México).
3. En 1803, Texas pertenecía (a. a la Nueva España   b. al territorio de Luisiana   c. a Francia).

[21]**concordar** to jibe   [22]**negrero** slave trader   [23]**pajar** straw loft   [24]**baja** loss   [25]**pira** fire

4. El general Mejía invitó a los texanos a (a. declararse independientes   b. unirse a los Estados Unidos   c. rebelarse contra el Presidente Bustamante).
5. La Constitución de 1824 fue escrita (a. por los texanos b. por los centralistas mexicanos   c. por los federalistas mexicanos).
6. El General Barragán volvió los ojos a Manga de Clavo (a. porque temía que Santa Anna se rebelara   b. porque creía que Santa Anna era el hombre para someter a los texanos   c. porque no quería que Santa Anna se uniera a los texanos).
7. Para organizar su ejército, Santa Anna (a. consiguió un préstamo   b. declaró nuevos impuestos   c. robó el dinero a la tesorería).
8. El ejército de Santa Anna se lanzó al desierto para (a. escaparse de los texanos   b. llegar a Texas   c. conseguir más armas).
9. En 1836, El Alamo servía de (a. fortaleza   b. iglesia c. parque público).
10. Según las leyes de México, (a. no se permitía la esclavitud en todo el país   b. se permitía la esclavitud sólo en las regiones donde se cultivaba el algodón   c. no se permitía la esclavitud de los negros nacidos en México).

II. *Ponga Ud. las oraciones siguientes en su orden correcto:*

1. Travis ofrece al corneta un grueso paquete de billetes de banco.
2. El general Castrillón pide clemencia para Bowie.
3. Santa Anna pone sitio a El Alamo
4. Los texanos pretenden parlamentar.
5. Santa Anna manda hacer una pira para los cadáveres americanos.
6. Sam Houston y sus soldados dan media vuelta y echan carrera.
7. Santa Anna manda clavar frente a la puerta de El Alamo una bandera roja.
8. El comandante Travis pide refuerzos a todos los demas texanos.
9. El tercer asalto toma el muro exterior.

III. *Busque Ud. en el texto expresiones equivalentes a las que están escritas en bastardilla:*

1. Santa Anna ganó el grado de general de división *venciendo a* Barradas.
2. El general Mejía fue a Texas con el *propósito* de extender la revolución de Veracruz.
3. La bandera de Texas, *en lugar de* águila, lleva en el centro la fecha de 1824.
4. *No hay otra solución que* emplear la fuerza.
5. *Es necesario* hacer balsas.

IV. *Busque Ud. en el texto palabras en español que pertenecen a la misma familia que las palabras siguientes:*

1. esclavo   2. tierra   3. pueblo   4. independiente
5. sitio   6. demonio   7. mes   8. cansado   9. filo
10. carne

Benito Juárez
Diego Rivera

6

1855-1872

Juárez y Maximiliano

IN CONTRAST to the preceding period which had been dominated by the unscrupulous General Santa Anna who exemplified and added to the chaotic conditions in the country, the critical years from 1855 to 1872 were dominated by the thoroughly honest and stable Benito Juárez, a full-blooded Zapotec Indian from Oaxaca whose unswerving ideals laid the groundwork for contemporary Mexico. Juárez's career is similar to that of Abraham Lincoln in that both men, despite great odds, succeeded in educating themselves and eventually rose to the highest offices in their lands.

In October 1855, as a result of a successful popular revolt against Santa Anna led by General Juan Alvarez, Juárez was appointed minister of justice. From that moment on, Juárez led the Reform movement which aimed at restricting the temporal power of the Church. With the promulgation of the Constitution of 1857, which for the first time in Mexican history separated church and state, a bitter civil war broke out between liberals and conservatives. Soon after entering Mexico City triumphantly on December 27, 1860, Juárez was elected president under the federal constitution, and Mexico seemed ready for a period of peace and reconstruction, just at the time that the United States was confronted with the horrible spectre of the War between the States. However . . . the conservatives still had a card up their sleeves.

During the War of the Reform, Juárez had been forced to suspend payments on national debts. This gave the imperialistic European powers a pretext for intervention. England under Queen Victoria was rapidly expanding its colonial empire all over the world. Queen Isabel II of Spain, who from the vast American empire of her predecessors retained only Cuba and Puerto Rico, had visions of reconquering Mexico. Napoleon III, spurred on by his ambitious wife, the Empress Eugénie, dreamed of emulating the conquests of his powerful uncle. The manner in which the fate of Mexico was juggled by these three powers in London in 1861 is the theme of HECTOR PEREZ MARTINEZ's satirical "Dice Game." Pérez

Martínez (1906-1948), *ministro de gobernación* in the cabinet of Miguel Alemán, also wrote a biography of Cuauhtémoc.

By the terms of the treaty, England, Spain and France agreed to occupy Mexican ports and collect customs duties to insure payment of debts without violating Mexican territorial integrity or political autonomy. However, not wishing to become involved in a large scale occupation of Mexico because of domestic and other foreign problems, Victoria and Isabela II soon withdrew their troops. Undaunted, Napoleon III sent a larger army to Mexico, under the command of the cruel and unscrupulous General Bazaine who, by the summer of 1863, succeeded in occupying Mexico City. Earlier, however, the Mexicans had defeated the French in the Battle of Puebla on the *Cinco de Mayo* which has since become a national holiday for the Mexicans and, even more, for the Chicanos. This victory, extolled in a song, forms a striking contrast with the tragic defense of a small town recorded by FEDERICO GAMBOA (1864-1939), one of Mexico's and Spanish America's most important turn-of-the-century novelists.

Following the suggestion of Napoleon III, a group of Mexican monarchists urged Archduke Maximilian, the Austrian Hapsburg, to go to Mexico as emperor, assuring him that the Mexican people would welcome him with open arms. In 1859 Maximilian had resigned from the mediocre position as head of the Lombardo-Venetian Kingdom, but now, dominated by his vain and ambitious wife, Belgian Princess Carlota Amalia, he was anxious for the opportunity to apply his ideas about government to the potentially prosperous land of Mexico. Maximilian and Carlota arrived in Mexico City in May 1864. In spite of his sincere desire to end the civil strife, Maximilian was doomed to failure. His moderate compromising policy alienated many of his supporters but did not deter Juárez from continuing the bitter struggle against the foreign invaders. One of the most decisive events leading to Maximilian's downfall was the end of the Civil War in the United States. Soon after Andrew Johnson took office as president, Secretary of State Seward sent a strong note to Napoleon III invoking the Monroe Doctrine and threatening war if the French troops were not recalled from Mexico. This hostile attitude on the part of the United States plus the menace of a Germany strongly united under Bismarck caused the props to be knocked out from under Maximilian's throne. However, Empress Carlota persuaded her husband to continue the fight while she sought aid in Europe. A popular song of the period inspired by her voyage has been selected from PEREZ MARTINEZ's biography of Juárez. Her frustrating interview with Napoleon III is skillfully presented in a scene from *Corona de sombra* by RODOLFO USIGLI (1905-1979), Mexico's greatest twentieth-century dramatist. As a result of the complete failure of her mission, Carlota became insane and Maximilian was finally forced to surrender at Querétaro where he was executed on June 19, 1867.

El juego de dados[1]

Doña Isabel, doña Victoria, don Napoleón: par de reinas y as.[2] Tales dados nos ofrece el cubilete.[3] Movamos de nuevo, que otros dados se nos quedan en el fondo. Al aire la mano agitemos el cubilete: doña Victoria, don Napoleón, doña Isabel. ¡Hagan juego, señores! La suerte repite y se va. La ocasión no tiene sino tres pelos.[4] Hagan juego. Una vez más lancemos los dados: don Napoleón, doña Victoria, doña Isabel. ¡Aquí los pares de reinas y el as! ¡Y qué reinas! La del sol y la de la niebla; la de tierra firme y la isleña. ¡Y qué as! Tiene un nombre ilustre, barbas de chivato[5] y un número tres.

Pero ¿y los otros dados? ¡Vamos! Busquemos en el fondo del cubilite. ¡Ajá! Ved aquí uno, con su cara barbada y rubia: Maximiliano. Aquí está el otro, con su cara también, delicada, frágil: Carlota Amalia. ¡Vivan la suerte y el destino y España, y Francia, y Austria, y Bélgica e Inglaterra! Tercia[6] de reinas y par de ases. ¡Toquen las cornetas y redoblen los tambores!

Doña Victoria, doña Isabel, don Napoleón sienten, sin embargo, escrúpulos fuertes: las cabezas de Max y Carlota están hechas para una corona. ¿Dónde está ella? A coro:

—Una corona para Max y Carlota . . .

Doña Isabel interrumpe:

—¿Y el gobierno lombardo-véneto?

—¡Es tan poco para un príncipe!—asegura don Napoleón.

Doña Victoria añade:

—¡Ay! ¡Tan poco para un príncipe!

Y las reinas y el as se ponen pensativos. Don Napoleón, de una manera siniestra, rompe el silencio:

---

[1]**dados** dice [2]**as** ace [3]**cubilete** dicebox [4]**la ocasión** . . . **pelos.** Opportunity knocks only once. [5]**chivato** goat [6]**tercia** trio

—Venga un mapamundi[7] y démosle vueltas.
Ya está girando el globo. Pasan mares y tierras y tierras y mares, continentes, islas. Doña Victoria tiene fijos sus ojos en la India; doña Isabel, en Cuba. Don Napoleón acaricia su barba de chivato y busca y rebusca por tierras y mares e islas. El movimiento del globo está acabando. De entre mares azules realza, cuerno de la abundancia,[8] un territorio infeliz: México.
Dice don Napoleón:
—Muy señoras mías;[9] Nosotros, que tenemos sobre las sienes[10] nuestras propias coronas, ¿por qué no dar la de México a Max?
Doña Victoria levanta los hombros en un gesto indiferente. Doña Isabel dice que lo va a pensar. Don Napoleón lo tiene decidido. México, México, México.
Doña Victoria pregunta:
—¿Y qué es México?
Responde doña Isabel:
—México me debe mucho oro.
Aviva el diálogo doña Victoria:
—¡Ah! ¿Deudas? Ese Palmerston[11] asegura que México me debe mucho oro.
Añade don Napoleón:
—En México hay mucho oro.
A tres voces,[12] doña Victoria, doña Isabel, don Napoleón:
—¡Mucho oro!
Pero Max y Carlota gimen:
—¡Queremos una corona!
Y don Napoleón vuelve a sonreír.
¡Vivan la suerte y el destino, y Francia, y Austria, y Bélgica! Toquen las cornetas y redoblen los tambores. México tiene ya sus reyes. ¡Cese el redoble! ¡Chitón![13] Callandito[14] vámonos a México. ¿Irás, Victoria? ¿Y tú, Isabel? Las reinas se afligen. Victoria, al cabo:
—Iré.
Isabel piensa y piensa: "¡Oh, si fuera reina absoluta! Tengo so-

---

[7]**mapamundi** globe   [8]**cuerno de la abundancia** cornucopia, horn of plenty. *The shape of Mexico is similar to that of a cornucopia.*   [9]**Muy señoras mías** My dear ladies   [10]**sien** temple   [11]**Palmerston** (1784-1865) *foreign minister of Great Britain for forty years*   [12]**a tres voces** all three together in one voice   [13]**¡Chiton!** Hush!   [14]**callandito** very quietly

bre mis labios un librote que se llama Constitución,[15] pero . . . iré.''
Y don Napoleón camina contento. Allá, en algún sofá, doña
Eugenia charla que te charla[16] con Próspero Mérimée.[17] Don
Napoleón les dice a la chita callando:[18]
—Habrá guerra en México.
Doña Eugenia, descendiente de conspiradores, responde:
—Esta guerra es mi guerra.

—HECTOR PEREZ MARTINEZ, *Juárez el impasible*

Batalla del 5 de mayo

Al estallido del cañón mortífero
corrían los zuavos[19] en gran confusión
y les gritaban todos los chinacos:[20]
¡Vengan, traidores! ¡Tengan su Intervención![21]

Con Tamariz[22] y Márquez[23] se entendieron,
les ayudó el traidor de Miramón,[24]
y los chinacos, bravos, se batieron
inundando de gloria la Nación.

¡Alto el fuego! Ya corren los traidores,
ni vergüenza tuvieron, ni pudor.[25]
¡Toquen diana![26] clarines y tambores
un día de gloria, la patria que triunfó.

[15]**Constitución** *Queen Isabel was being harassed by the democratic elements in Spain who provoked the successful Revolution of 1868, as a result of which Isabel was dethroned.* [16]**charla que te charla** chatting incessantly [17]**Mérimée** 1803-1870) *French author whose short story* Carmen *is the source of the famous opera by Bizet* [18]**a la chita callando** very quietly [19]**zuavos** soldiers belonging to the French infantry (Algeria 1831) [20]**Chinacos** *coll.* Mexican 19th century liberals fighting against the *Mochos* or conservatives [21]**Intervención** French Intervention of 1862-66 [22]**Antonio de Haro y Tamariz** *conservative politician who defended the French-sustained empire of Maximilian* [23]**Leonardo Márquez** Mexican general who sided with Maximilian [24]**Miguel Miramón** *Mexican general, conservative who was elected president and served 1859-60. Later sided with Maximilian.* [25]**pudor** modesty [26]**diana** reveille

¡Alto el fuego! ya corren los traidores,
que vinieron a darnos la lección.
¡Coronemos a México de flores!
¡Muera Francia! y ¡Muera Napoleón![27]

Canción anónima

La defensa de un pueblo

¡Las noticias eran más desconsoladoras cada día!
En el pueblo, apenas si quedaban hombres disponibles. Todos
se habían marchado; por orden municipal los unos, por alistamiento los otros, pero todos con el mismo deseo y con el mismo fin: sacrificar sus vidas por salvar la de la patria, amenazada de muerte.

¿Quién hubiera podido quedarse en su terruño cuando la invasión avanzaba incesante y destruía cuanto a su paso encontraba,
aunque fuera inofensivo como el ganado y los campos sembrados;
aunque fuera humanitario e igualmente servible para los dos ban-
dos, como los hospitales y las ambulancias? Aquello no era ni
podía ser el ejército de una nación culta: eran hordas salvajes agui-
joneadas[28] por la codicia.

*   *   *

La familia íntima del tío Lucas había desaparecido hacía bastantes años: él olvidó su apellido y su edad, pero parecía resuelto a
no morirse aún por más que,[29] contra su voluntad, se inclinara
mucho hacia la tierra agobiado por los sufrimientos que dan los
años. Pasaba por chiflado;[30] y no iban muy equivocados los que así
le llamaban. Contestaba siempre con malas palabras o con palabras
incoherentes y todos sus actos revelaban la impotencia senil de su
cerebro . . .

Cuando vio partir a los voluntarios que marcharon al holocaus-
to con cantos entusiastas, cogidos del brazo, agitando los sombreros de paja, con los cabellos en desorden y brillantes los ojos, segui-
dos de las lugareñas,[31] que sollozaban bajo para no ser oídas, le

---

[27]**Napoleón III** *French emperor (1852-1870)*   [28]**aguijonear** to spur
[29]**por más que** in spite of the fact that   [30]**chiflado** crazy   [31]**lugareña**
townswoman, villager

vino un intervalo lúcido de prolongada duración. Y arrastrando los pies, les acompañó un par de leguas, dio consejos que ninguno escuchaba, jadeante,[32] empolvado, hasta que no pudo más y profundamente emocionado se despidió de ellos, los llamó hijos y se sentó a orillas de la carretera; los miró desde allí mucho tiempo todavía, la cabeza inmóvil, la vista fija y a medio fruncir el canoso ceño;[33] luego, al perderlos de vista, murmuró para sí una oración y una protesta.

Le entró un interés creciente por la ofensa a la patria, y al averiguar la verdad de los hechos, de que eran los franceses los que la pisaban, confundió nacionalidades, se le abrieron las cicatrizadas heridas y se irguió amenazador y terrible—representación genuina de la independencia rural—para reprobar el crimen y adelantar el castigo; dispuesto a sacrificar la vida y bajar a la tumba envuelto en el heroísmo. Reapareció el veterano del 47[34] y creyó que eran los mismos, los americanos, los que por segunda vez llamaban en actitud de guerra y de conquista, a la puerta del hogar.

El bien intencionado don Cosme trataba de sacarle de su error mas nada lograba a pesar de sus palabras lógicas. El tío Lucas se encerraba en la desconfiada terquedad de los campesinos y nadie le sacaba de su tema.[35]

—¡Matarlos, señor don Cosme, matarlos; ésta[36] es como la otra!

* * *

De repente llegó a sus oídos un sonido fatídico[37] y lejano pero que no dejaba lugar a dudas, a él a lo menos, por un antiguo y olvidado hábito que renacía de pronto. Un clarín militar tocado a distancia le enviaba en el eco su armonía ingrata y abrillantada. Ahí estaban, o por mejor decir, ahí estarían; cuestión de pocas horas y los tendrían en casa insolentes, risueños, felices, sin nada que enturbiara[38] su dicha ni nadie que se les opusiera; dueños del lugar y de los habitantes; con caricias para las mujeres, desprecio para los ancianos y crueldad para los niños. Pues no lo permitiría él, ya verían todos que no estaba tan chiflado como parecía; se opondría

---

[32]**jadear** to pant   [33]**a medio fruncir el canoso ceño** his gray-haired brow half frowning   [34]**47** *1847, date of the war between Mexico and the United States*   [35]**nadie le sacaba de su tema** nobody could make him change his mind   [36]**ésta** this one (war)   [37]**fatídico** ominous   [38]**enturbiar** to disturb

a la ocupación solo, sin auxiliares, y echó a correr y sacó de su cuarto una escopeta viejísima, arrinconada allí de tiempo atrás; se aseguró de que por dicha funcionaba aún, torpemente, con dificultades, como funciona todo lo viejo, pero al fin funcionaba; la cargó, y fue a ocultarse a la entrada misma del pueblo entre unos matorrales[39] espesos.

* * *

Hubo un momento en que dentro del pueblo habría sido perceptible el caer de una hoja, a pesar de que todo el mundo se encontraba en la plaza para aliviar su ansiedad y saber a qué atenerse[40] en cuanto entraran las tropas. El tío Lucas sin pestañear, la mano lista, esperaba firme la primera aparición, sereno ante el peligro, y decidido a cualquier cosa, a lo que surgiera.

Y surgió en fin.

Un grupo de cazadores de Africa, quince o veinte, mandados por un teniente, que llenaban la carretera marchando sin orden, los soldados por delante, el oficial atrás, un guapo mozo de ojos azules y barba rubia algo empolvada por el camino; ancho de espaldas, erguido de pecho, bien sentado en el caballo cuya rienda flotaba abandonada por el cuello: desconfiado y pensativo como todo invasor, sin mezclarse con sus muchachos, el cuerpo ahí en una tierra extraña y poco amable, mas el espíritu lejos, muy lejos, consolando a una madre anciana o a una esposa joven. En la orden recibida se hablaba de la ocupación del pueblo con seguridad plena; todos los informes revelaban falta total de elemento masculino y por consiguiente de hostilidades. Se les enviaba por[41] enviarlos, por realizar la ocupación material de la mayor parte posible de territorio, aunque ocupaciones como ésa sólo pudieran compararse con el susto que en pieza obscura se da a una señora nerviosa. De tal suerte, que los soldados iban a sus anchas; reían y conversaban en voz alta, algunos a pie tiraban del caballo por la brida;[42] otros, formaban grupos retardatorios. Poco les importaba llegar; desde luego, lo que es buena cena y buena cama las tendrían de seguro.

En esos momentos el tío Lucas titubeaba en tirar, no se decidía ni por éste ni por aquél, por mucho que los tuviera al alcance de su escopeta; hubiera preferido al oficial porque con el brillo de sus

[39]**matorral** thicket [40]**atenerse** to expect [41]**por** for the sake of
[42]**brida** bridle

galones[43] parecía desafiarle en lo personal, pero quedaba lejos y perder un tiro, el único de que disponía, le significaba un desastre. Se decidió por cualquiera, por el primero que pasara por la mira[44] y lo fue un soldado gordo de media edad, que precisamente detuvo su caballo frente al matorral para encender la pipa. Su suerte estaba echada, se enderezó el tío Lucas, se apoyó sobre un codo, afirmó la puntería y disparó! La víctima abrió los brazos, perdió el kepi[45] y cayó redondo con un hilo de sangre que le brotaba de la sien izquierda, mientras el caballo, espantado por la detonación y libre de su carga, volvió grupas[46] y partió a escape en dirección opuesta a la del pueblo. Los demás se pararon estupefactos del recibimiento, el oficial ganó su puesto y mandó formar creyendo en una emboscada; los caballos nerviosos, trataban de encabritarse[47] y los soldados, sable en mano, se preparaban para la carga. Al notar que no continuaban los disparos, se repusieron un tanto y buscaron con la vista al enemigo, que suponían numerosos y que no tardaron en descubrir solo y tranquilamente ocupado en cargar de nuevo su fusil. Les creció el valor ante la soledad del anciano y sin esperar voz de mando, enardecidos por vengar a un compañero, por los rayos del sol que comenzaba a hundirse majestuoso, por el humo de la pólvora que poco aspirado excita, y mucho, ahoga,[48] se echaron sobre él y le acribillaron[49] con los prolongados y relucientes sables. Cayó a su vez el tío Lucas, describiendo una parábola[50] triste y solemne, sin exhalar[51] un gemido ni pronunciar una frase, saliendo la sangre con silenciosa abundancia de sus anchas e innumerables heridas. Todavía se ensañaron[52] un instante en el inanimado cuerpo; picaron aquí y allá, por divertirse los unos y por concluir los más. Cargaron con su muerto, al que atravesaron en la silla de un jinete desmontado, y en tropel, sin limpiar las espadas, entraron al pueblo sin volverse a mirar los despojos de su único defensor.

Avanzó la noche indiferente y tibia y la luna, en su primer cuarto, alumbró el campamento establecido por los franceses del que partían las risotadas de hombres satisfechos y la claridad de fogatas bien alimentadas, mientras a pocos pasos, el insepulto[53] cadáver

---

[43]**galones** braids or stripes   [44]**mira** sight   [45]**kepi** cap   [46]**volver grupas** to turn around   [47]**encabritarse** to rise on their hind legs   [48]**que poco . . . mucho, ahoga** which inhaled in small quantities arouses, and in large quantities chokes.   [49]**acribillar** to pierce like a sieve   [50]**describir una parábola** to arch one's body like a parabola   [51]**exhalar** to utter   [52]**ensañarse** to vent one's fury   [53]**insepulto** unburied

del tío Lucas con los brazos abiertos como redentor y la mirada triste y vidriosa[54] de los mártires, abandonado de propios y de extraños, parecía aún después de muerto, defender con su cuerpo y su actitud el rincón ignorado que le sirvió de cuna.

—FEDERICO GAMBOA, *Apariencias*

Los lobos

En tanto, Mr. Johnson, Presidente de los Estados Unidos, presenta dos notas al Gobierno de Napoleón: "El Gobierno de los Estados Unidos está muy descontento al ver que el ejército francés, al invadir a México, atacó a un Gobierno republicano profundamente simpático a los Estados Unidos, y elegido por la nación, para reemplazarlo por una Monarquía que, mientras exista, será considerada como una amenaza a nuestras propias instituciones republicanas.

Los lobos no se muerden, se respetan. Y el lobo grande de las Tullerías[55] respeta al lobo grande del Norte. Las tropas francesas evacuan Monterrey y Chihuahua,[56] y "el pánico, se apodera de los imperialistas, y los nuestros están cada día más alentados con la convicción de que el triunfo de la República es ya indefectible y seguro. En toda la frontera renace la guerra de un modo imponente y satisfactorio".

Mamá Carlota

La noticia del viaje de la Emperatriz cunde hacia el campo. El paisaje de México se ha animado con un tipo especial de guerrillero, el "chinaco", lleno de actividad y entusiasmo, medio romántico, esforzado.[57] Todos los guerrilleros ríen cantando estas coplas:

> Alegre el marinero
> con voz pausada canta
> y el ancla ya levanta

[54]**vidriosa** glassy   [55]**Tullerías** Tuileries, palace in Paris where Napoleon III and the Empress Eugéne lived   [56]**Monterrey y Chihuahua** *two large cities in northern Mexico, capitals of the states of Nuevo León and Chihuahua*   [57]**esforzado** vigorous, brave

con extraño rumor.
La nave va en los mares,
botando cual pelota:
Adiós, Mamá Carlota,
Adiós, mi tierno amor,

De la remota playa
te mira con tristeza
la estúpida nobleza
del mocho[58] y el traidor.
En lo hondo de su pecho
ya sienten su derrota;
Adiós, Mamá Carlota,
Adiós, mi tierno amor.

Y en tanto los chinacos
que ya cantan victoria,
guardando tu memoria
sin miedo ni rencor,
dicen mientras el viento
tu embarcación azota:
Adiós, Mamá Carlota,
Adiós, mi tierno amor.

—HECTOR PEREZ MARTINEZ, *Juárez el impasible*

Ejercicios

I. *Conteste Ud. a las preguntas siguientes en oraciones completas:*

1. ¿Por qué salían todos los hombres del pueblo?
2. ¿Qué pensaban del tío Lucas los habitantes del pueblo?
3. ¿En qué guerra había peleado el tío Lucas?
4. ¿Cómo sabía el tío Lucas que los franceses iban acercándose?

[58]**mocho** conservative

5. ¿Cómo iba el tío Lucas a defender el pueblo?
6. ¿En quiénes pensaba el joven teniente francés?
7. ¿Por qué no tenían prisa los franceses?
8. ¿Quién fue la víctima del tío Lucas?
9. ¿Cómo mataron los franceses al tío Lucas?
10. ¿En qué posición y actitud estaba el cadáver del tío Lucas?

II. *Complete Ud. en español las oraciones siguientes:*

1. El gobierno de los Estados Unidos consideraba la intervención francesa en México _____.
2. Las notas del presidente Johnson causaron _____.
3. Carlota salió de México para _____.
4. Con el viaje de la Emperatriz, los _____ se alegraron mientras que los _____ se pusieron tristes.
5. Mientras que la embarcación se iba, los _____ cantaban _____.

III. *Busque Ud. en el texto expresiones equivalentes a las que están escritas en bastardilla:*

1. La invasión destruía *todo lo que* encontraba a su paso.
2. *Lo consideraban* chiflado.
3. Ahí estaban, *o mejor dicho*, ahí estarían.
4. *Empezó a* correr.
5. Querían saber a qué atenerse *luego que* entraran las tropas francesas.
6. *Así es que* los soldados iban a sus anchas.
7. *Se irguió* el tío Lucas y disparó.
8. *Se pusieron más valientes* ante la soledad del anciano.
9. Los nuestros están más *entusiasmados* cada día.
10. El marinero canta *despacio.*

IV. *Busque Ud. en el texto palabras en español que pertenecen a la misma familia que las palabras siguientes:*

1. lugar 2. fuego 3. confianza 4. fatal 5. rincón
6. leve 7. luz 8. animal 9. solo 10. poder.

En la corte del lobo

NAPOLEON: ¡Señora! (*Saluda profundamente y besa la mano de Carlota.*) La visita de Vuestra Majestad es una sorpresa magnífica, magnífica. Señora, tan bella como siempre . . . Felices los mexicanos, que os ven más a menudo.

CARLOTA: Señor, he venido desde México para . . .

NAPOLEON: Os ruego que os sentéis, querida prima. ¡Qué sorpresa magnífica! La Emperatriz vendrá en seguida. La pobre Eugenia está loca de gusto desde que os vió en París. ¿Cómo habéis dejado a nuestro querido primo Max? No le envidio tanto el imperio como la vista de las mexicanas. Bazaine me cuenta en sus cartas que son deliciosas. ¿Os sentís mal?

CARLOTA: Quisiera hablar con Vuestra Majestad a solas, como lo indiqué a la emperatriz.

NAPOLEON: Por supuesto, si lo deseáis. Mi querido duque . . .

DUQUE: (*Inclinándose*): Con el permiso de Vuestras Majestades . . .

(Eugenia de Montijo entra en ese momento. En su traje, en su sonrisa, palpita toda la frivolidad de su imperio.)

EUGENIA: ¡Querida Carlota (*La besa en ambas mejillas.*) ¡Qué belleza siempre, y qué cutis![59] ¿Qué hacéis para conservaros tan linda? ¿Habéis visto, señor?

NAPOLEON: Es todo lo que he podido hacer, señora: ver y admirar. (*Hace disimuladamente[60] seña al Duque de quedarse.*)

EUGENIA: Dadme nuevas noticias de Maximiliano, os lo ruego. ¿Cómo está vuestro esposo?

CARLOTA: Maximiliano se enfrenta con la muerte, señora.

EUGENIA: ¿Qué decís?

CARLOTA: (*Exasperada*): Por culpa del Emperador vuestro esposo.

NAPOLEON: Señora, esa acusación . . . No comprendo.

CARLOTA: No, no. He dicho mal. No es culpa vuestra. Es culpa de Bazaine, ese palurdo . . .[61]

NAPOLEON: Buen soldado.

CARLOTA: Os traicionará un día también a vos, señor. Os ha traicionado ya al decirnos que le habíais ordenado tenernos en ja-

---

[59]**cutis** complexion [60]**disimuladamente** slyly [61]**palurdo** boor, rude fellow

Maximiliano de Habsburgo
Albert Graefle

Carlota de Habsburgo
Albert Graefle

que[62] y retirarse con sus soldados si no accedíamos a vuestras demandas. No puede ser cierto, señor. Fue otra cosa la que nos ofrecisteis.

NAPOLEON: Señora, querida prima, en vuestras palabras percibo una mala inteligencia que es preciso aclarar. Os amamos demasiado, a vos y a vuestro esposo el Emperador, para permitir que una falsa impresión nos separe.

EUGENIA: Por supuesto.

CARLOTA: ¿Ordenasteis o no a Bazaine que se retirara con sus tropas?

NAPOLEON: A fe mía,[63] señora . . .

CARLOTA: Decidme sí o no.

NAPOLEON: No escapará a vuestra inteligencia, querida prima, que nos era difícil mantener un cuerpo de ejército en México durante tanto tiempo:

CARLOTA: ¿Y por qué, si lo paga el Emperador de México?

NAPOLEON: No hablo de eso, señora. Lo pagaría yo mismo—aunque México nos cuesta ya cerca de novecientos millones de francos—si creyera que servía de algo; pero sé que es superfluo. Si el pueblo mexicano os ama, como yo creo, las tropas francesas son innecesarias. Pero si no os amara, no serían ellas las que os ganarían su amor, aunque me parece una tontería que puedan no amaros.

CARLOTA: Nada de frases, señor. Decidme—¿es cierto que ordenasteis a Bazaine que no acabara con Juárez mientras no os diéramos las tierras y las concesiones que pedías?

NAPOLEON: ¿Os dijo eso Bazaine? Es un buen soldado, pero un pobre diplomático.

EUGENIA: Vamos.[64] Conocéis demasiado al Emperador para creerlo capaz de una cosa semejante, querida.

CARLOTA: Tenéis razón. En ese caso, señor, os pediré una cosa.

NAPOLEON: Pedidme el imperio de Francia, señora. Os lo daré entero si es para contribuir a su grandeza.

CARLOTA: Os pido solamente que no privéis de apoyo a Maximiliano. Hacéis bien retirando a Bazaine. Ha robado, saqueado, matado sin escrúpulo—ha hecho que los mexicanos odien a Francia, a la que adoraban antes. Enviad otro jefe, reforzad

[62]**tener en jaque** to hold in check   [63]**a fe mía** on my word of honor   [64]**Vamos.** Come now.

las tropas, levantad un empréstito que os será reembolsado[65] íntegramente. Cumplid la palabra que nos disteis.

NAPOLEON: Señora, tengo la impresión de haberla cumplido hasta el límite. ¿No es cierto, Eugenia? ¿Y qué recibo en cambio? El odio de México para Francia. Me parece injusto.

EUGENIA: Calmaos, querida mía, calmaos.

CARLOTA: Me he expresado mal sin duda. Ese viaje interminable puso a prueba mis nervios. Los mexicanos amarán a Francia si enviáis a un hombre honrado y justo, si hacéis lo que os pido.

NAPOLEON: En Francia, que es el país del amor, os dirán, señora, que el amor entretiene, pero que no alimenta. Bazaine os habrá explicado cuáles eran mis deseos—qué esperaba yo a cambio de mi ayuda a vuestro imperio.

CARLOTA: ¿Ignora Vuestra Majestad que Maximiliano juró conservar y defender la integridad del territorio de México?

NAPOLEON: Estamos entre monarcas, querida prima. Yo también he jurado cosas . . . Son los lugares comunes[66] de todo gobierno.

CARLOTA: ¡Ah! Pero vos . . . Vos nos habías hecho otras promesas, a nosotros también. Mirad: tengo aquí extractos de vuestras cartas—vos las escribisteis, vos las firmasteis, ¿no es eso? (*Saca de su bolso varios papeles que tiende, uno tras otro, a Napoleón, quien los lee mordisqueándose[67] el bigote.*)

NAPOLEON: (*Interrumpiéndola*): Echo de menos a Morny,[68] señora. Si no hubiera tenido la humorada[69] de morirse hace un año, él os explicaría la cosa mucho mejor que yo. Trataré de hacerlo, sin embargo. Tenéis un gran imperio, pero os faltan dinero, armas y hombres. ¿Qué importan unos palmos[70] de tierra más o menos en esa extensión territorial? Francia os ayudaría a civilizar a México. Max no es un ingenuo—no puede haber esperado un apoyo gratuito de Francia. Y si él lo esperaba, vos sois demasiado inteligente para que os escapara eso. ¿Comprendéis?

CARLOTA: Comprendo que no comprendéis lo que os he dicho, señor. Es natural. Max es un Habsburgo, no un Bonaparte. Tiene costumbre de cumplir su palabra.

EUGENIA: ¿Os sentís mal, querida?

NAPOLEON: Los hechos contradicen vuestra afirmación, señora. El Bonaparte ha cumplido; el Habsburgo no. Os amamos mucho, pero la política es la política, como decía el Cardenal Mazarino.[71]

CARLOTA: ¿Queréis asesinarnos entonces?

EUGENIA: ¡Válgame Dios!

NAPOLEON: Lejos de mí ese horrible pensamiento, señora. Os amo demasiado para que esa atrocidad . . .

CARLOTA: Claro. Así hablasteis a la República Francesa, y sin embargo os hicisteis coronar emperador.

NAPOLEON: Señora, creo que no estáis en vos.

CARLOTA: Abandonaré mi orgullo entonces, si es lo que queréis y os pediré de rodillas ayuda a Maximiliano. ¡No lo dejéis morir! Vos lo hicisteis entrar en esto. Ayudadlo ahora. ¡Os lo supli . . . ![72]

(La frase se ahoga en su garganta. Eugenia se acerca a abanicarla con su pañuelo y le pasa la mano por la frente.)

EUGENIA: Estáis ardiendo, Carlota. ¿Por qué no reposáis un poco? Después seguiremos hablando.

NAPOLEON: Querido duque, haced traer un vaso de naranjada para Su Majestad, os lo ruego.

(El Duque se inclina y sale.)

CARLOTA: No, estoy bien, gracias. Os lo suplico, Napoleón: cumplid vuestra palabra.

NAPOLEON: Señora, querida prima, me hace daño veros así. Eugenia dice bien. Descansad. Os haremos preparar habitaciones en Saint-Cloud[73] o en las Tullerías y hablaremos de todo esto después del baile. Sois demasiado inteligente para que no podamos entendernos.

CARLOTA: Os digo que estoy bien, señor. Vuestra promesa me aliviará más que todo el descanso del mundo.

(El Duque vuelve, seguido por un criado que lleva una charola con una jarra de cristal, llena de naranjada, y vasos.

---

[71]**Mazarino** *Mazarin (1600-1661), Richelieu's successor and prime minister of Louis XIII and Louis XIV* [72]**Supli . . . (suplico)** I beg [73]**Saint-Cloud** *palace in the suburbs of Paris*

Deja la charola sobre una mesa y sale. El Duque llena un vaso que el Emperador toma y ofrece a Carlota.)

NAPOLEON: Esto os hará sentir mejor, señora. Tomadlo.

(Carlota toma el vaso, lo mira, va a llevárselo a los labios, pero lo deja caer de pronto, como asaltada por un pensamiento.)

EUGENIA: Su pulso tiembla. Es preciso que os reposéis, querida.

(El Duque llena otro vaso. Napoleón lo toma, besa la mano de Carlota y le entrega el vaso, que Carlota acerca apenas a sus labios y devuelve en seguida.)

CARLOTA: Estoy dispuesta a tratar sobre otra base, señor. Tengo aquí un proyecto. (*Lo saca de su bolso y lo tiende a Napoleón.*) No hablemos de territorio. Max ha jurado conservarlo. Pero hay otros medios. Pensadlo bien, señor, y cumplid vuestras promesas.

NAPOLEON: (*Después de una pausa*): Excusadme. Yo tampoco me siento muy bien. ¿Queréis que os diga la verdad, señora? Estamos rodeados de políticos voraces. Tenemos que fomentar las obras públicas, la agricultura, el comercio, la industria, para subsistir,[74] y tenemos poco dinero. Traicionaría yo a Francia si os diera lo que pedís. ¿Por qué no recurrís[75] al Emperador de Austria y le recordáis que tiene obligaciones de familia para con el bueno de[76] Max? Fue él sobre todo quien lo lanzó a esta aventura, para privarlo de sus derechos a la corona austríaca.

EUGENIA: Naturalmente, lo que Maximiliano debe hacer es salvar su vida, abdicar.

NAPOLEON: Que luche, si quiere: admiro a los espíritus de lucha. Pero si las cosas se ponen demasiado difíciles en ese país de salvajes, dejadlo. Ellos serán quienes pierdan. Que abdique Max, como dice Eugenia. Vuestro cubierto[77] estará puesto siempre en las Tullerías.

CARLOTA: (*Levantándose*): ¡Canalla!

EUGENIA: Carlota, os excitáis en exceso.

CARLOTA: ¿Qué había en ese vaso?

---

[74]**subsistir** to exist   [75]**recurrir** to resort, go   [76]**de** *omit in translation*
[77]**cubierto** place at the table

EUGENIA: Sólo un poco de naranjada, querida.

CARLOTA: ¡Oh, mi cabeza! Si no tuviera yo esta jaqueca atroz . . .

EUGENIA: Tengo unos polvos de milagro[78] para eso. Voy a daros una dosis, querida. (*Va hacia la puerta.*)

CARLOTA: No. No quiero nada de vosotros. ¿Qué había en ese vaso?

NAPOLEON: Señora, la Emperatriz os lo ha dicho ya. Un poco de naranjada.

EUGENIA: Apenas si lo rozasteis[79] con los labios.

(*Napoleón se acerca para reponer sobre los hombros de Carlota la manteleta,*[80] *que ha resbalado.*)

CARLOTA: No me toquéis. Sois vos, claro, sois vosotros. No es Austria, no son los católicos mexicanos. ¿Cómo no me di cuenta antes? Vosotros sois los culpables de todo.

EUGENIA: Mi querida Carlota.

CARLOTA: El y vos con vuestra ambición. ¡Y hay aún quien hable de la mía! Conozco vuestros sueños como si yo los hubiera soñado. Vuestros sueños de pequeña condesa. Os profetizaron que serías más que reina y sois emperatriz de Francia, pero eso no os basta. Quisierais ser Reina de España, emperatriz de México, dueña del mundo entero. Hacer retroceder toda la historia en una sola noche de amor con este hombre, con este demonio a quien os vendisteis. Vos lo habéis hecho todo. (*Eugenia hace un movimiento hacia ella.*) Lejos de mí—¡lejos! Ahora me doy cuenta. Claro. Estoy envenenada.

EUGENIA: ¡Carlota!

NAPOLEON: ¡Señora!

CARLOTA: Me habéis envenenado . . . Dejadme ya. Ahora me doy cuenta. Veneno—veneno por dondequiera. Veneno por años y años. ¿Qué hace el veneno de Europa en el trono de Francia? Estoy saturada de vuestro veneno. No me toquéis. ¡Advenedizo! Se lo dije bien claro a Max. ¿Qué puede esperarse de un Bonaparte? Veneno—nada más que veneno. Os haré caer del trono, Bonaparte. Cáncer de Europa—veneno de Europa. Veneno de México. Os haré caer. Haré que os derro-

---

[78]**polvo de milagro** marvelous powder [79]**rozar** to graze [80]**manteleta** shawl

quen, que os persigan que os maten, y vuestro nombre será maldito para siempre. ¡Dejadme! (*Se dirige hacia la puerta.*)

—RODOLFO USIGLI, *Corona de sombra*

Ejercicios

I. *Conteste Ud. a las preguntas siguientes en oraciones completas:*

1. ¿Qué le envidia Napoleón III a Maximiliano?
2. ¿Por qué se queda el Duque en el salón?
3. ¿Qué le había ordenado Napoleón III a Bazaine?
4. ¿Por qué son innecesarias las tropas francesas en México?
5. ¿Cómo ha hecho Bazaine que los mexicanos odien a Francia?
6. ¿Por qué no ha accedido Maximiliano a los deseos de Napoleón III?
7. ¿Qué cosas le faltan al imperio de Maximiliano y Carlota?
8. Según Napoleón III, quién tiene más obligaciones para con Maximiliano?
9. Según Carlota, ¿quiénes son los culpables de todo?
10. ¿Qué quisiera ser Eugenia?

II. *Ponga Ud. en su orden correcto las frases siguientes que muestran cómo Carlota se vuelve loca:*

1. ¡No lo dejéis morir! . . . Ayudadlo ahora. ¡Os lo supli . . .!
2. Lejos de mí—¡lejos! Ahora me doy cuenta. Claro. Estoy envenenada.
3. ¿Qué había en ese vaso?
4. Maximiliano se enfrenta con la muerte.
5. No me toquéis. Sois vos, claro, sois vosotros.
6. Os haré caer. Haré que os derroquen, que os persigan, que os maten, . . . ¡Dejadme!

7. Me he expresado mal sin duda. Ese viaje interminable puso a prueba mis nervios.

III. *Busque Ud. en el texto expresiones equivalentes a las que están escritas en bastardilla:*

1. La Emperatriz vendrá *inmediatamente.*
2. Maximiliano *se encara con* la muerte.
3. *¿No sabe* Vuestra Majestad que Maximiliano juró defender el territorio de México?
4. ¿Por qué no *descansáis* un poco?
5. Napoleón le *tiende* el vaso.

IV. *Busque Ud. en el texto las palabras españolas que tienen las mismas raíces que las palabras inglesas que siguen:*

1. palpitate   2. frivolous   3. cuticle   4. simulate   5. deprive   6. palm   7. alleviate   8. crystal   9. abdicate   10. dose

7

La Paz Porfiriana

THE HISTORY of nineteenth-century Mexico is closely intertwined with that of Europe and the United States. The relationship of the Mexican War of Independence to the Napoleonic Wars has already been mentioned. We have seen the effects of the American Civil War and the struggles for power in Europe on mid-nineteenth-century Mexico. We shall now discuss the period of Porfirian peace which closely parallels the end of the Victorian era in England, the Third Republic in France, the reign of Alfonso XII and the regency of María Cristina in Spain, the Bismarck era in Germany, the reigns of Alexander III and Nicholas II in Russia, and the great industrial expansion of the United States between the Civil War and World War I.

After a very brief ten years of democratic government under Benito Juárez (1867-1872) and his successor, Sebastián Lerdo de Tejada (1872-1876), Mexico returned to one-man rule under Porfirio Díaz. Not discouraged by two unsuccessful revolts, General Díaz captured Mexico City in November 1876, and a few months later was proclaimed constitutional president. Like Juárez, Díaz was born in Oaxaca, began to study theology, and then changed to law. General Díaz, however, represents a reaction against Juárez, a throwback in some respects to General Santa Anna. Like Santa Anna, Díaz was a popular military figure who gained prestige while fighting against foreign invaders, and once in power, gained the support of the conservatives.

After over sixty years of constant fighting among themselves and against foreign powers (1810-1876), the Mexicans welcomed Díaz as the *caudillo* who could restore law and order. Díaz served one term as president and then graciously gave way to one of his subordinates, Manuel González. From 1884 to 1911, sure of his power, Díaz remained in office continuously by amending the constitutional law which prohibited reelection.

The Díaz régime was one of peace, order, and material progress. Banditry, rebellions, graft, and corruption were eliminated.

Porfirio Díaz
Fotografía

Badly needed railroads were built. The Valley of Mexico was made safe and sanitary by an extensive drainage system. Improvements were made on harbors. Bridges were built. Telegraph lines were established. Modern methods of farming and mining were introduced. Mexico City was beautified. Petroleum was discovered. The country's credit was good. Foreign investments were encouraged. Mexico was prosperous but . . . the vast majority of the Mexicans were living under semi-feudal conditions.

A law passed in 1886 requiring all landholders to prove their title to their land had disastrous effects on many Indian villages that had held their *ejidos* (communal lands) for several generations. Liberal concessions of land were made to foreign investors. A large part of the country's mineral wealth was given to English and American companies. Comparatively little was done for public education and practically nothing to eliminate the widespread illiteracy in the rural areas, it being to the advantage of the great landholders to keep the peasants ignorant. The landless Indians were forced to hire themselves out on the haciendas where unscrupulous landowners forced them into debt slavery. The mechanics of this system are poignantly revealed by GREGORIO LOPEZ Y FUENTES (1895-1967), former editor of the Mexico City newspaper *El Universal* and one of Mexico's most important novelists of the 1930s and early 1940s.

The repressiveness of small-town life during this period is artistically described in the introduction to AGUSTIN YAÑEZ's *Al filo del agua* (1947), considered Mexico's first modern novel. Yáñez (1904-1980), in addition to his successful career as a novelist, was also a university professor of literature, governor of Jalisco, presidential adviser, and minister of education.

El petate[1]

Al anochecer, regresan por la misma vereda. En la hacienda se encuentran con la desagradable noticia de que el trabajador mordido por la víbora ha muerto. En la casa del peón ya está listo cuanto es necesario para un velorio. Las vecinas han regado y barrido el patio. La mujer, con un niño en brazos y otro más grandecito pegado a sus ropas, llora inconsolable. El mayordomo le ha dicho que

[1]**petate** straw mat *(on which the peons sleep)*

será recibida en la servidumbre del patrón. En cuanto a los niños, tan pronto como puedan trabajar, entrarán de mozos o de lo que se pueda.

* * *

En medio de la habitación, sobre una cruz de cal[2] pintada en el suelo, está tendido el muerto. En los rincones de la pieza las vecinas han colocado, lo más discretamente posible, las ropas de la familia. De una astilla saliente[3] cuelga el machete. Contra la pared hay una vara y una red de pescar. En un rincón está enrollado, como un tubo, un petate de palma. En medio de las sombras de la noche se pierden las voces de los que cantan "El Alabado".[4] En coro, las mujeres y los hombres. Es una queja, tal vez por dejar a los que se quedan. Es un himno, acaso por la alegría de marcharse.

* * *

El cadáver es preparado para que se le conduzca al camposanto. Lo envuelven en el petate que había permanecido en un rincón. Lo atan por los extremos y por en medio, como se hace con los cadáveres que en alta mar son arrojados al agua. El tubo es colocado y atado en una tabla. Lo cargan entre cuatro, y así emprenden el camino del camposanto. La mujer lleva una vela, rompiendo la marcha. Los que van atrás pueden ver las pálidas plantas de los pies, saliendo por un extremo del petate.

La tienda de raya[5]

La hacienda tiene toda la animación de un mercado. Es atardecer de día sábado y los peones, después de los trabajos, han acudido a tratar, unos sus negocios particulares con el patrón: un pedazo de tierra que sembrar a medias;[6] otros, a recibir los salarios correspondientes a la semana; los más, a pedir algo en la tienda.

---

[2]**cal** lime, chalk   [3]**astilla saliente** protruding piece of wood   [4]**El Alabado** *a song of devotion*   [5]**tienda de raya** *store owned and managed by the owner of the hacienda*   [6]**a medias** *fifty-fifty*

El amo recibe a sus hombres. Tiene toda la actitud de un cacique. Los peones casi se arrodillan.

Mañana es día de tianguis en la ranchería equidistante de otras y por ello escogida como lugar de mercado. Pero de cuanto hay en la tienda de raya, sólo en la tienda puede adquirirse, bajo amenaza de castigo para quien vaya a comprar en el tianguis.

Los peones de las faenas agrícolas, la infantería del trabajo, son atendidos y liquidados por un servidor de las confianzas del patrón. Un verdadero negociante. Algunos de los peones todavía están llegando, cargados con una mínima parte de la cosecha. ¿Por qué habían de regresar con las espaldas libres? La carga les sirve para el ritmo de la marcha. Llegan en formación. La espalda en arco, la cabeza doblegada.[7] Dejan las mazorcas en las trojes y van a formarse según van llegando. La formación comienza al pie de un ventanuco de mostrador[8] y termina cien metros más allá.

Con la infantería están los que han trabajado toda la semana en las moliendas de caña.[9] Se les distingue porque tienen la ropa toda hecha una costra de melaza[10] color de tabaco. Huelen a trapiche[11] y llevan en las manos alguna golosina:[12] el regalo para la mujer o el agasajo[13] para el pequeñuelo.

—Marcial Ramírez.

No es un indígena completo, aunque a las claras está diciendo que tiene sangre de indio en buena proporción. La barba negra y lacia dice que el Ramírez lo heredó de algún trabajador llegado quién sabe cuándo y de dónde. El empleado hace cuentas y apunta en el libro. Después pone en el mostrador algunas monedas.

—¿Estás conforme?

—Lo que usted diga. Yo no sé de números ni de letras.

Ramírez pide unos huaraches para él y que le midan algunos metros de manta para la mujer. El empleado vuelve a apuntar en su libro.

—Juan Cuatzintla.

—Porfirio Díaz.

Van pasando. Nombres de indígenas auténticos. Nombres vulgares. Apellidos tomados de lo que rodea el hogar. Cuatzintla: el que vive junto al árbol. Tepeixpa: el que vive frente a la montaña.

---

[7]**doblegar** to bend [8]**ventanuco de mostrador** small dirty window which serves as a counter [9]**molienda de caña** sugar cane mill [10]**costra de melaza** hardened layer of molasses [11]**trapiche** sugar cane grinding machine [12]**golosina** sweet [13]**agasajo** present

Los Porfirio Díaz abundan y para identificarlos se les agrega algún atributo: Porfirio Díaz, el Dedo Mocho.[14] Porfirio Díaz, el Chaparro.[15] El nombre del Presidente de la República es muy vulgar entre los indígenas. En sus pláticas le llaman: Porfirio. Hay algunos que quieren ver con claridad el estado de sus cuentas. Desconfiados, meten los ojos en las contabilidades.[16] Han trabajado y no han pedido tanto para deber lo que el empleado dice figura en los libros. El empleado les aclara:

—Un peso que te doy, es un peso que me debes; y otro peso que te apunto, ¿no hacen en total tres pesos?

El peón abre tamaños ojos,[17] los cierra como para mirar mejor hacia dentro y acaba por rascarse la cabeza, según él dura a todo entendimiento. Clava los ojos en los números que nada dicen a su inteligencia.

—Urbano Tlahuica.

La hilera de trabajadores que aguarda su liquidación sabatina,[18] se detiene un largo rato. El caso de Urbano es bien conocido de todos y abunda en complicaciones. Urbano, cuyo padre y cuyo abuelo también fueron trabajadores en las haciendas de don Bernardo, se marchó hace meses para ir a jornalear[19] por otras partes, fastidiado de verse siempre en la mayor pobreza sin salir nunca de las deudas contraídas por sus padres.

Una noche, sin avisar a nadie, tomó sus escasos bienes. El machete. Sus ropas. Tras la mujer, que llevaba en las espaldas a su hijo, se marchó a otra hacienda donde poder trabajar sin la cadena de la deuda hereditaria. Siempre se le venía descontando en su salario y la deuda no disminuía en lo más mínimo, sino más bien aumentaba. Su actitud fue como un grito de rebelión. A la mañana siguiente sus vecinos notaron que había desaparecido. Cuando no acudió al trabajo, el mayordomo inquirió entre todos. Nadie supo darle cuenta del paradero[20] de Urbano.

Pasados algunos días, se supo que estaba jornaleando en el Naranjal. El patrón fue informado de la conducta de Urbano. Un muchacho fue enviado a llamar al juez de la región. Es decir, que la autoridad, hechura[21] del patrón, tenía que caminar algunas leguas para atender una queja presentada ante esa misma autoridad. El

---

[14]**mocho** cut off   [15]**chaparro** short and squat   [16]**contabilidades** bookkeeping   [17]**abre tamaños ojos** opens his eyes wide   [18]**sabatina** Sabbath   [19]**jornalear** to work by the day   [20]**paradero** whereabouts   [21]**hechura** henchman

juez se presentó con la humildad más sumisa pintada en su cara. El amo parecía el representante de la autoridad, cuando que sólo era la representación del poder.

El juez recibió instrucciones de aprehender a Urbano y conducirlo a la hacienda. Debía mucho y de ninguna manera estaba dispuesto el patrón a perder, con la cuenta, un trabajador más. Urbano fue aprehendido. Se le regresó a la hacienda atado por los codos, como un criminal. Al verlo, el administrador se puso hecho una furia, al grado de que estuvo a punto de azotarlo con el ronzal[22] del caballo. Una vez que se hubo desahogado,[23] le puso una mano en el hombro, le dio el tratamiento de "hijo" y él, personalmente, le desató los nudos del lazo.

Ese ha sido el caso de Urbano. Como estuvo ausente varios meses y es ahora cuando vuelve a pasar lista ante el rayador[24] de la peonada, éste ha tenido que refrescarle la memoria a su manera. Toda la cuenta ha sido heredada del viejo, de su padre, que quién sabe cómo se endeudó tanto. Urbano, un hombre de unos veinticinco años, con una de esas caras que por la energía de sus líneas recuerdan los ejemplares de talla[25] directa, parece resuelto a sacrificarse con tal de obtener[26] su independencia. Se rehusa a recibir el salario íntegro y correspondiente a los días que ha trabajado. Quiere que se le pague sólo una tercera parte y que lo demás se abone[27] a la cuenta.

—No seas testarudo, Urbano.

Y el empleado se empeña en que, si no recibe el sueldo completo, al menos lleve algo de la tienda. Le ha puesto en el hombro un rebozo corriente.[28]

—¡Para la vieja,[29] hombre!

Y le pone sobre el sombrero viejo uno nuevo.

—El tuyo ya está muy viejo. Llévalo y todo cuanto quieras.

Urbano se defiende, se resiste a recibir el rebozo y el sombrero. De nada le sirve. El empleado, que conoce su oficio de enganchador,[30] ya no le hace caso y apunta en el libro, en la cuenta de Urbano. Se encara con el siguiente jornalero.

* * *

[22]**ronzal** halter   [23]**desahogarse** to express one's feelings, get it off one's chest   [24]**rayador** storekeeper of the **tienda de raya**   [25]**talla** wood carving   [26]**con tal de obtener** provided that he can obtain   [27]**abonarse a** to be credited to   [28]**rebozo corriente** cheap stole   [29]**vieja** old lady, wife   [30]**enganchador** swindler

Ha terminado la liquidación de la peonada. Algunos llevan con
el escaso dinero obtenido, diversas prendas adquiridas a crédito en
la tienda de raya: machetes, manta, jarcias,[31] sombreros. Otros ya
vienen de las trojes donde por orden del rayador les han dado, a
cuenta, algunas medidas de maíz y de frijol.

Los trabajadores se dirigen a la venta,[32] donde consumen copas
y botellas. Comienza el desfile de trabajadores hacia sus casas.
Toman distintos caminos. Antes de salir, pasan a despedirse del administrador. Se descubren llenos de respeto. El administrador les
despide en forma protectora, sin darles la mano.

Los borrachos, en quienes la alegría ha vencido el cansancio,
cantan desentonados y caminan en partidas. Si alguno es derrotado
por el aguardiente y cae, los mejor librados[33] lo toman por los
brazos y crucificándolo en los hombros de dos compañeros, siguen
hacia su casa, arrastrando los pies. De abandonarlos en el camino,
los coyotes darían buena cuenta de ellos.

Anochece. Bajo los matorrales gimen, arrullándose,[34] las
codornices.[35] Chillan[36] monótonamente los grillos.[37] En las ran-
cherías distantes brillan las primeras luces. Tardíos, pasan algunos
tordos[38] rumbo a sus dormideros. ¡Qué murria[39] hecha toda de
silencio y de belleza! Y, en medio del campo, los trabajadores que
caminan parecen un tendedero movible, de ropas más o menos
sucias puestas a secar.

—GREGORIO LOPEZ Y FUENTES, *Tierra*

Ejercicios

I. *Conteste Ud. a las preguntas siguientes en oraciones completas:*

1. ¿De qué ha muerto el trabajador?
2. ¿Cómo consuela el mayordomo a la viuda?
3. ¿Qué importancia tiene el petate para el peón?

[31]**jarcia** rope [32]**venta** tavern [33]**los mejor librados** the more sober ones
[34]**arrullarse** to bill and coo [35]**codorniz** quail [36]**chillar** to chirp
[37]**grillo** cricket [38]**tordo** thrush [39]**murria** melancholy atmosphere

4. ¿Por qué han acudido los peones a la hacienda?
5. ¿Qué cosas no pueden comprar los peones en el tianguis?
6. ¿Cómo se les distingue a los que trabajan en las moliendas de caña?
7. ¿Por qué hay tantos peones con el nombre de Porfirio?
8. ¿Por qué se fue de la hacienda Urbano Tlahuica?
9. ¿Por qué ha regresado Urbano a la hacienda?
10. ¿Por qué se rehusa Urbano a recibir el salario íntegro?

II. *Indique Ud. cuáles de las oraciones siguientes dicen la verdad. Corrija Ud. las oraciones falsas:*

1. El empleado regala a Urbano un rebozo corriente.
2. Algunos peones obtienen machetes y sombreros.
3. Los peones compran maíz y frijoles en el tianguis.
4. Antes de irse, los peones se despiden respetuosamente del administrador.
5. El administrador siente un gran cariño por sus peones.

III. *Busque Ud. en el texto las palabras españolas que tienen las mismas raíces que las palabras inglesas que siguen:*

1. viper   2. vicinity   3. calcium   4. Sabbath   5. demonstrate   6. appeal   7. lasso   8. integer   9. partisan   10. brilliant.

IV. *Prepárese Ud. a comparar oralmente la presentación de las injusticias en este capítulo con aquélla de* Canek, *pp. 24-31, refiriéndose a las frases siguientes:*

1. los chicleros y el hombre mordido por la víbora.
2. las trojes llenas
3. el hierro para marcar y el lápiz para apuntar
4. el efecto del alcohol
5. los resultados de la rebelión: Canek y Urbano Tlahuica

Acto preparatorio

*Pueblo de mujeres enlutadas. **Aquí, allá en la noche, el trajín
del amanecer, en todo el santo río de la mañana, bajo la lumbre del
sol alto, a las luces de la tarde—fuertes, claras, desvaídas, agó-
nicas—; viejecitas, mujeres maduras, muchachas de lozanía, párvulas;*[40] *en los atrios de iglesias, en la soledad callejera, en los interiores de tiendas y de algunas casas—cuán pocas—furtivamente
abiertas.*

Gentes y calles absortas. Regulares[41] *las hiladas de muros, a
grandes lienzos vacíos. Puertas y ventanas de austera cantería, cerradas con tablones macizos, de nobles, rancias maderas, desnudas
de barnices y vidrios, todas como trabajadas por uno y el mismo artífice rudo y exacto. Pátina del tiempo, del sol, de las lluvias, de las
manos consuetudinarias,*[42] *en los portones, en los dinteles y sobre
los umbrales. Casas de las que no escapan rumores, risas, gritos,
llantos; pero a lo alto, la fragancia de finos leños consumidos en
hornos y cocinas, envuelta para regalo del cielo con telas de humo
azul.*

*En el corazón y en los aledaños el igual hermetismo. Casas de
las orillas, junto al río, junto al cerro, al salir de los caminos, con la
nobleza de su cantería, que sella dignidad a los muros de adobe.*

Y cruces al remate[43] *de la fachada más humilde, coronas de las
esquinas, en las paredes interminables; cruces de piedra, de cal y
canto, de madera, de palma; unas, anchas; otras, altas; y pequeñas,
y frágiles, y perfectas, y toscas.*

*Pueblo sin fiestas, que no la danza diaria del sol con su ejército
de vibraciones. Pueblo sin otras músicas que cuando clamorean las
campanas, propicias a doblar por angustias, y cuando en las iglesias la opresión se desata en melodías plañideras,*[44] *en coros
atiplados y roncos, Tertulias, nunca. Horror sagrado al baile: ni
por pensamiento: nunca, nunca. Las familias entre sí se visitan sólo
en caso de pésame o enfermedad, quizás cuando ha llegado un ausente mucho tiempo esperado.*

Pueblo sin alameda. Pueblo de sol, reseco, brillante. Pilones de

---

[40]**párvulas** young girls   [41]**Regulares . . . vacíos** straight rows of walls like
large blank canvases   [42]**consuetudinarias** everyday   [43]**remate** at the top
of   [44]**la opresión . . . plañideras** the oppression breaks out into melodious
laments

cantera, consumidos,[45] *en las esquinas. Pueblo cerrado. Pueblo de mujeres enlutadas. Pueblo solemne.*

En cada casa un brocal, oculto a las miradas forasteras, como las yerbas florecidas en macetas que pueblan los secretos patios, los adentrados corredores, olientes a frescura y a paz.

Muy más adentro la cocina, donde también se come y es el centro del claustro familiar. Allí las mujeres vestidas de luto, pero destocadas,[46] lisamente peinadas.

Luego las recámaras. Imágenes. Imágenes. Lámparas. Una petaquilla[47] cerrada con llave. Algún armario. Ropas colgadas, como ahorcados fantasmas. Canastas con cereales. Algunas sillas. Todo pegado a las paredes. La cama, las camas arrinconadas (debajo, canastas con ropa blanca). Y en medio de las piezas, grandes, vacíos espacios.

De las casas emana el aire de misterio y hermetismo que sombrea las calles y el pueblo. De las torres bajan las órdenes que rigen el andar de la casa. Campanadas de hora fija, clamores, repiques.

Pueblo conventual. Cantinas vergonzantes. Barrio maldito, perdido entre las breñas, por entre la cuesta baja del río seco. Pueblo sin billares, ni fonógrafos, ni pianos. Pueblo de mujeres enlutadas.

Los matrimonios son en las primeras misas. A oscuras. O cuando raya la claridad, todavía indecisa. Como si hubiera un cierto género de vergüenza. Misteriosa. Los matrimonios nunca tienen la solemnidad de los entierros, de las misas de cuerpo presente, cuando se desgranan todas las campanas en plañidos prolongados,[48] extendiéndose por el cielo como humo; cuando los tres padres y los cuatro monagos[49] vienen por el atrio, por las calles, al cementerio, ricamente ataviados de negro, entre cien cirios, al son de cantos y campanas.

Hay toques de agonía que piden a todo el pueblo, sobre los patios, en los rincones de la plaza, de las calles, de las recámaras, que piden oraciones por un moribundo. Los vecinos rezan el "Sal, alma cristiana, de este mundo . . ." y la oración de la Sábana Santa.[50]

En las noches de luna escapan miedos y deseos, a la carrera; pueden oírse sus pasos, el vuelo fatigoso y violento, al ras de la

---

[45]**consumidos** wasting away   [46]**destocadas** bareheaded   [47]**petaquilla** chest or small trunk   [48]**cuando . . . prolongados** when the bells peal (*literally*, are scattered like grain) in prolonged wails   [49]**monagos** altar boys   [50]**Sábana Santa** Holy Shroud

*calle, sobre las paredes, arriba de las azoteas. Camisas de fuerza
batidas por el aire, contorsionados los puños y las faldas,*[51] *gol-
peando las casas y el silencio en vuelos de pájaro ciego, negro con
alas de vampiro, de tecolote o gavilán; con las alas de paloma sí, de
paloma torpe, recién escapada, que luego volverá, barrotes adentro.*[52] *Los deseos vuelan siempre con ventaja, en las noches de luna;
los miedos corren detrás, amenazándolos, imprecando espera, chi-
llando: vientos con voz aguda e inaudible. Saltan los deseos de la
luz a la sombra, de la sombra a la luz, y en vano los miedos repiten
el salto. Dura la vieja danza media noche. Pasa el cansancio. Y a la
madrugada, cuando hay luna, cuando la campana toca el alba, re-
comienza el brincar de los deseos jugando con los miedos. La
mañana impone la victoria de los últimos, que ya por todo el día
serán los primeros en rondar el atrio, las calles, la plaza, mientras
los deseos yacen tendidos en las mejillas, en los labios, en los párpados, en las frentes, en las manos, tendidos, en los surcos de las
caras o metidos en oscuras alcobas, transpirando sudor que im-
pregna el aire del pueblo.*

*En las tardes cargadas de lluvia, en las horas torrenciales, en las
tardes cuando ha llovido y queda el olor de las paredes, maderas y
calles mojadas, en las noches eléctricas cuando amenaza tormenta,
en las mañanas nubladas, en los días de llovizna interminable y
cuando aprieta el agobio veraniego, en las noches de intenso frío
cuando la transparencia del invierno, salen también los deseos y se
les oye andar a ritmo bailarín, se les oye cantar en cuerda de gemido
una canción profana, invisibles demonios que a vueltas emborra-
chan las cruces de las fachadas, de los muros, de las esquinas, de las
garitas, y la gran cruz en el dintel del camposanto. Los miedos alguaciles, loqueros, habrán de sujetarlos con camisas negras y blancas,*[53] *con cadenas de fierro, al conjuro de las campanas y a la sombra de los trajes talares.*[54]

*Pueblo de ánimas. Las calles son puentes de necesidad. Para ir a
la iglesia. Para desahogar estrictos menesteres. Las mujeres enlutadas llevan rítmica prisa, el rosario y el devocionario en las manos, o*

[51] **los puños y las faldas** cuffs and shirt-tails   [52]**barrotes adentro** behind
bars   [53]**los miedos alguaciles . . . con camisas negras y blancas** Fears, acting as though they were policemen or insane asylum guards, will subdue
them with black and white strait jackets   [54]**talares** ankle-length

embrazadas las canastas de los mandados.[55] *Hieráticas.*[56] *Breves, cortantes los saludos de obligación. Acaso en el atrio se detengan un poco a bisbisear, muy poco cual temerosas. (Pero habrá qué fijarse bien, mucho, para ver cómo algunas veces llegan a las puertas, lentamente, y se diría que no tienen ganas de que les abrieran, y entran con gesto de prisioneras que dejan sobre la banqueta toda esperanza. Habrá qué fijarse bien. Quizá suspiran cuando la puerta vuelve a cerrarse.) Hay, sí, hombres en las esquinas, en las afueras de los comercios, en las bancas de la plaza; son pocos, y parcos de palabras; parecen meditantes y no brilla en sus pupilas el esplendor de la curiosidad que acusara el gozo de la calle por la calle. A la noche habrá pasos obsesionados y sombras embozadas bajo las oscilaciones de los faroles municipales; y a la media noche o muy de madrugada podrían oírse bisbiseos*[57] *junto a las cerraduras de las puertas o entre las resquebrajaduras de las ventanas. ¡Ah! es el gran misterio, triunfante sobre los cuatro jinetes; la vida que rompe compuertas;*[58] *pero entre sombras, con vieja discreción, como lo exige—y lo permite—la costumbre del pueblo. Mientras duermen las campanas. Y es mejor, más recomendable, más honesto, el lenguaje escrito: guardan las tiendas con cautela de mercancía vergonzante ciertos pliegos*[59] *ya escritos, capaces de reducirse a toda circunstancia; pero también hay hombres y mujeres emboscados que pueden redactar misivas especiales, para casos difíciles o perdidos.*

No se ven, pero se sienten los cintarazos de los cuatro jinetes[60] *en las mesnadas*[61] *de los instintos, al oscurecer, a las altas horas de la noche. Rechinan los huesos, las lenguas enjutas y sedientas.*

Jinetes misteriosos de carne y sangre transitan en horas avanzadas, rumbo a las afueras, por los caminos aledaños. El pueblo amanece consternado, como si un coyote, como si un lobo dejara huellas de sangre por todas las banquetas, muros, puertas y ventanas; como si todos los vecinos se sintieran cómplices del rapto. Allí engéndranse, con futuras vidas, futuras venganzas y muertes. No hay dolencia en el pueblo como la del honor mancillado: preferibles todas las agonías, todas las miserias y cualquier otro género de tormentos. ¡Cuán difícil aceptar los hechos consumados! En las

---

[55]**embrazadas las canastas de los mandados** with their shopping baskets on their arms   [56]**hieráticas** hieratic, priestly, serene, solemn   [57]**bisbisear** to gossip   [58]**compuertas** floodgates   [59]**pliego** sheet of paper, form letter   [60]**los cuatro jinetes** the four horsemen (*of the Apocalypse*)   [61]**mesnadas** congregations

máquinas paternas ha sido para siempre rota la cuerda más sensible, y aunque de los males el menos, [62] *ya el próximo matrimonio, ya los próximos nietos habrán de ser frutos para siempre amargos, arrancados a la fuerza. Y no es frecuente tal resignación, antes* [63] *la venganza sin cuartel o el desconocimiento de por vida,* [64] *inflexible, hacia la hija frágil, hacia el yerno execrado, hacia los extraños nietos, que ni quien los miente si se quiere guardar la amistad del ofendido.*

Pueblo de templadas voces. Pueblo sin estridencias. Excepto los domingos en la mañana, sólo hasta medio día. Un río de sangre, río de voces y colores inunda los caminos, las calles, y las fondas, los mesones y los comercios; río colorado cuyas aguas no se confunden o impregnan el estanque gris; pasada la misa mayor y comprados los avíos de la semana, los hombres de fuertes andares y gritos, las enaguas [65] *de colores chillantes—anaranjadas, color de rosa, solferinas,* [66] *moradas—, crujientes de almidón, los zapatos rechinadores, los muchachitos llorones, las cabalgaduras* [67] *trepidantes, toman el rumbo de sus ranchos y dejan al pueblo con su tarde silenciosa, con sus mujeres enlutadas, con sus monótonos campaneos, y lleno de basuras, que los diligentes vecinos barrerán presurosos. Ya toda la semana fondas y mesones bostezarán.*

Fondas y mesones vacíos de ordinario. El pueblo no está en rutas frecuentadas. De tarde en tarde llega un agente de comercio, un empleado fiscal, o pernocta un "propio" que trae algún recado, algún encargo, para vecinos de categoría. [68] *No hay hoteles o alojamientos de comodidad. La comodidad es un concepto extraño. La vida no merece regalos.*

La comida es bien sencilla. Ordinariamente, caldo de res, sopa de pasta o de arroz, cocido y frijoles, al medio día; en la mañana y en la tarde, chocolate, pan y leche. El pan es muy bueno; su olor sahuma [69] *las tardes.*

Las gentes viven de la agricultura. Se cultiva mucho maíz. Hay una sola cosecha en el año. Carece la comarca de presas y regadíos. Una constante zozobra por malos temporales [70] *deja su huella en el espíritu de las gentes. Panaderos, carpinteros, unos cuantos herre-*

---

[62]**y aunque . . . menos** and although one should always choose the lesser of evils   [63]**antes** rather   [64]**desconocimiento de por vida** disowning for life   [65]**enaguas** skirts or petticoats   [66]**solferinas** reddish purple   [67]**cabalgaduras trepidantes** vibrant horses   [68]**de categoría** high-class   [69]**sahuma** perfumes   [70]**temporales** rain storms

ros y curtidores, varios canteros, cuatro zapateros, un obrajero,[71]
tres talabarteros,[72] *dos sastres, muchos curanderos, algunos*
huizacheros,[73] *cinco peluqueros, completan el cuadro de la*
economía. Pero no se olviden las manos de los usureros; hay mu-
chos y parecen sepulcros blanqueados.
    Los más pobres vecinos van pasándola bien, aunque con ago-
bios. Nadie se ha muerto de hambre por estas tierras. Los ricos mi-
serables y estoicos, estoicos los pobres, igualan un parejo vivir. La
conformidad es la mejor virtud en estas gentes que, por lo general,
no ambicionan más que ir viviendo, mientras llega la hora de una
buena muerte. Entienden la existencia como un puente transitorio,
a cuyo cabo todo se deja. Esto y la natural resequedad cubren de
vejez al pueblo, a sus casas y gente; flota un aire de desencanto, un
sutil aire seco, al modo del paisaje, de las canteras rechupadas,[74] *de*
las palabras tajantes. Uno y mismo el paisaje y las almas.
    Pueblo seco. Sin árboles, hortalizas ni jardines. Seco hasta para
dolerse, sin lágrimas en el llorar. Sin mendicantes o pedigüeños
gemebundos. El pobre habla al rico lleno de un decoro, de una dig-
nidad, que poco falta para ser altanería. Los cuatro jinetes igualan
cualesquier condiciones. Vive cada cual a su modo, para sentirse
libre, no sujeto a necesidades o dependencias.

—AGUSTIN YAÑEZ, *Al filo del agua*

Ejercicios

I. *Conteste Ud. a las preguntas siguientes en oraciones comple-*
   tas:

   1. ¿Cómo están vestidas las mujeres del pueblo?
   2. ¿Cuál es la única música permitida en el pueblo?
   3. ¿En qué parte del pueblo se encuentran las cantinas?
   4. ¿Por qué se celebran los matrimonios tan temprano?
   5. Describa Ud. la lucha entre los deseos y los miedos.
   6. ¿Cuál es la peor dolencia del pueblo.

[71]**obrajero** foreman   [72]**talabarteros** saddlers   [73]**huizachero** shyster
lawyer   [74]**rechupadas** sucked dry

7. ¿Qué pasa los domingos por la mañana?
8. ¿Por qué no hay hoteles en el pueblo?
9. Describa la vida económica del pueblo.
10. ¿Cuál es la mejor virtud de la gente de este pueblo?

II. *Escriba Ud. una oración o más sobre:*

1. las relaciones entre pobres y ricos
2. los hombres y las mujeres
3. las fiestas religiosas
4. las congregaciones
5. los pájaros de la noche

III. *Busque Ud. en el texto expresiones equivalentes a las que están escritas en bastardillas:*

1. *las campanas dispuestas* a doblar por angustias.
2. De las casas *sale* el aire de misterio y hermetismo.
3. Pueden oírse sus pasos *al nivel de* la calle.
4. Acaso en el atrio se detengan a *murmurar.*
5. Hay hombres y mujeres emboscados que pueden *escribir cartas* especiales.
6. El pueblo *se despierta* consternado.
7. . . . hacia los extraños nietos, que ni quien los *nombre* si se quiere guardar la amistad del ofendido.
8. *Se encaminan* a sus ranchos.
9. El olor del pan *perfuma* las tardes.
10. Pero no se olviden las manos de los *prestamistas.*

IV. *Tema para discutir: los recursos estilísticos que emplea el autor para crear el ambiente del pueblo. Busque Ud. ejemplos de:*

1. la falta de verbos en ciertos párrafos
2. la repetición de ciertas frases
3. la enumeración
4. cuatro divisiones o cuatro palabras o frases paralelas para captar el concepto de la totalidad.

8
La Revolución

ONE HUNDRED YEARS after the beginning of the War of Independence, the vast majority of the people found themselves in the same downtrodden position that they had occupied during the three hundred years of the Viceroyship. At first sight, the Mexican Revolution appears to have been no more than a haphazard contest for power among various *caciques*. Actually, it was a rebellion of the masses in an intensive struggle to change the basic social structure of the nation. The armed phase of the Revolution may be divided into three chapters. Díaz, in order to insure his reelection in 1910, had his chief opponent Franciso I. Madero imprisoned and did not release him until the returns were favorably tabulated. On October 5, 1910, Madero began the first chapter of the Revolution by issuing the Plan of San Luis Potosí calling for Díaz's resignation, electoral reforms, and the redistribution of the land. Madero's most decisive battles were won in the north by Pancho Villa and Pascual Orozco. Díaz left for France and Madero was elected president in November 1911.

Although he was a sincere idealist, Madero's compromising attitude with many of Díaz's supporters plus his reluctance to fulfill immediately his promise to distribute land to the peasants weakened his position tremendously. In 1913, General Victoriano Huerta, with the support of the same elements that had maintained Díaz in office, was able to seize power and retain it for more than a year. His brutal assassination of President Madero marked the beginning of the second chapter of the Revolution.

Powerful fighting units were organized by Emiliano Zapata in the small state of Morelos just to the south of Mexico City, by Alvaro Obregó in the northwestern state of Sonora, by Pancho Villa in Chihuahua, and by Pablo González in Coahuila and Nuevo León. Nominally they were all fighting against the hated usurper under the "Constitutionalist" cause headed by a former senator of the Díaz régime and governor of the state of Coahuila, Venustiano

El gran guerrillero Francisco "Pancho" Villa
Alberto Beltrán

Carranza. Pancho Villa's imposing figure is the main theme of MARTIN LUIS GUZMAN's "Pancho Villa en la cruz," a chapter of his widely known memoirs of the Revolution, *El águila y la serpiente* (1928). Guzmán (1887-1976), a young lawyer and journalist when the Revolution broke out, actually served as Villa's personal secretary before becoming disillusioned and fleeing. He later returned to Mexico, founded the news weekly *Tiempo* and in his eighties was elected to congress.

A more epic vision of the Revolution is presented in MARIANO AZUELA's internationally recognized *Los de abajo* (1915). Azuela (1873-1953) served as a medical doctor in Villa's army and continued to practice after the Revolution. His twenty novels present a critical view of Porfirian as well as post-revolutionary society.

In addition to being attacked by the revolutionaries on all sides, Victoriano Huerta was also threatened by an invasion from the United States. After an incident involving the arrest of a boatful of American marines for having illegally landed in Tampico, then under martial law, the American Admiral Mayo demanded a complete apology and a twenty-one gun salute to the American flag. When Huerta refused to comply fully, American marines seized the port of Veracruz and an American army was sent to occupy the city for several months.

Realizing that his position was untenable, Huerta fled the country in July 1915. Carranza's army under the command of Alvaro Obregón took possession of the capital and the third chapter of the Revolution began. Originally a struggle for power between Carranza and Villa, it later involved the ruthless suppression of all factions opposing Carranza. One of the last to fall was Emiliano Zapata, the hero of GREGORIO LOPEZ Y FUENTES's *Tierra*. Carranza himself was assassinated in 1920 when he tried to impose his own presidential candidate on the nation.

Pancho Villa en la cruz

El mensaje, lacónico y sangriento, era el parte de la derrota que acababan de infligir a Maclovio Herrera[1] las tropas que lo perseguían . . .

Al oírlo Villa, su rostro pareció, por un instante, pasar de la

[1]**Maclovio Herrera** one of Villa's generals who betrayed him

sombra a la luz. Pero en seguida, al escuchar las frases finales, le
brillaron otra vez los ojos y se le encendió la frente en el fuego de su
cólera máxima, de su ira arrolladora, descompuesta. Y era que el
jefe de la columna, después de enumerar sus bajas en muertos y heridos, terminaba pidiendo instrucciones sobre lo que debía hacer
con ciento sesenta soldados de Herrera que se le habían entregado
"rindiendo las armas".

—Que ¿qué hace con ellos?[2]—gritaba Villa—. Pues ¿qué ha de
hacer sino fusilarlos? ¡Vaya una pregunta! ¡Que me parece que
todos se me están maleando,[3] hasta los mejores, hasta los más
leales y seguros! Y si no, ¿para qué quiero yo estos generales que
vacilan hasta con los traidores que caen en sus manos?

Todo lo cual decía sin dejar de ver al pobre telegrafista, a través
de cuyas pupilas, y luego por los alambres del telégrafo, Villa sentía
quizá que su enojo llegaba al propio campo de batalla donde los
suyos yacían[4] muertos.

Volviéndose hacia nosotros, continuó:
—¿Qué les parece a ustedes, señores licenciados? ¡Preguntarme
a mí lo que hace con los prisioneros!

Pero Llorente y yo, sin mirarlo apenas, apartamos de él los ojos
y los pusimos, sin chistar,[5] en la vaguedad del infinito.

Aquello era lo de menos para Villa.[6] Tornando al telegrafista le
ordenó por último:
—Andele,[7] amigo. Dígale pronto a ese tal por cual[8] que no me
ande gastando en vano los telégrafos; que fusile inmediatamente a
los ciento sesenta prisioneros, y que si dentro de una hora no me
avisa que la orden está cumplida, voy allá yo mismo y lo fusilo para
que aprenda a comportarse. ¿Me ha entendido bien?
—Sí, mi general.

Y el telegrafista se puso a escribir el mensaje para transmitirlo.
Villa lo interrumpió a la primera palabra:
—¿Qué hace, pues, que no me obedece?
—Estoy redactando el mensaje, mi general.
—¡Qué redactando ni qué redactando![9] Usted no más comuni-

---

[2]**Que ¿qué hace con ellos?** you say he's asking what to do with them?
[3]**maleando** turning bad or weak [4]**yacer** to lie [5]**sin chistar** without a
word [6]**Aquello . . . Villa** That was the last thing in the world that was going to bother Villa. [7]**Andele** Go ahead [8]**tal por cual** so and so [9]**¡Qué
redactando . . . redactando!** What do you mean, "writing up"!

que lo que le digo y sanseacabó.[10] El tiempo no se hizo para perderlo en papeles.

Entonces el telegrafista colocó la mano derecha sobre el aparato transmisor; empujó con el dedo meñique[11] la palanca anexa,[12] y se puso a llamar:

"Tic-tic, tiqui; tic-tic, tiqui . . ."

Entre un montón de papeles y el brazo de Villa veía yo los nudillos[13] superiores de la mano del telegrafista, pálido y vibrantes bajo la contracción de los tendones al producir los suenecitos homicidas. Villa no apartaba los ojos del movimiento que estaba transmitiendo sus órdenes doscientas leguas al Norte, ni nosotros tampoco. Yo, no sé por qué necesidad—estúpida como las de los sueños—, trataba de adivinar el momento preciso en que las vibraciones de los dedos deletrearan las palabras "fusile usted inmediatamente". Fue aquélla, durante cinco minutos, una terrible obsesión que barrió de mi conciencia toda otra realidad inmediata, toda otra noción de ser.

Cuando el telegrafista hubo acabado la transmisión del mensaje, Villa, ya más tranquilo, se fue a sentar en el sillón próximo al escritorio.

Allí se mantuvo quieto por breve rato. Luego se echó el sombrero hacia atrás. Luego hundió los dedos de la mano derecha entre los bermejos rizos[14] de la frente y se rascó la cabeza como con ansia de querer matar una comezón[15] interna, cerebral—comezón del alma. Después volvió a quedarse quieto.

Pasaron acaso diez minutos.

Súbitamente se volvió hacia mí y me dijo:

—¿Y a usted qué le parece todo esto, amigo?

Dominado por el temor, dije vacilante:

—¿A mí, general?

—Sí, amiguito, a usted.

Entonces, acorralado, pero resuelto a usar el lenguaje de los hombres, respondí ambiguo:

—Pues que van a sobrar muchos sombreros,[16] general.

—¡Bah! ¡A quién se lo dice![17] Pero no es eso lo que le pregunto,

---

[10]**sanseacabó** that's all there is to it   [11]**meñique** little finger   [12]**palanca anexa** nearby lever (telegraph key)   [13]**nudillo** knuckle   [14]**bermejos rizos** reddish curls   [15]**comezón** itch   [16]**Pues . . . sombreros** There are going to be many hats left over (of the men).   [17]**¡A quien se lo dice!** Look whom he's telling it to!

sino las consecuencias. ¿Cree usted que esté bien o mal, esto de la fusilada?

Llorente, más intrépido, se me adelantó:[18]
—A mí, general—dijo—si he de serle franco, no me parece bien la orden.

Yo cerré los ojos. Estaba seguro de que Villa, levantándose del asiento, o sin levantarse siquiera, iba a sacar la pistola para castigar tamaña reprobación[19] de su conducta en algo que le llegaba tanto al alma. Pero pasaron varios segundos, y al cabo de ellos sólo oí que Villa, desde su sitio, preguntaba con voz cuya calma se oponía extrañamente a la tempested de poco antes:
—A ver, a ver: dígame por qué no le parece bien mi orden.

Llorente estaba pálido hasta confundírsele la piel con la blancura del cuello. Pero, eso no obstante, respondió con firmeza:
—Porque el parte dice, general, que los ciento sesenta hombres se rindieron.
—Sí. ¿Y qué?
—Que cogidos así, no se les debe matar.
—Y ¿por qué?
—Por eso mismo, general: porque se han rendido.
—¡Ah, qué amigo éste! ¡Pues sí que me cae en gracia![20] ¿Dónde le enseñaron esas cosas?

La vergüenza de mi silencio me abrumaba. No pude más. Intervine:
—Yo—dije—creo lo mismo, general. Me parece que Llorente tiene razón.

Villa nos abarcó[21] a los dos en una sola mirada.
—Y ¿por qué le parece eso, amigo?
—Ya lo explicó Llorente: porque los hombres se rindieron.
—Y vuelvo a decirle: ¿eso qué?[22]

El "qué" lo pronunciaba con acento interrogativo absoluto. Esta última vez, al decirlo, reveló ya cierta inquietud que le hizo abrir más los ojos para envolvernos mejor en su mirada. De fuera a dentro sentía yo el peso de la mirada, fría y cruel, y de dentro a fuera, el impulso inexplicable donde se clavaban, como espinas las visiones de remotos fusilamientos en masa. Era urgente dar con una fórmula certera e inteligible. Intentándolo, dije:

[18]**se me adelantó** answered ahead of me   [19]**tamaña reprobación** such a strong condemnation   [20]**me cae en gracia** he surely amuses me   [21]**nos abarcó** he included us, captured us   [22]**¿eso qué?** so what

—El que se rinde, general, perdona por ese hecho la vida de otro, o de otros, puesto que renuncia a morir matando. Y siendo así, el que acepta la rendición queda obligado a no condenar a muerte.

Villa se detuvo entonces a contemplarme de hito en hito:[23] el iris de sus ojos dejó de recorrer la órbita de los párpados.[24] Luego se puso en pie de un salto y le dijo al telegrafista, casi a gritos:

—Oiga, amigo, llame otra vez, llame otra vez . . .

El telegrafista obedeció:

"Tic-tic, tiqui; tic-tic, tiqui . . ."

Pasaron unos cuantos segundos. Villa, sin esperar, interrogó impaciente:

—¿Le contestan?

—Estoy llamando, mi general.

Llorente y yo tampoco logramos ya contenernos y nos acercamos también a la mesa de los aparatos.

Volvió Villa a preguntar:

—¿Le contestan?

—Todavía no, mi general.

—Llame más fuerte.

No podía el telegrafista llamar ni más fuerte ni más bajo; pero se notó, en la contracción de los dedos, que procuraba hacer más fina, más clara, más exacta la fisonomía de las letras. Hubo un breve silencio, y a poco brotó de sobre la mesa, seco y lejanísimo el tiqui-tiqui del aparato receptor.

—Ya están respondiendo—dijo el telegrafista.

—Bueno, amigo, bueno. Transmita, pues, sin perder tiempo lo que voy a decirle. Fíjese bien: "Suspenda fusilamiento prisioneros hasta nueva orden. El general Francisco Villa . . ."

"Tic, tiqui; tic, tiqui . . ."

—¿Ya?

"Tic-tiqui, tiqui-tic . . ."

—. . . Ya, mi general.

El aparato receptor sonó:

"Tic, tiqui-tiqui, tic, tiqui . . ."

—. . . ¿Qué dice?

—. . . Que va él mismo a entregar el telegrama y a traer la respuesta . . .

Los tres nos quedamos en pie junto a la mesa del telégrafo:

[23]**de hito en hito** through and through [24]**párpado** eyelid

Villa, extrañamente inquieto; Llorente y yo, dominados, enerva-
dos[25] por la ansiedad.

Pasaron diez minutos.

"Tic-tiqui, tic, tiqui-tic . . ."

—¿Ya le responde?

—No es él, mi general. Llama otra oficina . . .

Villa sacó el reloj y preguntó:

—¿Cuánto tiempo hace que telegrafiamos la primera orden?

—Unos veinticinco minutos, mi general.

Volviéndose hacia mí, me dijo Villa, no sé por qué a mí precisamente:

—¿Llegará a tiempo la contraorden? ¿Usted qué cree?

—Espero que sí, general.

"Tic-tiqui-tic, tic . . ."

—¿Le responden, amigo?

—No, mi general, es otro.

Iba acentuándose por momentos, en la voz de Villa, una vibración que hasta entonces nunca le había oído: armónicos, velados
por la emoción, más hondos cada vez que él preguntaba si los tiqui-
tiquis eran respuesta a la contraorden. Tenía fijos los ojos en la
barrita[26] del aparato receptor, y, en cuanto éste iniciaba el menor
movimiento, decía, como si obrara sobre él la electricidad de los
alambres:

—¿Es él?

—No, mi general—le contestaba el telegrafista—habla otro.

Veinte minutos habrían pasado desde el envío de la contraorden
cuando el telegrafista contestó al fin:

—Ahora está llamando—. Y con el lápiz empezó a escribir.

"Tic, tic, tiqui . . ."

Villa se inclinó más sobre la mesa. Llorente, al contrario, pareció erguirse. Yo fuí a situarme junto al telegrafista para ir leyendo
para mí lo que éste escribía.

"Tiqui-tic-tiqui, tiqui-tiqui . . ."

A la tercera línea, Villa no pudo dominar su impaciencia y me
preguntó:

—¿Llegó a tiempo la contraorden?

Yo, sin apartar los ojos de lo que el telegrafista escribía, hice
con la cabeza señales de que sí.

---

[25]**enervar** to unnerve   [26]**barrita** key

Villa sacó su pañuelo y se lo pasó por la frente para enjugarse[27] el sudor . . .

Esa tarde comimos con él; pero durante todo el tiempo que pasamos juntos no volvió a hablarse del suceso de la mañana. Sólo al despedirnos, ya bien entrada la noche,[28] Villa nos dijo sin extenderse en muchas explicaciones:

—Y muchas gracias, amigos, muchas gracias por lo de la mañana, por lo de los prisioneros . . .

—MARTIN LUIS GUZMAN, *El águila y la serpiente*

Ejercicios

I. *Conteste Ud. a las preguntas siguientes en oraciones completas:*

1. ¿Por qué se enojó Pancho Villa?
2. ¿Qué le mandó Villa al telegrafista?
3. ¿Por qué tardaba el telegrafista en mandar el mensaje?
4. ¿Qué trataba de adivinar Martín Luis Guzmán, el autor?
5. ¿Cuál fué la comezón interna que inquietaba a Villa?
6. ¿Cómo le pareció la orden de Villa a Llorente?
7. ¿Por qué cerró los ojos Guzmán?
8. ¿A qué está obligado un jefe que acepta la rendición de soldados?
9. ¿Cuál fué la reacción de Villa a la explicación de Guzmán?
10. ¿Cuál es la significación del título del cuento, "Pancho Villa en la cruz"?

II. *Indique Ud. cuáles de las oraciones siguientes dicen la verdad. Corrija las oraciones falsas:*

1. Villa mandó al telegrafista que llamara más fuerte.
2. Villa mandó transmitir otro mensaje para que no fusilaran a los prisioneros.
3. Villa se acostó mientras que esperaba la respuesta.

[27]**enjugarse** to dry [28]**ya bien entrada la noche** rather late at night

4. Martín Luis Guzmán le aseguró a Villa que el mensaje llegaría tarde.
5. Llegó la respuesta después de veinte minutos.
6. Villa se acercó a la mesa para leer el mensaje.
7. Guzmán le indicó a Villa que la contraorden había llegado a tiempo.
8. Pancho Villa no volvió a acordarse del episodio.

III. *Busque Ud. en el texto expresiones equivalentes a las que están escritas en bastardilla:*

1. *Creo* que todos se me están maleando.
2. El telegrafista *comenzó* a escribir el mensaje.
3. *De pronto* se volvió hacia mí.
4. El telegrafista *intentaba* hacer más clara la fisonomía de las letras.
5. *Probablemente habían pasado* veinte minutos cuando el telegrafista contestó.

IV. *Busque Ud. en el texto las palabras españolas que tienen las mismas raíces que las palabras inglesas que siguen:*

1. inflict 2. somber 3. locate 4. digit 5. divine
6. corral 7. cape 8. renounce 9. nerve 10. situate

¡Su casa ardía! . . .

—Te digo que no es animal . . . Oye cómo ladra el *Palomo* . . . Debe ser algún cristiano.

La mujer fijaba sus pupilas en la obscuridad de la sierra.

—¿Y qué fueran siendo federales?[29]—repuso un hombre que en cuclillas, yantaba en un rincón, una cazuela en diestra y tres tortillas en taco en la otra mano.

La mujer no le contestó; sus sentidos estaban puestos fuera de la casuca.

---

[29]**y que . . . federales** and what if they turned out to be government soldiers?

Se oyó un ruido de pezuñas en el pedregal cercano, y el *Palomo* ladró con más rabia.

—Sería bueno que por sí o por no[30] te escondieras, Demetrio.

El hombre, sin alterarse, acabó de comer; se acercó un cántaro y, levantándolo a dos manos, bebió agua a borbotones. Luego se puso en pie.

—Tu rifle está debajo del petate—pronunció ella en voz muy baja.

El cuartito se alumbraba por una mecha de sebo. En un rincón descansaban un yugo, un arado, un otate[31] y otros aperos de labranza. Del techo pendían cuerdas sosteniendo un viejo molde de adobes, que servía de cama, y sobre mantas y desteñidas hilachas dormía un niño.

Demetrio ciñó la cartuchera a su cintura y levantó el fusil. Alto, robusto, de faz bermeja, sin pelo de barba, vestía camisa y calzón de manta, ancho sombrero de soyate[32] y guaraches.

Salió paso a paso, desapareciendo en la obscuridad impenetrable de la noche.

El *Palomo*, enfurecido, había saltado la cerca del corral.

De pronto se oyó un disparo, el perro lanzó un gemido sordo y no ladró más.

Unos hombres a caballo llegaron vociferando y maldiciendo.

Dos se apearon y otro quedó cuidando las bestias.

—¡Mujeres . . ., algo de cenar! . . . Blanquillos, leche, frijoles, lo que tengan, que venimos muertos de hambre.

—¡Maldita sierra! ¡Sólo el diablo no se perdería!

—Se perdería, mi sargento, si viniera de borracho como tú . . .

Uno llevaba galones en los hombros, el otro cintas rojas en las mangas.

—¿En dónde estamos, vieja? . . . ¡Pero, con una! . . . ¿Esta casa está sola?

—¿Y entonces, esa luz? . . . ¿Y ese chamaco? . . . ¡Vieja, queremos cenar, y que sea pronto! ¿Sales o te hacemos salir?

—¡Hombres malvados, me han matado mi perro! . . . ¿Qué les debía ni qué les comía mi pobrecito *Palomo*?

La mujer entró llevando a rastras el perro, muy blanco y muy gordo, con los ojos claros ya y el cuerpo suelto.

---

[30]**por sí o por no** just in case [31]**otate** *Mex.* pole [32]**soyate** *Mex.* straw hat made from palm leaves

—¡Mira no más qué chapetes,[33] sargento! . . . Mi alma, no te enojes, yo te juro volverte tu casa un palomar; pero, ¡por Dios! . . .

No me mires airada . . .
No más enojos . . .
Mírame cariñosa,
luz de mis ojos—,

acabó cantando el oficial con voz aguardentosa.

—Señora, ¿cómo se llama este ranchito?—preguntó el sargento.

—Limón—contestó hosca la mujer, ya soplando las brasas del fogón y arrimando leña.

—¿Conque aquí es Limón? . . . ¡La tierra del famoso Demetrio Macías! . . . ¿lo oye, mi teniente? Estamos en Limón.

—¿En Limón? . . . Bueno, para mí . . . ¡plin![34] . . . Ya sabe, sargento, si he de irme al infierno, nunca mejor que ahora . . ., que voy en buen caballo. ¡Mira no más que cachetitos de morena! . . . ¡Un perón para morderlo![35] . . .

—Usted ha de conocer al bandido ese, señora . . . Yo estuve junto con él en la Penitenciaría de Escobedo.

—Sargento, tráeme una botella de tequila; he decidido pasar la noche aquí . . . ¿El coronel? . . . ¿Qué me hablas tú del coronel a estas horas? . . . ¡Que vaya mucho a . . .![36] Y si se enoja, pa mí . . . ¡plin! . . . Anda, sargento, dile al cabo que desensille y eche de cenar. Yo aquí me quedo . . . Oye, chatita, deja a mi sargento que fría los blanquillos y caliente las gordas; tú ven acá conmigo. Mira, esta carterita apretada[37] de billetes es sólo para ti. Es mi gusto.[38] ¡Figúrate! Ando un poco borrachito por eso, y por eso también hablo un poco ronco . . . ¡Como que en Guadalajara dejé la mitad de la campanilla y por el camino vengo escupiendo la otra mitad! . . . ¿Y qué le hace? . . . Es mi gusto. Sargento, mi botella de tequila. Chata, estás muy lejos; arrímate a echar un trago . . . ¿Cómo que no? . . . ¿Le tienes miedo a tu . . . marido . . . o lo que sea? . . . Si está metido en algún agujero dile que salga . . ., pa mí ¡plin! . . . Te aseguro que las ratas no me estorban.

[33]**¡Mira . . . chapetes!** Just look at those rosy cheeks!   [34]**para . . . ¡plin!** What do I care?   [35]**un perón para morderlo** like a big juicy apple for a fellow to bite into   [36]**¡Que vaya mucho a . . .!** Let him go to the devil!   [37]**apretada** crammed full of   [38]**Es mi gusto** That's what I want

Una silueta blanca llenó de pronto la boca obscura de la puerta.

—¡Demetrio Macías! —clamó el sargento despavorido, dando unos pasos atrás.

El teniente se puso en pie y enmudeció, quedóse frío e inmóvil como una estatua.

—¡Mátalos! —exclamó la mujer con la garganta seca.

—¡Ah, dispense, amigo! . . . Yo no sabía . . . Pero yo respeto a los valientes de veras.

Demetrio se quedó mirándolos y una sonrisa insolente y despreciativa plegó sus líneas.

—Y no sólo los respeto, sino que también los quiero . . . Aquí tiene la mano de un amigo . . . Está bueno, Demetrio Macías, usted me desaira . . . Es porque no me conoce, es porque me ve en este perro y maldito oficio . . .[39] ¡Qué quiere, amigo! . . . ¡Es uno pobre, tiene familia numerosa que mantener! Sargento, vámonos; yo respeto siempre la casa de un valiente, de un hombre de veras.

Luego que desaparecieron, la mujer abrazó estrechamente a Demetrio.

—¡Madre mía de Jalpa! ¡Qué susto! ¡Creí que a ti te habían tirado el balazo!

—Vete luego a la casa de mi padre—dijo Demetrio.

Ella quiso detenerlo; suplicó, lloró; pero él, apartándola dulcemente, repuso sombrío:

—Me late[40] que van a venir todos juntos.

—¿Por qué no los mataste?

—¡Seguro que no les tocaba todavía![41]

Salieron juntos; ella con el niño en los brazos.

Ya a la puerta se apartaron en opuesta dirección.

La luna poblaba de sombras vagas la montaña.

En cada risco y en cada chaparro, Demetrio seguía mirando la silueta dolorida de una mujer con su niño en los brazos.

Cuando después de muchas horas de ascenso volvió los ojos en el fondo del cañon, cerca del río, se levantaban grandes llamaradas.

¡Su casa ardía! . . .

[39]**perro y maldito oficio** damned job fit for a dog [40]**me late** I have a feeling [41]**no les tocaba todavía** I guess their number wasn't up yet

—Mira esa piedra cómo ya no se para . . .

La mujer de Demetrio Macías, loca de alegría, salió a encontrarlo por la vereda de la sierra, llevando de la mano al niño.

¡Casi dos años de ausencia!

Se abrazaron y permanecieron mudos; ella embargada[42] por los sollozos y las lágrimas.

Demetrio, pasmado, veía a su mujer envejecida, como si diez o veinte años hubieran transcurrido ya. Luego miró al niño, que clavaba en él sus ojos con azoro. Y su corazón dió un vuelco cuando reparó en la reproducción de las mismas líneas de acero de su rostro y en el brillo flamante de sus ojos. Y quiso atraerlo y abrazarlo; pero el chiquillo, muy asustado, se refugió en el regazo de la madre.

—¡Es tu padre, hijo! . . . ¡ Es tu padre! . . .

El muchacho metía la cabeza entre los pliegues de la falda y se mantenía huraño.

Demetrio, que había dado su caballo al asistente, caminaba a pie y poco a poco con su mujer y su hijo por la abrupta vereda de la sierra.

—¡Hora sí[43] bendito sea Dios que ya veniste! . . . ¡ya nunca nos dejarás! ¿Verdad? ¿Verdad que ya te vas a quedar con nosotros? . . .

La faz de Demetrio se ensombreció.

Y los dos estuvieron silenciosos, angustiados.

Una nube negra se levantaba tras la sierra, y se oyó un trueno sordo.

Demetrio ahogó un suspiro. Los recuerdos afluían a su memoria como una colmena.

La lluvia comenzó a caer en gruesas gotas y tuvieron que refugiarse en una rocallosa covacha.

El aguacero se desató con estruendo y sacudió las blancas flores de San Juan, manojos de estrellas prendidos en los árboles, en las peñas, entre la maleza, en los pitahayos y en toda la serranía.

Abajo, en el fondo del cañon y a través de la gasa de la lluvia, se miraban las palmas rectas y cimbradoras;[44] lentamente se mecían sus cabezas angulosas y al soplo del viento se desplegaban en abanicos. Y todo era serranía: ondulaciones de cerros que suceden

---

[42]**embargada** overwhelmed [43]**¡Hora sí . . .!** finally [44]**cimbradoras** swaying

a cerros, más cerros circundados de montañas y éstas encerradas en una muralla de sierra de cumbres tan altas que su azul se perdía en el zafir.

—¡Demetrio, por Dios!... ¡Ya no te vayas!... ¡El corazón me avisa que ahora te va a suceder algo!...

Y se deja sacudir de nuevo por el llanto.

El niño, asustado, llora a gritos, y ella tiene que refrenar su tremenda pena para contentarlo.

La lluvia va cesando; una golondrina de plateado vientre y alas angulosas cruza oblicuamente los hilos de cristal, de repente iluminados por el sol vespertino.

—¿Por qué pelean ya, Demetrio?

Demetrio, las cejas muy juntas, toma distraído una piedrecita y la arroja al fondo del cañón. Se mantiene pensativo viendo el desfiladero, y dice:

—Mira esa piedra cómo ya no se para...

Demetrio sigue apuntando

Fué una verdadera mañana de nupcias. Había llovido la víspera toda la noche y el cielo amanecía entoldado de blancas nubes. Por la cima de la sierra trotaban potrillos brutos de crines alzadas y colas tensas, gallardos con la gallardía de los picachos que levantan su cabeza hasta besar las nubes.

Los soldados caminan por el abrupto peñascal contagiados de la alegría de la mañana. Nadie piensa en la artera bala que puede estarlo esperando más adelante. La gran alegría de la partida estriba cabalmente en lo imprevisto. Y por eso los soldados cantan, ríen y charlan locamente. En su alma rebulle el alma de las viejas tribus nómadas. Nada importa saber adónde van y de dónde vienen; lo necesario es caminar, caminar siempre, no estacionarse jamás; ser dueños del valle, de las planicies, de la sierra y de todo lo que la vista abarca.

Arboles, cactus y helechos, todo aparece acabado de lavar. Las rocas, que muestran su ocre como el orín las viejas armaduras, vierten gruesas gotas de agua transparente.

Los hombres de Macías hacen silencio un momento. Parece que han escuchado un ruido conocido: el estallar lejano de un cohete; pero pasan algunos minutos y nada se vuelve a oír.

—En esta misma sierra—dice Demetrio—, yo, sólo con veinte

hombres, les hice más de quinientas bajas a los federales . . . ¿Se acuerda, compadre Anastasio?

Y cuando Demetrio comienza a referir aquel famoso hecho de armas, la gente se da cuenta del grave peligro que va corriendo.

¿Conque si el enemigo, en vez de estar a dos días de camino todavía, les fuera resultando escondido entre las malezas de aquel formidable barranco, por cuyo fondo se han aventurado? Pero ¿quién sería capaz de revelar su miedo? ¿Cuándo los hombres de Demetrio Macías dijeron: "por aquí no caminamos"?

Y cuando comienza un tiroteo lejano, donde va la vanguardia, ni siquiera se sorprenden ya. Los reclutas vuelven grupas en desenfrenada fuga buscando la salida del cañon.

Una maldición se escapa de la garganta seca de Demetrio:

—¡Fuego! . . . ¡Fuego sobre los que corran! . . .

—¡A quitarles las alturas! —ruge después como una fiera.

Pero el enemigo, escondido a millaradas, desgrana sus ametralladoras, y los hombres de Demetrio caen como espigas[45] cortadas por la hoz.

Demetrio derrama lágrimas de rabia y de dolor cuando Anastasio resbala lentamente de su caballo sin exhalar una queja, y se queda tendido, inmóvil. Venancio cae a su lado, con el pecho horriblemente abierto por la ametralladora, y el Meco se desbarranca y rueda al fondo del abismo. De repente Demetrio se encuentra solo. Las balas zumban en sus oídos como una granizada. Desmonta, arrástrase por las rocas hasta encontrar un parapeto, coloca una piedra que le defienda la cabeza y, pecho a tierra, comienza a disparar.

El enemigo se disemina, persiguiendo a los raros fugitivos que quedan ocultos entre los chaparros.

Demetrio apunta y no yerra un solo tiro . . . ¡Paf! . . . ¡Paf! . . . ¡Paf! . . .

Su puntería famosa lo llena de regocijo; donde pone el ojo pone la bala. Se acaba un cargador y mete otro nuevo. Y apunta . . .

El humo de la fusilería no acaba de extinguirse. Las cigarras entonan su canto imperturbable y misterioso; las palomas cantan con dulzura en las rinconadas de las rocas; ramonean apaciblemente las vacas.

La sierra está de gala; sobre sus cúspides inaccesibles cae la nie-

---

[45]**espigas** ears (of grain)

bla albísima como un crespón de nieve sobre la cabeza de una novia.

Y al pie de una resquebrajadura enorme y suntuosa como pórtico de vieja catedral, Demetrio Macías, con los ojos fijos para siempre sigue apuntando con el cañón de su fusil . . .''

—MARIANO AZUELA, *Los de abajo*

La Adelita

En lo alto de una abrupta serranía
acampado se encontraba un campamento,
y una moza que valiente lo seguía,
locamente enamorada del sargento.

Popular entre la tropa era Adelita.
la mujer que el sargento idolatraba,
porque además de ser valiente, era bonita,
que hasta el mismo coronel la respetaba.

Y se oía, que decía, aquel que tanto la quería:
—''Que si Adelita quisiera ser mi novia,
que si Adelita fuera mi mujer
le compraría un vestido de seda
para llevarla a bailar al cuartel''.

Una noche en que la escolta regresaba
conduciendo entre sus filas al sargento,
Y la voz de una mujer que sollozaba,
su plegaria se escuchó en el campamento.

Al oírla el sargento, temeroso
de perder para siempre a su adorada,
ocultando su emoción bajo el esbozo
a su amada le cantó de esta manera:

Y se oía, que decía, aquel que tanto la quería:
—''Que si Adelita se fuera con otro

Soldados y soldaderas

José Clemente Orozco

la seguiría por tierra y por mar,
si por mar, en un buque de guerra,
si por tierra, en un tren militar.

"y si acaso yo muero en campaña
y mi cadáver lo van a sepultar,
Adelita, por Dios te lo ruego
que con tus ojos me vayas a llorar".

—*Corrido Anónimo*

Ejercicios

I. *Conteste Ud. a las preguntas siguientes en oraciones completas:*

1. ¿Por qué se escondió Demetrio?
2. ¿Qué le pasó al *Palomo*?
3. ¿Cómo se comportan los oficiales con la mujer de Demetrio?
4. ¿Cómo reaccionan el teniente y el sargento al aparecer Demetrio en la puerta?
5. ¿Para dónde manda Demetrio a su mujer?
6. ¿Qué pasó con la casa de Demetrio?

* * *

7. ¿Cómo encontró Demetrio a su mujer después de dos años de ausencia?
8. ¿Cómo reacciona el hijito de Demetrio al ver a su padre?
9. ¿Qué efecto tiene el hecho de que muera Demetrio en la misma sierra donde empezó su campaña?

* * *

10. ¿Qué representa la Adelita?

II. *Explique en español el significado de las frases siguientes:*
1. Debe ser algún cristiano
2. ¡Sólo el diablo no se perdería!
3. ¡Seguro que no les tocaba todavía!
4. —Mira esa piedra cómo ya no se para . . .
5. . . . Demetrio Macías, con los ojos fijos para siempre sigue apuntando con el cañón de su fusil . . .

III. *Busque Ud. en el texto expresiones equivalentes a las que están escritas en bastardillas.*
1. ¡*Acércate* a echar un trago!
2. Está bueno, usted me *insulta*.
3. La luna *llenaba* de sombras vagas la montaña.
4. Se abrazaron y *quedaron callados*.
5. Demetrio comienza a *contar* aquel famoso hecho de armas.
6. Su puntería famosa lo llena de *alegría*.
7. una *joven* valiente lo seguía
8. y la voz de una mujer que *lloraba*
9. su *rezo* se escuchó en el campamento
10. Adelita, por Dios *te lo suplico*

IV. *Temas para discutir:*
1. Indique Ud. cómo poco a poco el autor de *Los de abajo* va transformando a Demetrio Macías de un campesino anónimo a un héroe de proporciones épicas, semejantes al Cid español o al Roldán francés.
2. Comente Ud. cómo se utiliza la naturaleza como fondo de la acción.

Traición

En el Cuartel General de las Operaciones Militares contra el zapatismo,[46] se tenían algunos prisioneros. Entre esos prisioneros

[46]**zapatismo** movement led by Zapata

figuraba un hombre de todas las confianzas del general Zapata, el coronel Eusebio Jáuregui, capturado por los carrancistas[47] días atrás. Tal vez el conocimiento perfecto del prisionero[48] sugirió el plan de asesinato. Debieron de comprender en el Cuartel que Jáuregui no era tan sólo un prisionero, sino que era un espía del zapatismo. En otro caso, la prudencia hubiera aconsejado eliminar, con el prisionero, al espía. Pero el coronel Jáuregui fue objeto de algunas consideraciones, de que no gozaban los demás. Se le permitía la libertad de andar por las cercanías, hablar con todo el mundo y hasta acercarse a las oficinas del general en jefe. Gracias a esas complacencias[49] pudo hacer llegar hasta las manos del general Zapata más de un aviso acerca de movimientos militares.

Por una de esas raras complacencias para con el prisionero, en los últimos días de marzo de 1919, una tarde se hallaba Jáuregui a unos cuantos pasos de la oficina. De pronto le llamó la atención el cerrarse airado de una puerta. ¡Semejantes actos en la oficina misma del general!

Con el rostro descompuesto, temblándose los enhiestos mostachos, apareció el coronel Jesús M. Guajardo, acaso el mejor de los jefes con que contaba la Jefatura[50] de las Operaciones. Guajardo era quien más había peleado con el zapatismo. Hombre valiente, audaz, hábil. A las claras se notaba que Guajardo se hallaba en un acceso[51] de ira. Sin cuidarse de Jáuregui, como si no lo hubiera visto, comenzó a gritar, con lo que estaba revelando a las claras haber tenido una entrevista enojosa con el general. Un verdadero choque.

—¡Así pagan los servicios! ¡Como si fuera lo mismo estarse en una oficina, firmando comunicaciones, a ir a arriesgar el pellejo!

Guajardo se dió cuenta de que cerca estaba Jáuregui y de que había oído todo.

—¡Ah, está usted aquí, Jáuregui! . . .

—¿Qué le pasa, jefe?

—Haga de cuenta[52] que no ha oído nada. Fue un acto de violencia por parte mía, al decir en voz alta lo que debía callarse. Pero, ya que se enteró usted, voy a decirle: lo de siempre . Mientras mejor se

---

[47]**carrancista** follower of Venustiano Carranza (*president from 1916 to 1920*)   [48]**el conocimiento perfecto del prisionero** the perfect knowledge about the prisoner   [49]**complacencia** favor   [50]**Jefatura** Headquarters   [51]**acceso** fit   [52]**hacer de cuenta** to pretend

Emiliano Zapata
Luis Arenal

porta uno[53] mayores sacrificios se le exigen. Quieren quitarme mi gente y darme gentuza[54] que no sirve para nada. A usted le consta cómo me he portado y, sin embargo, ya ve usted cómo no se nos sabe valorizar. En la primera oportunidad . . . Créamelo . . . (casi al oído) yo doy la maroma,[55] y entonces va a ver este "general Carreras"[56] quién es Jesús M. Guajardo. Por hoy haga de cuenta que no le he dicho nada y . . . hasta la vista.

* * *

El prisionero Jáuregui había logrado mayores libertades. Podía hablar con los campesinos, que desde lugares más o menos apartados, llegaban a vender los frutos de la tierra. Uno de esos hombres, de mirar indiferente, se llevó, con su carga, metido en una sandía, un recado escrito por Jáuregui y dirigido al general Zapata. Era nada menos que el aviso, lo que Jáuregui llamaba el "pitazo".[57] Guajardo estaba en la mejor disposición de pasarse al zapatismo. El general Zapata debió de valuar perfectamente la importancia de la adquisición. Guajardo era quien más ferozmente había combatido al zapatismo, el que mejor disponía las acciones de guerra según el resultado de las mismas; en una palabra, era acaso uno de los mejores elementos de la Jefatura de las Operaciones.

La respuesta no se hizo esperar. Otro arriero, arreando tres burros cargados, trajo, dentro de un bulto de carne seca, una carta para Guajardo y otro papel con instrucciones para Jáuregui. El mismo arriero se llevó la respuesta. Algo debía de faltar para que el plan pudiera considerarse como debidamente[58] maduro, pues Guajardo dijo que aceptaba la invitación, que él simpatizaba con el movimiento agrario, pero que debía aplazar su salida, a fin de procurar los mejores elementos, especialmente parque, y cargar con ellos para ir a ponerse a sus órdenes.

Y llegó el día. Guajardo, con cuatrocientos hombres bien armados y mejor montados, entre quienes iba un buen conocedor del terreno, Victorino Bárcenas, y sesenta ex-zapatistas, ganó el camino

---

[53]**mientras mejor se porta uno** the better one behaves [54]**gentuza** rabble, men of little worth [55]**doy la maroma** I'll do an about face, I'll desert [56]**general Carreras** *nickname of General González who never won a victory and was always running away to avoid being captured.* [57]**pitazo** loud whistle, signal [58]**debidamente** truly

del agrarismo. En otras muchas veces había salido así pero a combatirlo.

Hubo un intercambio de comunicaciones. El general Guajardo avisó de su resolución, llevada a cabo por fin. Quería a todo trance[59] ponerse en contacto con el general Zapata para disponer un movimiento general. Pero el general Zapata contestó aplazando la primera entrevista. Y, como una prueba solicitada por la desconfianza ranchera[60] del jefe, Guajardo recibió órdenes de atacar Jonacatepec,[61] defendido por algunas fuerzas carrancistas. Guajardo debió de comprender que esa orden era como una prueba de su adhesión,[62] y no se la hizo repetir, dispuesto a firmar con sangre el documento de su lealtad y de su adhesión.

¡Con qué arrojo combatieron atacantes y defensores de Jonacatepec! Del lado de Guajardo estaba el número. Del lado de los carrancistas defensores estaba el coraje[63] propio de quienes resisten a los que consideran unos traidores, cediendo a la sentencia[64] de que el peor enemigo es aquel que fue el mejor amigo.

Pero el escaso número de los carrancistas fue barrido en cuanto los cuatrocientos hombres de Guajardo se lanzaron al mismo tiempo al ataque. Los que pudieron salir, salieron gritando traidores a los hombres de Guajardo.

¡La prueba había sido dada y de qué manera! Como se dan las pruebas cuando se procede con sinceridad. Prueba de sangre. Desde Jonacatepec Guajardo comunicó su triunfo. El general Zapata leyó la carta, saisfecho de haber conquistado para su causa tan valioso elemento. Y así lo comentó con sus hombres más allegados[65] de la escolta.

La respuesta del general en jefe fue concertando[66] la entrevista. La desconfianza ranchera de Zapata había sido vencida por una prueba de evidencia. A dos horas de Jonacatepec, en Tepalcinzo, se encontraron por fin. El general Zapata no llevaba más tropa que Guajardo, pues el jefe del movimiento en Morelos tenía diseminadas[67] sus numerosas guerrillas y casi siempre llevaba tan sólo una escolta.

Se dieron un abrazo.

[59]**a todo trance** at any cost [60]**desconfianza ranchera** distrust typical of a rancher [61]**Jonacatepec** *town in the state of Morelos* [62]**adhesión** loyalty [63]**coraje** anger, resentment [64]**sentencia** proverb [65]**allegados** trusted [66]**concertando** to arrange [67]**diseminadas** scattered

—Lo felicito por venir a defender un ideal, el ideal agrario, la tierra de los pobres.

—Siempre lo había deseado, general.

* * *

Al ponerse en camino, Zapata ordenó que desfilaran primero los hombres de Guajardo. El general en jefe miraba desde su caballo todas y cada una de las caras que iban desfilando bajo los enormes sombreros, esos sombreros que tapan la mitad de la cara. De pronto el general Zapata se enderezó en su montura, apoyándose en los estribos;[68] algo había visto. Para asegurarse mejor, hizo caminar su caballo paralelamente a la columna. Había descubierto entre los hombres de Guajardo a Victorino Bárcenas. Los ojos del general habían brillado de una manera nada tranquilizadora.[69]

Después de la cena meditó largamente, como solía hacerlo, tirándose de sus largos bigotes. Fumaba a pequeños sorbos[70] de humo y seguía meditativo. Si llegaban a consultarle algo, todo lo resolvía con la lógica del campo, esa lógica sujeta a reglas contenidas en cuentos familiares: un cuento para cada caso, con los motivos eternos del campesino: el buey, la mula, el tiempo, la lluvia, el pobre, el rico, etcétera.

La causa de la meditación era de esas que resuelven el destino de un hombre. Guajardo iba a ser sometido a la prueba más dura.

Cuando, obedeciendo a un llamado, llegó Guajardo ante Zapata, éste lo tomó por un brazo y a paso largo, con ese andar derrengado[71] de quienes han hecho vida de jinetes, se lo llevó bajo un amate[72] cercano.

En la obscuridad, sin duda alguna espiados por centenares de ojos vigilantes, las palabras del general Zapata sonaron solemnemente:

—Yo tolero al ladrón. Yo tolero al que mata. Pero no tolero al traidor.

Guajardo se desprendió[73] bruscamente. Retrocedió dos pasos, casi en actitud hostil e hizo la azorada[74] pregunta:

—¿Lo dice por mí, general?

---

[68]**estribo** stirrup   [69]**de una manera nada tranquilizadora** in a way not at all reassuring   [70]**sorbos** puffs   [71]**derrengado** somewhat stooped (as if suffering from a pain in the small of the back)   [72]**amate** *Mex.* fig tree   [73]**se desprendió** he tore himself loose   [74]**azorada** frightened

—No, hombre. Déjame terminar. Tolero al ladrón, porque a lo mejor roba por necesidad, por hambre. Perdono al que mata, porque a lo mejor se ve obligado a defenderse, matando. Pero al traidor, ¡nunca lo perdono! Hace tiempo que yo busco a unos traidores para castigarlos como se merecen. Usted, Guajardo, los trae entre su tropa, y mientras ellos anden con usted yo no estaré tranquilo. El que traiciona una vez, traiciona cien veces. Me refiero a Victorino Bárcenas y sus hombres. ¡Los castiga usted como debe castigárseles o me los entrega para que yo los castigue como se castiga a los traidores!

El ademán de Zapata fue definitivo, como si cortara una cabeza. Guajardo comenzó a retorcerse los bigotes, intrigado.

—¿Todos, general?

—Todos.

—General, me pone usted en un serio compromiso. ¿Qué van a decir estos hombres y cuantos lo sepan? ¡Qué sólo he querido entregarlos!

—No me los entregue. Castíguelos usted.

—Los daré de baja,[75] desarmados.

—No. A los traidores no se les da de bajo. A los traidores se les da de alta,[76] pero en el ejército de los muertos . . .

Guajardo parecía intensamente afectado, preocupado. Después de mucho titubeos, en que claramente se veía que buscaba una solución satisfactoria, terminó por decir:

—General, ¿quieres concederme esta noche para pensarlo? Mañana le diré si los castigo yo o si se los entrego para que usted haga de ellos lo que quiera.

* * *

Los sesenta hombres de Bárcenas, ya a pleno día, fueron formados a pie, en el camino. Se vio que Bárcenas no estaba en el campamento. Había huido durante la noche, solo.

—Algo debe haber sospechado—comentó Guajardo.

Zapata lo miró hondamente, y al parecer quedó contento de su examen. Guajardo soportó la mirada con la tranquilidad de quien nada teme, porque no es responsable de nada. Detrás de los sesenta individuos por juzgarse,[77] se colocaron cien zapatistas. Guajardo

[75]**dar de baja** to discharge [76]**darse de alta** to be admitted [77]**por juzgarse** to be judged

mismo ordenó que los primeros dejaran sus armas y sus cartucheras[78] en el suelo.

—Flanco derecho . . . ¡Marchen!

—Por el flanco izquierdo . . . ¡Alto!

Las dos pequeñas columnas acataron las órdenes. Al abandonar el sitio, automáticamente, los hombres de Bárcenas, ya desarmados, quedaron en calidad[79] de prisioneros.

—Ni pensar que se nos vaya a fusilar . . . Somos muchos.

—Nos darán una patada en mala parte y hasta luego[80]. . .

De los desarmados, unos se miraban inquietos, interrogando con los ojos. Otros, los más fanfarrones, se esforzaban por aparecer tranquilos, seguros de sí mismos. Muchos de ésos se sentaron en tierra. Atrás estaban sus custodios con las armas listas: eran hombres de la escolta más adicta[81] del general Zapata.

Y se procedió a las designación de los integrantes[82] del consejo de guerra. Zapata propuso que ni él ni Guajardo formaran parte. Minutos después, teniendo a la vista únicamente la acusación del Ejército del Sur hecha por el mismo Zapata, los vocales[83] discutían. Se habían instalado en una casucha de campesinos. Los hombres de Bárcenas no fueron oídos. Hubiera sido una labor larga y pesada eso de oír a todos y cada uno; lo único que mereció algún examen fue el seleccionar a los pocos hombres de Bárcenas que habían entrado a sus órdenes con posterioridad a su defección de las filas zapatistas.

Los puntos a discusión y de acusación, de acuerdo con la lógica clarísima del general, fueron los siguientes: si los hombres de Bárcenas habían militado[84] en el Ejército del Sur y en una situación comprometida[85] se habían pasado a las filas carrancistas, esos hombres habían traicionado a la Revolución Agraria. Y si esos hombres habían traicionado, para fincar[86] un ejemplo y evitar subsecuentes defecciones se necesitaba un castigo ejemplar.

Ya se sabe qué es un castigo ejemplar, cuando se habla de un consejo de guerra dentro de una revolución tan encarnizada[87] como la zapatista frente a la carrancista. Así lo entendieron los vocales y

---

[78]**cartuchera** cartridge belt   [79]**en calidad de** in the category of   [80]**Nos darán . . . luego** They'll give us a kick in the pants and send us away.   [81]**adicto** loyal   [82]**integrantes** those who were to form a part   [83]**vocales** members of the council   [84]**militar** to fight   [85]**comprometido** dangerous, critical   [86]**fincar** to set   [87]**encarnizado** bloody

el fallo[88] no se hizo esperar. Pena de muerte para los sesenta hombres inclusive para Victorino Bárcenas, en cuanto cayera en manos de las fuerzas zapatistas.

El fallo no sorprendió a Guajardo. La forma como se integró el consejo lo había preparado espiritualmente. Se decidió a permanecer alejado de quienes fueron sus hombres. Tal vez se consideró sin la entereza[89] necesaria para verlos frente a frente. Los sentenciados permanecieron mucho más tranquilos. Sentados en tierra parecían descansar de una larga caminata. Parecían hasta indiferentes. Cuando alguien habló de lo sospechoso que le resultaba la junta de jefes discutiendo en la casucha, no faltó quien dijera:

—Pues a mí ni cuidado que me da. Victorino dijo: "Por acá jalamos", y fuimos con él. Después nos dijo: "Vamos por allá", y nosotros obedecimos. ¡Allá que le aprieten las clavijas a él y no a nosotros![90]

—Pues yo digo que no nos hacen nada. Somos muchos para que nos vayan a matar como huilotas.[91]

—Ya se lo dije: una patada en mala parte y . . .

Se equivocaban. Un coronel, a caballo, comenzó a hacer los preparativos. Mandó instalar una veintena de hombres frente a un acantilado[92] de tierra negra, lavado por las últimas lluvias. De los sentenciados fueron puestos cinco contra el paredón natural. Las órdenes fueron precisas. Sonó la descarga. Uno de los sentenciados salió huyendo y de todas partes brotaron disparos para acabar con él.

Fueron llevados al matadero[93] otros cinco. Para la descarga bastó con un ademán de quien dirigía el fusilamiento. Para los demás ya no hubo órdenes. En cuanto llegaban, los tiradores se echaban la carabina a la cara y hacían fuego. Algunos ganaron la breña[94] cercana y hubo gritos de:

—¡No lo sigan! ¡No le hagan fuego! ¡Se ha ganado la vida y por algo no lo quiso la muerte!

De entre los últimos, un muchacho se echó a correr, pero con tal aturdimiento,[95] que avanzó azorado hacia donde estaba un numeroso grupo de espectadores. Lo rechazaron a balazos. Fue en otra dirección y halló la misma muralla. Parecía que las armas dispara-

---

[88]**fallo** sentence [89]**entereza** strength, fortitude [90]**¡Allá . . . nosotros!** Let them take it out on him and not on us! [91]**huilota** *Mex.* pigeon [92]**acantilado** steep wall [93]**matadero** slaughtering-ground [94]**breña** rough terrain covered with rock and underbrush [95]**aturdimiento** bewilderment

das en su contra no arrojaban proyectil alguno. Hubo necesidad de que un oficial gritara:

—¡Miren cómo se mata a un prójimo!

Lo encañonó con la pistola. Adelantó un poco la mira. Hizo fuego. El muchacho alzó los brazos. Quedó por un centésimo de segundo casi en el aire, parado de puntillas. Y azotó el suelo para atrás. De los tiradores, algunos se encargaron de ir rematando a los que aún se movían.

Zapata encontró a Guajardo con la cabeza entre las manos, como si se tapara los oídos para no oír las detonaciones.

—General, creo haber dado a usted la prueba más irrefutable de mi adhesión.

—No tengo la menor duda. No era de esperarse otra cosa de usted. Por algo lo llamé a las filas de la revolución, la verdadera revolución de ideales.

Guajardo tendió una mano. Fue un apretón de manos equivalente a un pacto solemne en que sobraban las palabras.

—Ahora sí, mi general, quiero que celebremos esta unión. Pero deseo celebrarla de manera animosa. Lo invito a comer. Tengo quien me haga en Chinameca un mole riquísimo. Habrá cerveza. ¿Y qué me dice si después de la comilona hay algo de música y muchachas para bailar un poco?

—¿Conque en Chinameca . . . mole de guajolote . . . cerveza . . . música y muchachas? Por allá caigo mañana.

—¿Formal?

—Zapata sólo tiene una palabra.

* * *

En Chinameca esperaba Guajardo al general Zapata. Dentro de la casona estaba la tropa, apostada en los mejores y escondidos lugares. A la vista de quien llegara no había más que seis hombres armados en cada una de las puertas laterales de la barda. Dos retenes modestos.[96] Cerca del corredor estaba apostado un corneta.

Se acercaba la hora de la comida. Había como cierta impaciencia en Chinameca. El general Zapata ya tardaba. De pronto llegó un emisario. No se le permitió la entrada. El cabo recibió el aviso de que el general ya se acercaba. El cabo transmitió el aviso.

En verdad, pocos momentos después comenzó a llegar la escolta

[96]**dos retenes modestos** two small groups of sentries

del general. También a estos hombres se les negó la entrada al patio. Los retenes tenían órdenes de no dejarlos pasar, pues había que hacer los honores al jefe. Según el rumbo por donde llegaba el emisario y algunos hombres de la escolta, el general entraría por la puerta derecha. Los seis hombres de ese retén estaban formados impecablemente, en actitud de firmes.

El general venía hasta la retaguardia. Los primeros en llegar echaron pie a tierra, fuera de la barda en cuyas puertas no esperaban otra cosa que la llegada del general para hacerle los honores. Había hombres de la escolta recargados confiadamente en sus caballos. Otros habían quitado la silla. Algunos, más perezosos o más asoleados,[97] ya estaban tendidos en la hierba, bajo los chirimoyos.[98]

Apareció el jefe. Se le conocía a distancia por la gran alzada[99] de su caballo, por sus grandes bigotes y por algo que siempre ofrecen los acompañantes de un caudillo. Aún faltaban veinte metros para que ganara la puerta y el corneta comenzó a tocar marcha de honor. El jefe era recibido como se lo merecía, con todos los honores. El cabo ya había ordenado a sus hombres terciar armas.[100] En cuanto sonó la corneta, ordenó con voz enérgica:

—Presenten . . . ¡armas!

El caballo se adelantó braceando con garbo.[101] Clavaba hacia adelante las pequeñas orejas, todo nervioso, todo electrizado con el toque de la corneta. Los retenes seguían presentando armas.

El general había avanzado cinco metros más allá de la puerta, ya dentro del patio. Entonces, los seis hombres del retén—que presentaban armas—, ejecutaron un pequeño movimiento, dejando caer los cañones en un ángulo agudo. Y se escuchó una descarga.

El general Zapata, violentamente, intentó voltear el caballo, tal vez con la idea de salir de semejante trampa. Pero se quedó a la mitad del movimiento. En el primer flanco[102] se derrumbó, azotando el suelo. El animal salió huyendo.

El cabo se acercó al general. Con la carabina le dió el tiro de gracia.[103]

---

[97]**asoleado** exhausted by the sun   [98]**chirimoyo** *Mex.* variety of tropical tree   [99]**alzada** stature   [100]**terciar armas** to port arms   [101]**bracear con garbo** to prance elegantly   [102]**primer flanco** first turn   [103]**tiro de gracia** coup de grace, death blow with which an executioner ends the sufferings of the condemned

* * *

El cadáver fue amarrado al lomo de una mula. Los pies colgaban por un lado. Los brazos por otro lado. Con una fuerte escolta capaz de proteger tan valiosa presa, fue emprendido el camino rumbo a Cuautla.[104] Al trotar de la mula, las piernas ejecutaban un movimiento que era un remedo del andar, como si Zapata continuara corriendo por el Estado de Morelos. Los brazos parecían alargarse, tal vez queriendo alcanzar la tierra para sus muchachos, por la que tanto luchara, tan cercana y a la vez tan distante. En Cuautla fue exhibido el cadáver y en voz baja comenzó la leyenda:

—No es el general.

—¡Como no va a ser! Está así, deformado, por haber venido como vino. La sangre se le fue a la cabeza.

—No, compa, el general tenía una seña[105] muy particular cerca de un pómulo[106] . . . Y éste no la tiene.

—¡Claro! En el mismo lugar le entró el tiro de gracia.

—¡Quién sabe!

Y el "quien sabe" lleno de esperanzas, más bien resultaba un sollozo. Mientras que otros se regocijaban.

—¡Vaya, hasta que cayó este bandido![107]

—GREGORIO LOPEZ Y FUENTES, *Tierra*

Ejercicios

I. *Conteste Ud. a las preguntas siguientes en oraciones completas:*

1. ¿Por qué fue objeto de algunas consideraciones el coronel Jáuregui?
2. ¿Qué cosas se le permitían al coronel Jáuregui?

---

[104]**Cuautla** a city in the state of Morelos [105]**seña** mark [106]**pómulo** cheek bone [107]**¡Vaya . . . bandido!** Well, what do you know, this bandit finally fell!

3. ¿Qué pensaba hacer Guajardo en la primera oportunidad?
4. ¿Por qué valuaba Zapata tanto la adquisición de Guajardo?
5. ¿Cuál fue la primera prueba que le solicitó Zapata a Guajardo?

II. *Complete Ud. en español las oraciones siguientes:*

1. Entre los hombres de Guajardo, Zapata descubrió
_____.
2. Zapata resolvía todos los problemas con _____.
3. Hace tiempo que yo busco a unos traidores para
_____.
4. El que traiciona una vez _____.
5. Bárcenas ya no estaba en el campamento porque
_____.

III. *Busque Ud. en el texto expresiones equivalentes a las que están escritas en bastardilla:*

1. *Quizás* el conocimiento perfecto del prisionero sugirió el plan.
2. *Claramente* se notaba que Guajardo se hallaba en un acceso de ira.
3. *Pretenda* que no ha oído nada.
4. La respuesta *no tardó en llegar.*
5. Zapata y Guajardo *se abrazaron.*

IV. *Ponga Ud. las oraciones siguientes en su orden correcto:*

1. Los brazos parecían alargarse, tal vez queriendo alcanzar la tierra para sus muchachos.
2. Dentro de la casona estaba la tropa, apostada en los mejores y escondidos lugares.
3. Guajardo, con cuatrocientos hombres, ganó el camino del agrarismo.
4. Fueron llevados al matadero otros cinco.
5. —Lo invito a comer en Chinameca.
6. El general Zapata intentó voltear el caballo.
7. —Lo felicito por venir a defender un ideal.

8. Los seis hombres del retén ejecutaron un pequeño movimiento y se escuchó una descarga.
9. Yo tolero al ladrón. Yo tolero al que mata. Pero no tolero al traidor.
10. El jefe era recibido con todos los honores.

9

Caudillismo y cambios revolucionarios

DURING the twenty-year period following the end of Carranza's presidency, political, economic, and social conflict continued as the revolutionary aspects of the Constitution of 1917 were implemented or expediently disregarded. The major problems were political stability, the reconciliation of church and state, the extension of educational opportunities, the nationalization of the petroleum industry, and the agrarian reform.

Although both Alvaro Obregón (1920-1924) and Plutarco Elías Calles (1924-1928) served out their complete presidential terms, the period was marred by political assassinations (Pancho Villa and Obregón among others), some short-lived uprisings, and the intensely bitter religious civil war, the Guerra de los Cristeros (1926-1929), the latter captured in all its cruelty by JOSE REVUELTAS (1914-1975), one of Mexico's outstanding novelists and short-story writers from the early 1940s to the late 1960s and the spiritual leader of the 1968 student movement. The war was caused by President Calles's insistence on carrying out the anticlerical provisions of the 1917 constitution and the equally intransigent attitude of the Church. Many small-town priests were also aroused by the widespread government campaign undertaken by Obregón's Secretary of Education José Vasconcelos to eliminate illiteracy and improve rural education.

Vasconcelos later broke with Obregón when the latter chose Calles to be his successor. The constitutional provision forbidding reelection was then modified in 1927 to allow Obregón to launch his second non-consecutive presidential campaign. When he was assassinated by a religious fanatic, Calles emerged as the dominant political figure for the next six years. In 1929 he established the Partido Nacional Revolucionario, an association of military and political leaders, and handpicked his provisional successors Emilio

Portes Gil (1928-1930), Pascual Ortiz Rubio (1930-1932), and Abelardo Rodríguez (1932-1934).

JOSE VASCONCELOS (1882-1959) was the unsuccessful candidate against Ortiz Rubio, although his supporters claimed that the election was fraudulent. In the 1930s when Vasconcelos had become a political reactionary and virulently anti-U.S., anti-Protestant, and pro-Spanish, he wrote his four-volume autobiography entitled *Ulises criollo*, (1935-1939) which is a far-cry from *La raza cósmica* (1925), his highly idealistic essay on the mestizo, the race of the future. *El proconsulado*, the title of volume IV, is intended to link U.S. ambassador Dwight Morrow with the provincial governors of the Roman Empire.

The greatest source of discord between the Mexican and the U.S. governments was petroleum. Production began during the last decade of Porfirio Díaz's regime and expanded rapidly as the demand grew for the newly invented automobile. Although the Constitution of 1917 declared that subsoil mineral rights belonged to the nation, President Obregón decreed that those rights secured by U.S. companies before May 1917 should be respected—in order to pave the way for U.S recognition of his government, in 1923. Calles also was unable to enforce a law limiting concessions to the oil companies to fifty years. Lázaro Cárdenas (1934-1940), however, who asserted his independence from Calles in 1935, adopted a tougher stance and demanded that the American oil companies pay export taxes. The companies' refusal plus their failure to meet the demands of the oil workers' unions were instrumental in provoking the expropriation of their properties in 1938. Indemnities were to be paid in full within ten years. The ruthlessness of the foreign companies in securing title to oil lands and the tragic consequences for Mexican farmers are vividly presented in MAURICIO MAGDALENO's play *Pánuco 137* (1931). Magdaleno (1906-1985), a participant in Vasconcelos's 1929 presidential campaign, co-founded the Teatro de Ahora, an experiment in political theater, and later became undersecretary of education for cultural affairs in the late 1960s. He is best remembered for his novel *El resplandor* (1937). The goals of the oil workers' unions and the different reactions to the expropriation are recorded by GREGORIO LOPEZ Y FUENTES in his novel *Huasteca*.

In addition to his role in the expropriation, Lázaro Cárdenas is still revered by most Mexicans today for having distributed the largest amount of land under the agrarian reform, which previous revolutionary presidents had for the most part disregarded. Not all the land distributed to the peasants, however, was of desirable quality, as is shown in JUAN RULFO's story "Nos han dado la tierra" from the 1953 collection *El llano en llamas*. Rulfo (1918-1986) is internationally acclaimed for these stories and even more so for his highly original novel *Pedro Páramo* (1955).

In 1938, Cárdenas widened the base of the PNR by including workers and peasants in the newly named Partido Revolucionario Mexicano, which effectively prevented the further development of an independent union movement. By the end of Cárdenas's six-year term, the decision was made to slow down social reform for the sake of economic modernization and relations improved between the Mexican govenment and 1) large landowners and industrialists; 2) the U.S. government, and 3) the Church.

Dios en la tierra

La población estaba cerrada con odio y con piedras. Cerrada completamente como si sobre sus puertas y ventanas se hubieran colocado lápidas enormes, sin dimensión de tan profundas, de tan gruesas, de tan de Dios. Jamás un empecinamiento semejante, hecho de entidades incomprensibles, inabarcables, que venían . . . ¿de dónde? De la Biblia, del Génesis, de las Tinieblas, antes de la luz. Las rocas se mueven, las inmensas piedras del mundo cambian de sitio, avanzan un milímetro por siglo. Pero esto no se alteraba, este odio venía de lo más lejano y lo más bárbaro. Era el odio de Dios. Dios mismo estaba ahí apretando en su puño la vida, agarrando la tierra entre sus dedos gruesos, entre sus descomunales dedos de encina y de rabia. Hasta un descreído no puede dejar de pensar en Dios. Porque ¿quién si no El? ¿Quién si no una cosa sin forma, sin principio ni fin, sin medida, puede cerrar las puertas de tal manera? Todas las puertas cerradas en nombre de Dios. Toda la locura y la terquedad del mundo en nombre de Dios. Dios de los Ejércitos; Dios de los dientes apretados; Dios fuerte y terrible, hostil y sordo, de piedra ardiendo, de sangre helada. Y eso era ahí y en todo lugar porque El, según una vieja y enloquecedora maldición, está en todo lugar: en el siniestro silencio de la calle; en el colérico trabajo; en la sorprendida alcoba matrimonial; en los odios nupciales y en las iglesias, subiendo en anatemas por encima del pavor y de la consternación. Dios se había acumulado en las entrañas de los hombres como sólo puede acumularse la sangre, y salía en gritos, en despaciosa, cuidadosa, ordenada crueldad. En el Norte y en el Sur, inventando puntos cardinales para estar ahí, para impedir algo ahí, para negar alguna cosa con todas las fuerzas que al hombre le llegan desde los más oscuros siglos, desde la ceguedad más ciega de su historia.

¿De dónde venía esa pesadilla? ¿Cómo había nacido? Parece que los hombres habían aprendido algo inaprensible[1] y ese algo les había tornado el cerebro cual una monstruosa bola de fuego, donde el empecinamiento estaba fijo y central, como una cuchillada. Negarse. Negarse siempre, por encima de todas las cosas, aunque se cayera el mundo, aunque de pronto el Universo se paralizase y los planetas y las estrellas se clavaran en el aire.

Los hombres entraban en sus casas con un delirio de eternidad para no salir ya nunca y tras de las puertas aglomeraban impenetrables cantidades de odio seco sin saliva, donde no cabían ni un alfiler ni un gemido.

Era difícil para los soldados combatir en contra de Dios, porque Él era invisible, invisible y presente, como una espesa capa de aire sólido o de hielo transparente o de sed líquida. ¡Y cómo son los soldados! Tienen unos rostros morenos, de tierra labrantía, tiernos, y unos gestos de niños inconscientemente crueles. Su autoridad no les viene de nada. La tomaron en préstamo quién sabe dónde y prefieren morir, como si fueran de paso por todos los lugares y les diera un poco de vergüenza todo. Llegaban a los pueblos sólo con cierto asombro, como si se hubieran echado encima todos los caminos y los trajeran ahí, en sus polainas de lona[2] o en sus paliacates[3] rojos, donde, mudas, aún quedaban las tortillas crujientes, como matas secas.

Los oficiales rabiaban ante el silencio; los desenfrenaban el mutismo hostil, la piedra enfrente, y tenían que ordenar, entonces, el saqueo, pues los pueblos estaban cerrados con odio, con láminas de odio, con mares petrificados. Odio y sólo odio como montañas.

¡Los federales! ¡Los federales!

Y a esta voz era cuando las calles de los pueblos se ordenaban de indiferencia, de obstinada frialdad y los hombres se morían provisionalmente, aguardando dentro de las casas herméticas o disparando sus carabinas desde ignorados rincones.

---

[1]**inaprensible** unlearnable   [2]**polainas de lona** leggings made from canvas
[3]**paliacates** bandannas

El oficial descendía con el rostro rojo y golpeaba con el cañón de su pistola la puerta inmóvil, bárbara.

—¡Queremos comer!

—¡Pagaremos todo!

La respuesta era un silencio duradero, donde se paseaban los años, donde las manos no alcanzaban a levantarse. Después un grito como un aullido de lobo perseguido, de fiera rabiosamente triste:

—¡Viva Cristo Rey!

Era un Rey. ¿Quién era? ¿Dónde estaba? ¿Por qué caminos espantosos? La tropa podía caminar leguas y más leguas sin detenerse. Los soldados podían comerse los unos a los otros. Dios había tapiado las casas y había quemado los campos para que no hubiese ni descanso ni abrigo, ni aliento ni semilla.

La voz era una, unánime, sin límites: "Ni agua". El agua es tierna y llena de gracia. El agua es joven y antigua. Parece una mujer lejana y primera, eternamente leal. El mundo se hizo de agua y de tierra y ambas están unidas, como si dos opuestos cielos hubiesen realizado nupcias imponderables. "Ni agua". Y del agua nace todo. Las lágrimas y el cuerpo armonioso del hombre, su corazón, su sudor. "Ni agua". Caminar sin descanso por toda la tierra, en persecución terrible y no encontrarla, no verla, no oírla, no sentir su rumor acariciante. Ver cómo el sol se despeña, cómo calienta el polvo, blando y enemigo, cómo aspira toda el agua por mandato de Dios y de ese Rey sin espinas, de ese Rey furioso, de ese inspector del odio que camina por el mundo cerrando los postigos . . .

¿Cuándo llegarían?

Eran aguardados con ansiedad y al mismo tiempo, con un temor lleno de cólera. ¡Que vinieran! Que entraran por el pueblo con sus zapatones claveteados y con su miserable color olivo, con las cantimploras vacías y hambrientos. ¡Que entraran! Nadie haría una señal, un gesto. Para eso eran las puertas, para cerrarse. Y el pueblo, repleto de habitantes, aparecería deshabitado, como un pueblo de muertos, profundamente solo.

¿Cuándo y de qué punto aparecerían aquellos hombres de uniforme, aquellos desamparados a quienes Dios había maldecido?

Todavía lejos, allá, el teniente Medina, sobre su cabalgadura, meditaba. Sus soldados eran grises, parecían cactus crecidos en una tierra sin más vegetación. Cactus que podían estarse ahí, sin que lloviera, bajo los rayos del sol. Debían tener sed, sin embargo, porque escupían pastoso, aunque preferían tragarse la saliva, como un consuelo. Se trataba de una saliva gruesa, innoble, que ya sabía mal, que ya sabía a lengua calcinada, a trapo, a dientes, sucios. ¡La sed! Es un anhelo, como de sexo. Se siente un deseo inexpresable, un coraje, y los diablos echan lumbre en el estómago y en las orejas para que todo el cuerpo arda, se consuma, reviente. El agua se convierte, entonces, en algo más grande que la mujer o que los hijos, más grande que el mundo, y nos dejaríamos cortar una mano o un pie o los testículos, por hundirnos en su claridad y respirar su frescura, aunque después muriésemos.

De pronto aquellos hombres como que detenían su marcha, ya sin deseos. Pero siempre hay algo inhumano e ilusorio que llama con quién sabe qué voces, eternamente, y no deja interrumpir nada. ¡Adelante! Y entonces la pequeña tropa aceleraba su caminar, locamente, en contra de Dios. De Dios que había tomado la forma de la sed. Dios ¡en todo lugar! Allí, entre los cactus, caliente, de fuego infernal en las entrañas, para que no lo olvidasen nunca, nunca, para siempre jamás.

Unos tambores golpeaban en la frente de Medina y bajaban a ambos lados, por las sienes, hasta los brazos y la punta de los dedos: "a . . . gua, a . . . gua, a . . . gua". "¿Por qué repetir esa palabra absurda? ¿Por qué también los caballos en sus pisadas . . .? Tornaba a mirar los rostros de aquellos hombres, y sólo advertía los labios cenizos y las frentes imposibles donde latía un pensamiento en forma de río, de lago, de cántaro, de pozo: agua, agua, agua. "¡Si el profesor cumple su palabra . . .!"

—Mi teniente . . . —se aproximó un sargento.

Pero no quiso continuar y nadie, en efecto, le pidió que terminara, pues era evidente la inutilidad de hacerlo.

—¡Bueno! ¿Para qué, realmente . . .? —confesó, soltando la risa, como si hubiera tenido gracia.

"Mi teniente". ¿Para qué? Ni modo que hicieran un hoyo en la tierra para que brotara el agua. Ni modo. "¡Oh!" ¡Si ese maldito profesor cumple su palabra . . .!

—¡Romero! —gritó el teniente.

El sargento movióse apresuradamente y con alegría en los ojos, pues siempre se cree que los superiores pueden hacer cosas inauditas, milagros imposibles en los momentos difíciles.

—¿. . . crees que el profesor . . .?

Toda la pequeña tropa sintió un alivio, como si viera el agua ahí enfrente, porque no podía discurrir ya, no podía pensar, no tenía en el cerebro otra cosa que la sed.

—Sí, mi teniente, él nos mandó avisar que con seguro ai'staba[4]
. . .

''¡Con seguro!'' ¡Maldito profesor! Aunque maldito era todo:
maldita el agua, la sed, la distancia, la tropa, maldito Dios y el
Universo entero.

El profesor estaría, ni cerca ni lejos del pueblo para llevarlos al
agua, el agua buena, a la que bebían los hijos de Dios.

¿Cuándo llegarían? ¿Cuándo y cómo? Dos entidades opuestas
enemigas, diversamente constituidas aguardaban allá: una masa
nacida en la furia, horrorosamente falta de ojos, sin labios, sólo
con un rostro inmutable, imperecedero, donde había más que un
golpe, un trueno, una palabra oscura. ''Cristo Rey'', y un nombre
febril y anhelante, cuyo corazón latía sin cesar, sobresaltado, para
darles agua, para darles un líquido puro, extraordinario, que
bajaría por las gargantas y llegaría a las venas, alegre, estremecido
y cantando.

El teniente balanceaba la cabeza mirando cómo las orejas del
caballo ponían una especie de signos de admiración al paisaje seco,
hostil. Signos de admiración. Sí, de admiración y de asombro, de
profunda alegría, de sonoro y vital entusiasmo. Porque ¿no era
aquel punto . . . aquél . . . un hombre, el profesor . . .? ¿No?

—¡Romero! ¡Romero! Junto al huizache[5] . . . ¿distingues algo?

Entonces el grito de la tropa se dejó oír, ensordecedor, impetuoso:

—¡Jajajajay . . .! —y retumbó por el monte, porque aquello era
el agua.

Una masa que de lejos parecía blanca, estaba ahí compacta, de
cerca fea, brutal, porfiada como una maldición. ''¡Cristo Rey!''
Era otra vez Dios, cuyos brazos apretaban la tierra como dos tenazas de cólera. Dios vivo y enojado, iracundo, ciego como Él mismo, como no puede ser más que Dios, que cuando baja tiene un
solo ojo en mitad de la frente, no para ver sino para arrojar rayos e
incendiar, castigar, vencer.

En la periferia de la masa, entre los hombres que estaban en las
casas fronteras, todavía se ignoraba qué era aquello. Voces sólo,
dispares:

[4]**ai'staba (ahí estaba)** *An example of the strong vowels attracting the stress
from the weaker one to form the diphthong "ai" plus the loss of initial
vowel "e" in* **estaba**   [5]**huizache** thorny desert tree

—¡Sí, sí, sí!

—¡No, no, no!

¡Ay de los vecinos! Aquí no había nadie ya, sino el castigo. La Ley Terrible que no perdona ni a la vigésima generación, ni a la centésima, ni al género humano. Que no perdona. Que juró vengarse. Que juró no dar punto de reposo. Que juró cerrar todas las puertas, tapiar las ventanas, oscurecer el cielo y sobre su azul de lago superior, de agua aérea, colocar un manto púrpura e impenetrable. Dios está aquí de nuevo, para que tiemblen los pecadores. Dios está defendiendo su Iglesia, su gran iglesia sin agua, su iglesia de piedra, su iglesia de siglos.

En medio de la masa blanca apareció de pronto, el punto negro de un cuerpo desmadejado, triste, perseguido. Era el profesor. Estaba ciego de angustia, loco de terror, pálido y verde en medio de la masa. De todos lados se le golpeaba sin el menor orden o sistema, conforme el odio, espontáneo, salía.

—¡Grita viva Cristo Rey . . .!

Los ojos del maestro se perdían en el aire a tiempo que repetía, exhausto, la consigna:

—¡Viva Cristo Rey!

Los hombres de la periferia ya estaban enterados también. Ahora se les veía el rostro negro, de animales duros.

—¡Les dio agua a los federales, el desgraciado!

—¡Agua! Aquel líquido transparente de donde se formó el mundo. ¡Agua! Nada menos que la vida.

—¡Traidor! ¡Traidor!

Para quien lo ignore, la operación, pese a todo, es bien sencilla. Brutalmente sencilla. Con un machete se puede afilar muy bien, hasta dejarla puntiaguda, completamente puntiaguda. Debe escogerse un palo resistente, que no se quiebre con el peso de un hombre, de "un cristiano", dice el pueblo. Luego se introduce y al hombre hay que tirarlo de las piernas, hacia abajo, con vigor, para que encaje bien.

De lejos el maestro parecía un espantapájaro sobre su estaca, agitándose como si lo moviera el viento, el viento que ya corría, llevando la voz profunda, ciclópea, de Dios, que había pasado por la tierra.

—JOSE REVUELTAS, *Dios en la tierra*

Ejercicios

I. *Conteste Ud. a las preguntas siguientes en oraciones completas:*

1. Según el narrador ¿de dónde procedía el odio atroz que se encontraba en el pueblo?
2. ¿Cuál es el símbolo del odio?
3. ¿Por qué se presenta una visión tan negativa de Dios?
4. ¿Contra quiénes están luchando los soldados?
5. ¿Qué ordenaban los oficiales de los federales al entrar en los pueblos?
6. ¿Quién se había comprometido a llevar agua a los soldados?
7. ¿Qué importancia tiene el tipo de muerte que sufre el maestro?
8. ¿Cómo cambia el narrador de tono en el penúltimo párrafo?
9. Haga Ud. una lista de palabras "gigantescas" que contribuyen a la fuerza cósmica del cuento.

II. *Escriba Ud. una oración original con cada uno de los símiles siguientes:*

1. como una cuchillada
2. como matas secas
3. como un aullido de lobo perseguido
4. como una maldición
5. como dos tenazas de cólera

III. *¿Qué palabras más comunes y corrientes tienen la misma raíz que las que siguen?*

1. descreído
2. terquedad
3. enloquecedora
4. pesadilla
5. ceguedad
6. desenfrenaba
7. mutismo
8. petrificados
9. claveteados
10. hambriento

IV. *Tema para discutir*

Semejanzas y diferencias entre el contenido y la forma de
"Dios en la tierra" y de "Acto preparatorio".

Quetzalcoatl versus Huichilobos

Elegí la plazuela de Santo Domingo para mi discurso de entrada
a la Capital, por el ambiente de hispanidad que aquel viejo rincón
encierra. Ningún sitio mejor para proclamar el sentido de la lucha
que se desarrollaba; combate que inició Hernán Cortés, abanderado[6] del Dios cristiano y en cierto modo reivindicador de Quetzalcoatl, contra el funesto Dios azteca Huitzilopochtli, reencarnado
en Amaro,[7] el jefe de los ejércitos de la imposición, al servicio del
poinsetismo[8] renovado por Morrow,[9] el Embajador yanqui.
Gracias a la generosidad de un fotógrafo que ocupaba un departamento sobre el antiguo portal de los memorialistas,[10] pudimos
disponer de un balcón, cargado a la esquina.[11] Dominamos desde
allí el jardín y tres bocacalles. Abajo se apretaba la multitud y en
puertas y azoteas de las viejas casas, escuchaban, ávidos, niños y
mujeres, jóvenes y viejos. La ciudad entera palpitó; la ciudad que
es resumen del alma mexicana y también su porción más ilustrada y
más libre, pese a las injurias que suelen dedicarle caudillos despe-
chados de que no rinde pleitesía[12] a la ignorancia. El día que la
ciudad se arme para no dejarse dominar del campo, nuestra historia tomará otro rumbo. Algo de esto me bullía en la mente y co-
mencé proclamándome audazmente, la viva reencarnación del
Quetzalcoatl de la leyenda. Sin rubor adoptaba estos desplantes,
porque ellos son necesarios para el mito indispensable a las grandes
transformaciones y, además, porque la irritación que todo ello provocaba en mis enemigos me divertía extraordinariamente. Gozando

[6]**abanderado** standard bearer, supporter   [7]**General Joaquín Amaro**
(1889-1952) as secretary of war he led the military campaigns against the
Cristeros (1926-1929)   [8]**poinsetismo** *pertaining to Joel Poinsett, first
American minister to Mexico in the 1820's*   [9]**Dwight Morrow** *U.S. ambassador to Mexico in 1927 and father-in-law of Charles Lindbergh*
[10]**memorialistas** public stenographers   [11]**cargado a la esquina** near the
corner   [12]**pleitesía** homage

de antemano al imaginar los artículos en que se me acusaría de
paranoico, me afirmé el elegido por la Providencia por la vía del
plebiscito nacional para sacar a la nación de su vergüenza de sus
últimos años. Los que se nos oponían eran traidores a la civilización, no sólo a la patria. Allí estaban agazapados en torno de
Mister Morrow . . . Bastaba pronunciar el nombre de Morrow para
que la sorna estallase clamorosa . . . Hipnotizábase el auditorio,
porque al ir pronunciando la verdad, me contagiaba de ella y no en
vano se vierten en un corazón las inquietudes y las esperanzas de
toda una patria. Sería menguado quien no se sintiese, en tales circunstancias, un gigante.[13] Todo el que encarna un anhelo colectivo
siéntese por eso mismo levantado por encima de su propia estatura.
Esto no lo comprenden críticos enanos, ni hace falta.

Por la tarde, en el hospedaje del Hotel Princess, que había de
ser mi domicilio de varios meses, las visitas no cesaron. Estaba yo
metido en la cama, a las diez, cuando llegó un corresponsal, de
origen centroamericano, uno de los que más favorecí en mis tiempos del Ministerio. Quería telegrafiar a los periódicos de la América
del Sur. "¿No me parecía que la cifra de los manifestantes, comu-
nicada ya al exterior por la Associated Press, era exacta, quince mil
manifestantes?" —"¡Ah! le respondí, ¿con que esa es la cifra que
ha autorizado Morrow?" —"¡Usted sabe que los corresponsales
extranjeros redactan sus despachos en la Embajada!" —"Haga
usted lo que guste, no me importa la opinión de las Agencias. Me
importa lo que la ciudad vio y ha quedado en las fotografías y en el
film".

Los Cines no pudieron evitar la exhibición del rollo en que, aparecía nuestro cortejo llenando la Avenida Madero, desbordando
por la Plaza Principal. Quedan estos documentos visuales para el
que quiera rectificarme o confirmarme y los rotograbados[14] de no
pocos grandes dominicales. El sujeto aquel no volvió a presentárse-
me. Hoy es una autoridad en asuntos mexicanos, en toda la prensa
iberoamericana, o como dice él en protestante: "Indoamericana".
Esto del indoamericanismo es un ardid de la Smithsonian[15] y su
sección antropológica, empeñada en borrar toda huella española,
aún de sus clasificaciones étnicas. Al designársenos indoamerica-
nos, en vez de iberoamericanos o latinoamericanos, se nos reduce a

---

[13]**sería menguado** . . . **gigante** only an idiot wouldn't feel like a giant in
such circumstances   [14]**rotograbados** rotogravure   [15]**Smithsonian**
Smithsonian Institute, famous historical museum in Washington D.C.

la categoría de subcasta, aparte de que se incurre en un pleonasmo, pues lo indio es ya americano. Sin embargo, es consigna[16] de la maffia poinsetista, usar la voz indoamericano, a tal punto, que la incorporaron a la Constitución vigente y la usan por el Sur, los contaminados. En cambio, en la frontera de Estados Unidos y México, los mismos poinsetistas jamás usan el indoamericano, ni siquiera el *mexican*. Allí todos se titulan *latin-americans,* Los latinos . . . ¿Se creerán acaso franceses? ¿o, por lo menos, haitianos afrofranceses? ¿Qué es de nosotros, pobres diablos, si nos quitamos lo *spanish*, si nos causa sonrojo que nos digan indios?

Aconseja el Procónsul

Hubo un acercamiento previo que dejó bien definida la situación. En Chicago había tenido como oyente del Seminario, sobre Legislación mexicana, que dirigí el año veintiocho, al profesor Eyler Simpson, destinado por una Fundación de su país al estudio de México, en los aspectos legal y económico. Joven todavía, Mr. Simpson llevaba dos años dedicado a documentarse sobre México. Desde entonces, proyectaba vivir en México tres años consecutivos a fin de continuar sus estudios sobre el terreno. Dos estudiantes más pagaba la Fundación para especialidades mexicanas y una docena tenía repartidos por la América del Sur. El propósito de la Fundación es crear personal experto de categoría universitaria, para el servicio del Departamento de Estado en sus relaciones con nuestras nacionalidades hispánicas. Aparte de laborioso y concienzudo, mister Simpson es bien parecido y bien educado, inteligente sin brillo, pero disciplinado y preciso; el tipo ideal del perito, el especialista. En México se hallaba Simpson agregado a la Embajada Americana, aunque quizás no sostenido por ella, pero sí en íntimo contacto, que no me ocultó. Dos o tres veces me visitó. Mr. Simpson, reanudando una amistad que ya desde Chicago se había fortalecido en comidas y paseos, animados con la compañía de Mrs. Simpson, una bellísima dama y artista. Valerie que era en todo deslumbrante y hablaba como idiomas propios el inglés y el francés, me ayudó en el agasajo de Mrs. Simpson. Y cierta ocasión, por la tarde, mientras contemplábamos Simpson y yo, desde el balcón de las oficinas del Comité vasconcelista, la arquitectura

[16]**consigna** orders

llena de gracia de ese Palacio latino y tan mexicano que es el Teatro Nacional, hoy deformado con el nombre de Palacio de Bellas Artes, construcción neobarroca, recia como las de la Colonia y preciosa como la orfebrería de los viejos plateros. Simpson me dijo, hecha a un lado toda reserva: —"Cuenta usted con todo para triunfar; tiene usted la opinión a su favor, pero le falta algo que en los actuales momentos es importante, le falta la buena voluntad de la Embajada yanqui." —"¿Por qué no me quiere la Embajada?", pregunté, con franqueza equivalente a la buena intención del aviso.

Entonces, con la precisión de su temperamento de técnico, mi antiguo discípulo expresó: "Los Estados Unidos son un país eminentemente industrial que necesita mercados; el mercado natural de los Estados Unidos está en América Latina. Una buena colaboración continental supone que los Estados Unidos fabriquen mercancías, que México y los países del Sur produzcan las materias primas; tambíen los productos tropicales que no se dan o se dan mal en los Estados Unidos". Inmediatamente me vino a la memoria el vasto plan azucarero en que mister Morrow había embarcado a los del gobierno por el Mante,[17] negocio del clan de los Calles, y por Morelos, donde se decía que Calles y Morrow eran los promotores. Y Simpson prosiguió: —"Cualquier gobierno que garantice a los Estados Unidos una política de cooperación económica racional, según he expresado, que se comprometa, además, a respetar los tratados recientemente concluídos, será un gobierno grato. Y yo dudo que usted, con sus ambiciones de construir un México autónomo, pueda alguna vez contar con la simpatía de la Embajada".

¿Era aquello advertencia? ¿Era simple confesión amistosa sin alcance?[18] . . . En todo caso me pareció ocioso, improcedente, ponerme a discutir y me limité a contestar: —"Sí, yo también lo dudo". Y cambiamos de tema.

El edificio de la Embajada ocupa una manzana entera, pero es, por fuera, bien modesto, de un solo piso, con balcones anchos y en el muro trepadoras que rompen la monotonía del blanqueado a la antigua. Interiormente, los vestíbulos espaciosos, las nobles salas, el patio en cuadro de columnas de cantería; y el decorado de brocados rojo y oro—el piso de baldosas con valiosos tapetes de colores

---

[17]**Mante** city in the state of Tamaulipas   [18]**sin alcance** without greater significance

suaves, los muebles anchos y reposantes, todo da la impresión de
un palacio privado, a estilo de Roma en la época de su poderío.

A su sangre inglesa deben los americanos cierto abolengo imperial, que, añadido a su potencia recién conquistada, les permite
reconocer y ocupar sin desdoro las viejas mansiones que los españoles de la época gloriosa se construyeron en México, la segunda
capital de su Imperio. Y mientras los riquillos de nuestro México
degenerado, alquilan casas como la de la Embajada, para cons-
truirse chalets llamativos de interiores ruines, los norteamericanos
acomodados se establecen con naturalidad en las alcobas señoria-
les, tras de ponerlas al día con auxilio de plomeros y técnicos de la
calefación, la refrigeración. Y las habitan, según corresponde a los
herederos del imperio, los señores de la conquista nueva.

La comida escasa, no obstante que era el medio día, la sirvieron
en el despacho privado de Su Excelencia, en mesilla removible. Los
libros que había sobre la mesa de trabajo, no daban idea de un gusto refinado, eran obras de colegas abogados o banqueros, jerga
comercial del capitalismo, sin el simulado amor por el arte y la literatura, que caracteriza a banqueros como el patrón de Morrow,
mister Morgan.[19] Se veía que Morrow, "nouveau riche", no
llegaba aún a la categoría del coleccionador de cosas de arte. En las
repisas, tenía Morrow, junto con retratos de amigos suyos, uno del
general Calles. Hace falta pensé, otro de Amaro para que se entere-
se Lombroso.[20] De inmediato abordamos el asunto del día y le for-
mulé el cargo de que, bajo capa de amistad por México, él y su
gobierno ayudaban a sostener en el poder gentes que, en su tierra,
procurarían poner en presidio. No defendió a los aludidos. Unicamente, cuando precisé que eran asesinos y ladrones expresó: —"No
sé lo que, conforme a los standards de ustedes, sean un asesino y un
ladrón de la política." Irritado, repuse: —"Cuando un individuo
entra a la política sin un centavo y en ella se hace rico, cuando un
sujeto para sostenerse en el poder manda matar a sus rivales, en
castellano, tal sujeto es un asesino y un ladrón; en inglés, no es otra
cosa que un "gangster" y un "murderer" y en todos los idiomas
civilizados lleva nombre equivalente. Y tal caso, no es opinable, es
notorio y no tiene excusa quien lo defiende . . ."

[19]**John Pierpont Morgan** *(1837-1913) famous U.S. financier of the late
19th and early 20th centuries* [20]**Cesare Lombroso** *(1836-1909) Italian
physician and criminologist who believed that criminals had certain physical traits that distinguished them from other people.*

Se quedó tranquilo, inconmovible, y al cabo de un instante, repuso: "No es el primer caso en la historia en que una banda de forajidos bien armados se impone por toda una generación o por varias a toda una nación que está desarmada . . ." —"Pero no es tampoco acto de amistad internacional—opuse—, que el vecino poderoso ayude a esa banda con armas y con créditos, cada vez que se ve amenazada por la revuelta" . . . A esto último me dió respuesta evasiva, pero difícil de rebatir: —"Yo no tengo la culpa —dijo—, de haberme encontrado a tal clase de gente en el poder . . . Yo no dudo que haya en su país hombres honrados, pero yo tengo que tratar con los que representan oficialmente al país, no me toca cambiarlos", etc., etc. . . . La respuesta era especiosa, nadie le pedía que los cambiara, lo único que exigía la decencia internacional, el sentido mismo de humanidad, es que no los cobijase.

—"Va a ser difícil que usted reúna muchos votos", me dijo Morrow, en párrafo final de la entrevista, "porque, aunque yo no niego su popularidad, usted sabe el poder de la maquinaria oficial. A última hora los cómputos pueden dar muchas sorpresas" . . . Pero —añadió—, usted está haciendo una obra importante; usted está educando al pueblo en la democracia; le enseñará usted a votar y aunque esta elección la perderán ustedes, porque el gobierno está muy fuerte, en la próxima, de aquí a cuatro años, su triunfo será seguro . . . siempre que no cometan ustedes el error de intentar una rebelión" . . .

Al decir esto Morrow, descubrí quién era el que había dado al Partido oficial su tesis hipócrita, de que no nos veían con malos ojos y que no triunfaríamos, pero que estábamos educando al pueblo . . . En labios del mismo Portes Gil habían escuchado, amigos nuestros, la necedad apuntada . . . y la repetían los diputados. No cabía, pues, duda. Un país gobernado por malvados y por ineptos, tenía que tomar del Procónsul no sólo el programa nacional, también el argumento que se cree válido contra los opositores.

—JOSE VASCONCELOS, *El proconsulado*

Ejercicios

I. *Conteste Ud. a las preguntas siguientes en oraciones completas:*

1. ¿Por qué eligió Vasconcelos la plazuela de Santo Domingo para su discurso?
2. ¿Qué significa el título de esta selección?
3. ¿Por qué prefería Vasconcelos la ciudad al campo?
4. ¿Qué ideas pronunció Vasconcelos en su discurso?
5. ¿Qué opina Vasconcelos de la prensa internacional?
6. ¿Por qué no le gusta a Vasconcelos el término "indoamericano"?
7. Según Simpson ¿por qué no tiene Vasconcelos el apoyo de la Embajada norteamericana?
8. ¿Cuál es el efecto de la comparación de la Embajada con un palacio privado al estilo de Roma?
9. ¿De qué acusa Vasconcelos al Embajador Morrow?
10. Para Vasconcelos, ¿cuál es la última prueba de que Morrow es el Procónsul de México?

II. *Empareje Ud. cada nombre de la columna a la izquierda con la frase correspondiente de la columna a la derecha.*

1. Quetzalcóatl
2. Huitzilopochtli
3. Hernán Cortés
4. J. R. Poinsett
5. Plutarco E. Calles
6. Emilio Portes Gil
7. Dwight Morrow
8. Eyler Simpson
9. Amaro
10. J. P. Morgan

a. primer diplomático de Estados Unidos a México hacia 1825
b. general mexicano
c. presidente durante la Guerra de los cristeros
d. banquero norteamericano
e. abanderado del Dios cristiano
f. el Procónsul
g. dios tolteca
h. presidente de México cuando la campaña de Vasconcelos
i. agregado de la Embajada de los Estados Unidos
j. dios azteca

III. *Escriba una oración completa basada en la lectura con cada una de las frases siguientes para luego comentarlas.*

1. disponer de un balcón
2. sin rubor
3. para que la sorna estallase
4. aparecía nuestro cortejo
5. llevaba dos años
6. las materias primas
7. ocupa una manzana entera
8. cierto abolengo imperial
9. procurarían poner en presidio
10. no me toca cambiarlos

IV. *Temas para discutir*

1. Indigenismo e hispanidad en México
2. Dos versiones de Huitzilopochtli, la de Vasconcelos y la del primer capítulo de este libro
3. La actitud antiyanqui de Vasconcelos

Nos han dado la tierra

Después de tantas horas de caminar sin encontrar ni una sombra de árbol, ni una semilla de árbol, ni una raíz de nada, se oye el ladrar de los perros.

Uno ha creído a veces, en medio de este camino sin orillas, que nada habría después; que no se podría encontrar nada al otro lado, al final de esta llanura rajada de grietas y de arroyos secos. Pero sí, hay algo. Hay un pueblo. Se oye que ladran los perros y se siente en el aire el olor del humo, y se saborea ese olor de la gente como si fuera una esperanza.

Pero el pueblo está todavía muy allá. Es el viento el que lo acerca.

Hemos venido caminando desde el amanecer. Ahorita son algo así como las cuatro de la tarde. Alguien se asoma al cielo, estira los ojos hacia donde está colgado el sol y dice:

—Son como las cuatro de la tarde.

Ese alguien es Melitón. Junto con él, vamos Faustino, Esteban

y yo. Somos cuatro. Yo los cuento: dos adelante, otros dos atrás.
Miro más atrás y no veo a nadie. Entonces me digo: "Somos cuatro". Hace rato, como a eso de las once, éramos veintitantos; pero
puñito a puñito se han ido desperdigando[21] hasta quedar nada más
este nudo que somos nosotros.
Faustino dice:
—Puede que llueva.
Todos levantamos la cara y miramos una nube negra y pesada
que pasa por encima de nuestras cabezas. Y pensamos: "Puede que
sí".
No decimos lo que pensamos. Hace ya tiempo que se nos acabaron las ganas de hablar. Se nos acabaron con el calor. Uno
platicaría muy a gusto en otra parte, pero aquí cuesta trabajo. Uno
platica aquí y las palabras se calientan en la boca con el calor de
afuera, y se le resecan a uno en la lengua hasta que acaban con el re-
suello. Aquí así son las cosas. Por eso a nadie le da por platicar.
Cae una gota de agua, grande, gorda, haciendo un agujero en la
tierra y dejando una plasta como la de un salivazo. Cae sola. Nosotros esperamos a que sigan cayendo más y las buscamos con los
ojos. Pero no hay ninguna más. No llueve. Ahora si se mira el cielo
se ve a la nube aguacera corriéndose muy lejos, a toda prisa. El
viento que viene del pueblo se le arrima empujándola contra las
sombras azules de los cerros. Y a la gota caída por equivocación se
la come la tierra y la desaparece en su sed.
¿Quién diablos haría este llano tan grande? ¿Para qué sirve, eh?
Hemos vuelto a caminar, nos habíamos detenido para ver
llover. No llovió. Ahora volvemos a caminar. Y a mí se me ocurre
que hemos caminado más de lo que llevamos andado. Se me ocurre
eso. De haber llovido quizá se me ocurrieran otras cosas. Con todo,
yo sé que desde que yo era muchacho, no vi llover nunca sobre el
llano, lo que se llama llover.
No, el llano no es cosa que sirva. No hay ni conejos ni pájaros.
No hay nada. A no ser unos cuantos huizaches trespeleques[22] y una
que otra manchita de zacate con las hojas enroscadas; a no ser eso,
no hay nada.
Y por aquí vamos nosotros. Los cuatro a pie. Antes andábamos

---

[21]**pero puñito . . . desperdigando** but little by little they have been drop-
ping off [22]**trespeleque** *Mex.* sickly-looking, worthless

a caballo y traíamos terciada[23] una carabina. Ahora no traemos ni siquiera la carabina. Yo siempre he pensado que en eso de quitarnos la carabina hicieron bien. Por acá resulta peligroso andar armado. Lo matan a uno sin avisarle, viéndolo a toda hora con "la 30"[24] amarrada a las correas. Pero los caballos son otro asunto. De venir a caballo ya hubiéramos probado el agua verde del río, y paseado nuestros estómagos por las calles del pueblo para que se les bajara la comida. Ya lo hubiéramos hecho de tener todos aquellos caballos que teníamos. Pero también nos quitaron los caballos junto con la carabina.

Vuelvo hacia todos lados y miro el llano. Tanta y tamaña tierra para nada. Se le resbalan a uno los ojos al no encontrar cosa que los detenga. Sólo unas cuantas lagartijas salen a asomar la cabeza por encima de sus agujeros, y luego que sienten la tatema[25] del sol corren a esconderse en la sombrita de una piedra. Pero nosotros, cuando tengamos que trabajar aquí, ¿qué haremos para enfriarnos del sol, eh? Porque a nosotros nos dieron esta costra de tepetate[26] para que la sembráramos.

Nos dijeron:

—Del pueblo para acá es de ustedes.

Nosotros preguntamos:

—¿El Llano?

—Sí, el llano. Todo el Llano Grande.

Nosotros paramos la jeta[27] para decir que el llano no lo queríamos. Que queríamos lo que estaba junto al río. Del río para allá, por las vegas, donde están esos árboles llamados casuarinas[28] y las paraneras[29] y la tierra buena. No este duro pellejo de vaca que se llama el Llano.

Pero no nos dejaron decir nuestras cosas. El delegado no venía a conversar con nosotros. Nos puso los papeles en la mano y nos dijo:

—No se vayan a asustar por tener tanto terreno para ustedes solos.

—Es que el llano, señor delegado . . .

—Son miles y miles de yuntas.

—Pero no hay agua. Ni siquiera para hacer un buche hay agua.

[23]**terciada** slung crosswise   [24]**"la 30"** carbine rifle   [25]**tatema** heat   [26]**tepetate** rocky land   [27]**paramos la jeta** we made a face   [28]**casuarina** kind of tree   [29]**paraneras** grasslands

—¿Y el temporal? Nadie les dijo que se les iba a dotar con tierras de riego. En cuanto allí llueva, se levantará el maíz como si lo estiraran.

—Pero, señor delegado, la tierra está deslavada, dura. No creemos que el arado se entierre en esa como cantera que es la tierra del Llano. Habría que hacer agujeros con el azadón para sembrar la semilla y ni aún así es positivo que nazca nada; ni maíz ni nada nacerá.

—Eso manifiéstenlo por escrito. Y ahora váyanse. Es el latifundio al que tienen que atacar, no al Gobierno que les da la tierra.

—Espérenos usted, señor delegado. Nosotros no hemos dicho nada contra el Centro. Todo es contra el Llano . . . No se puede contra lo que no se puede. Eso es lo que hemos dicho . . . Espérenos usted para explicarle. Mire, vamos a comenzar por donde íbamos.

Pero él no nos quiso oír.

Así nos han dado esta tierra. Y en este comal acalorado quieren que sembremos semillas de algo, para ver si algo retoña y se levanta. Pero nada se levantará de aquí. Ni zopilotes. Uno los ve allá cada y cuando, muy arriba, volano a la carrera; tratando de salir lo más pronto posible de este blanco terregal endurecido, donde nada se mueve y por donde uno camina como reculando.

Melitón dice:

—Esta es la tierra que nos han dado.

Faustino dice:

—¿Qué?

Yo no digo nada. Yo pienso: "Melitón no tiene la cabeza en su lugar. Ha de ser el calor el que lo hace hablar así. El calor que le ha traspasado el sombrero y le ha calentado la cabeza. Y si no, ¿por qué dice lo que dice? ¿Cuál tierra nos han dado, Melitón? Aquí no hay ni la tantita que necesitaría el viento para jugar a los remolinos".

Melitón vuelve a decir:

—Servirá de algo. Servirá aunque sea para correr yeguas.

—¿Cuáles yeguas? —le pregunta Esteban.

Yo no me había fijado bien a bien en Esteban. Ahora que habla, me fijo en él. Lleva puesto un gabán que le llega al ombligo, y debajo del gabán saca la cabeza algo así como una gallina.

Sí, es una gallina colorada la que lleva Esteban debajo del gabán. Se le ven los ojos dormidos y el pico abierto como si bostezara. Yo le pregunto:

—Oye, Teban, ¿de dónde pepenaste[30] esa gallina?

—¡Es la mía! —dice él.

—No la traías antes. ¿Dónde la mercaste, eh?

—No la merqué, es la gallina de mi corral.

—Entonces te la trajiste de bastimento, ¿no?

—No, la traigo para cuidarla. Mi casa se quedó sola y sin nadie para que le diera de comer; por eso me la traje. Siempre que salgo lejos cargo con ella.

—Allí escondida se te va a ahogar. Mejor sácala al aire.

El se acomoda debajo del brazo y le sopla el aire caliente de su boca. Luego dice:

—Estamos llegando al derrumbadero.

Yo ya no oigo lo que sigue diciendo Esteban. Nos hemos puesto en la fila para bajar la barranca y él va mero adelante. Se ve que ha agarrado a la gallina por las patas y la zangolotea[31] a cada rato, para no golpearle la cabeza contra las piedras.

Conforme bajamos, la tierra se hace buena. Sube polvo desde nosotros como si fuera un atajo de mulas lo que bajara por allí; pero nos gusta llenarnos de polvo. Nos gusta. Después de venir durante once horas pisando la dureza del llano, nos sentimos muy a gusto envueltos en aquella cosa que brinca sobre nosotros y sabe a tierra.

Por encima del río, sobre las copas verdes de las casuarinas, vuelan parvadas[32] de chachalacas[33] verdes. Eso también es lo que nos gusta.

Ahora los ladridos de los perros se oyen aquí, junto a nosotros, y es que el viento que viene del pueblo retacha[34] en la barranca y la llena de todos sus ruidos.

Esteban ha vuelto a abrazar su gallina cuando nos acercamos a las primeras casas. Le desata las patas para desentumecerla, y luego él y su gallina desaparecen detrás de unos topemosquitos.

—¡Por aquí arriendo yo![35]—nos dice Esteban.

Nosotros seguimos adelante, más adentro del pueblo.

La tierra que nos han dado está allá arriba.

—JUAN RULFO, *El llano en llamas*

---

[30]**pepenar** *Mex.* to pick up, scrounge in the garbage dump   [31]**zangolotea** he shakes violently   [32]**parvadas** flocks   [33]**chachalacas** birds that cry continuously while flying   [34]**retacha** bounces off   [35]**—por aquí arriendo yo!** this is where I'm getting off

Ejercicios

I. *Conteste Ud. a las preguntas siguientes en oraciones completas:*

1. ¿Quiénes son los que van caminando hacia el pueblo?
2. ¿Por qué ya no quieren platicar?
3. Describa Ud. el llano.
4. Según el narrador ¿por qué hicieron bien en quitarles las carabinas a los hombres?
5. ¿Por qué los campesinos no querían las tierras del llano?
6. ¿Cómo responde el delegado a las afirmaciones de los campesinos de que las tierras del llano no valen nada?
7. ¿Qué hacen los zopilotes cuando ven el llano?
8. ¿Qué trae Esteban debajo de su camisa?
9. ¿Por qué les gusta a los caminantes llenarse de polvo?
10. ¿Qué representa el pueblo para los caminantes?

II. *Explique Ud. el efecto de las frases poéticas que siguen y busque Ud. otras:*

1. Alguien se asoma al cielo, estira los ojos hacia donde está colgado el sol y dice:
2. este duro pellejo de vaca que se llama Llano
3. Pero nada se levantará aquí. Ni zopilotes

III. *Busque Ud. las palabras asociadas con los cinco sentidos: vista, oído, olfato, gusto y tacto.*

IV. *Tema para discutir: la reforma agraria en general y las condiciones necesarias para que funcione bien.*

Ni un trozo de lo mío

(*Se oye el ruido de un carro. El Perro se descubre. Entran, por la izquierda míster James Allen, Casimiro Zamora, el ingeniero*

White y un ayudante. El vicepresidente de la "Pánuco River Oil Company" es un yanqui cuarentón, sanguíneo,[36] *fuerte, rudo. Casimiro Zamora es gordo y moreno. El ingeniero White tendrá unos treinta y cinco años, alto, flaco, con lentes sobre la nariz filuda. Su ayudante es un tipo vulgar, mexicano, que trae un teodolito.*[37] *Todos visten camisola,*[38] *pañuelo al cuello, botas, Colt al cinto y saracof.*[39] *Zamora viene limpiándose el polvo y el sudor de la cara.*)

PERRO: (*Cuadrándose y saludando militarmente.*) A sus órdenes, jefe. Ahí está la gente, a la entrada, como me ordenó.

MISTER ALLEN: ¡Oh! No importa eso.

CASIMIRO: Venimos a ver a Rómulo, no vamos al Aguaje.

(*Casimiro Zamora presenta a Rómulo y a Damián con los yanquis.*)

CASIMIRO: Aquí tiene usted, mister Allen, a estos modelos de campesinos. ¡No me frunza la cara, Rómulo! Es la pura verdad. Ya mister Allen lo sabe.

MISTER ALLEN: (*Al ingeniero y al ayudante.*). ¿Para qué bajaron ese teodolito?

CASIMIRO: Yo creí que lo necesitaríamos.

MISTER ALLEN: ¡Oh, no! Déjelo ahí. Venimos a saludar al señor . . . (*señala a Rómulo*) a don . . . ¡Oh! A éste.

CASIMIRO: Rómulo Galván.

MISTER ALLEN: Bueno, sí, Rómulo. Ya usted ha de saber a lo que ha venido la "Pánuco River".

ROMULO: Sé que ha venido a dejarnos a todos los rancheros sin qué comer.

MISTER ALLEN: (*Sonriente*) ¡Oh, no, Róm . . . Róm . . .!

CASIMIRO: (*A mister Allen.*) Rómulo Galván.

MISTER ALLEN: Sí, sí. Ya sé.

CASIMIRO: (*A Rómulo.*) Es lo que yo le decía, cuando venía a verle. Usted no quiere pensar en su patria. ¿Para qué le sirve este pedacito de tierra, vamos a ver? Para nada. Y la Compañía viene a hacer la riqueza de México.

MISTER ALLEN: ¡Oh, eso sí! ¡Mucha, mucha riqueza!

---

[36]**sanguíneo** red faced   [37]**teodolito** theodolite, surveyor's instrument   [38]**camisola** loose-fitting shirt worn over the pants   [39]**saracof** hat with a round rim

ROMULO: Nosotros le hemos dicho a don Casimiro todo lo que teníamos que decir, señor. ¿Verdad, Damián?

DAMIAN: Absolutamente todo.

MISTER ALLEN: No importa. Yo vengo a darles dinero por esta tierra. Y por todo el rancho . . . el rancho de la Vaca.

CASIMIRO: De San Juan de la Vaca, mister Allen.

MISTER ALLEN: Sí sí. Ya sé. (*A Rómulo y a Damían.*) Mucho dinero, y casa en Tampico,[40] con luz eléctrica y baño. Ustedes tendrán que decir que sí.

ROMULO: Nosotros decimos que no.

CASIMIRO: ¡Pero, Rómulo! ¿Qué es esto, hombre? ¡No sea insensato!

MISTER ALLEN: (*A Casimiro*) ¡Oh! Déjelo usted, déjelo. El quiere seguramente sacarle más dinero a su tierra. Es un buen negociante. (*Sonriente a Rómulo*) ¿Verdad?

ROMULO: No, señor. Yo no quiero nada.

MISTER ALLEN: Pues, mire usted, Róm . . . Róm . . . ¡Oh, usted! La compañía está dispuesta a quedarse con ella al precio que usted diga. Ustedes ni siquiera saben cómo explotarla, y nosotros somos especialistas en eso.

ROMULO: No, señor. Ni un trozo de lo mío.

PERRO: ¡Hombre, acuérdese de lo del Aguaje!

DAMIAN: (*Saltando a su vez, excitado*) ¡Lo del Aguaje!

PERRO: Hubo sus muertitos. Tampoco querían la civilización.

MISTER ALLEN: ¡Oh, no, no, Perro! Lo del Aguaje no fue por eso. Eran ladrones. Y yo, con todo dolor de mi corazón . . .

CASIMIRO: (*A Rómulo y a Damián*) Es verdad. Míster Allen es un cristiano al que le duele mucho tener que usar de la fuerza.

MISTER ALLEN: Cristiano de la iglesia presbiteriana de Ohio, sí, sí. Y yo quiero arreglar esto comercialmente, con amor y con dinero.

CASIMIRO: Solamente a eso hemos venido.

WHITE: (*Impaciente, a mister Allen.*) Deberíamos, de una vez, medir esto. (*Señala hacia la casa.*) Por ahí detrás debe de estar la seña que dejé hace quince días.

CASIMIRO: (*A Rómulo y a Damián.*) El pozo. Ya ustedes habrán visto cómo se perfora . . . ¿no?

ROMULO: (*A mister Allen.*) Mire, ni pierda su tiempo. Hagan lo que quieran. Yo no vendo medio metro de esto.

[40]**Tampico** *port city in the state of Tamaulipas*

CASIMIRO: (*Irritado.*) ¡Como usted quiera, Rómulo! ¡Vaya terquedad de estos gañanes! (*Se quita el saracof y se limpia el
sudor, resoplando.*) Y conste que ustedes mismos se ponen fuera de la ley.

WHITE: De una vez que venga la peonada, y empezamos.

(*Las últimas palabras de cada uno de ellos han sido en voz demasiado alta. Comienza a hacerse un ambiente de excitación. Salen
de la casa Candelaria y Raquel, que forman grupo aparte con sus
dos hombres.*)

PERRO: (*Amenazante.*) ¡De veras que se les viene a hablar por la
buena, y abusan!

DAMIAN: Mire, Perro . . .

PERRO: No más hábleme. ¡Más gallitos los he visto, y a todos les he
torcido el pescuezo! (*Con la mano en la pistola.*)

CANDELARIA Y RAQUEL: (*Cogen a Damián.*) ¡Damián! ¡Damían,
por Dios santo! ¡No te comprometas!

MISTER ALLEN: (*Seco.*) Bueno. Yo no he venido a perder mi tiempo. Cada minuto es para mí mucho dinero. (*A Rómulo.*) Quieres, ¿sí o no?

ROMULO: No.

CASIMIRO: (*A Rómulo.*) ¡Usted sabe! Pero, eso sí le digo. Aquí al
que se opone a la civilización, se le trata con mano de hierro.

MISTER ALLEN: (*Se encoge de hombros, excitado.*) ¡Ni qué hablar
más! (*Se dirige a los suyos, sin dar ninguna importancia al otro
grupo.*) Ahí le dejo, White. Yo tengo mucho que hacer. (*Mira
su reloj.*) ¡Cada minuto que pasa es para mí muchísimo dinero!

WHITE: (*Vacilante, mirando a los rancheros.*) Entonces . . .

MISTER ALLEN: Usted empiece a hacer su trabajo. La gerencia de
New York está necesitando el petróleo de la Vaca. Se queda el
Perro con usted.

CASIMIRO: ¿Y si estos gañanes se quieren poner pesados . . . ?

PERRO: (*Agarrándose la pistola.*) ¿Que qué? ¡Con las ganas que tienen mis muchachos de estrenar sus rifles!

DAMIAN: (*Conteniéndose, entre las dos mujeres.*) ¡Mire, Perro . . .!

PERRO: (*Insolente, abre las piernas y escupe.*) Ya le dije que no más
me hable. Y ahora, váyanse a quejar si quieren. ¡A ver quién les
hace caso!

CASIMIRO: A ver qué autoridad protege sus necias ambiciones.

CANDELARIA Y RAQUEL: (*Sujetando a Damián.*) ¡Damián!
¡Damián! ¡No te comprometas!

MISTER ALLEN: (*Echando un vistazo en rededor.*) Perfectamente.
(*Al grupo de rancheros.*) Conque ya saben. Desde este momento, se acabó la Vaca. Esto no es ya más que el pozo número 137
de la "Pánuco Oil Company". ¡El pozo 137!

Cuatro mil barriles diarios

RAQUEL: Dice Damián que todo lo han convertido en pozos.

ROMULO: ¡Todo! Ahora, en medio de los ranchitos, sólo se ven
esos fierros y esos tubos.

CANDELARIA: La tierra nos traicionó, Rómulo.

ROMULO: ¡La muy mula! Era nuestra madre, nos fingía cariño, y se
guardaba la puñada para lo último. ¡Que se quede con ellos!

CANDELARIA: ¡Lástima que ya estamos tan viejos! Me da miedo ir
a vivir a otra parte! Se me hace como que ya no podré vivir en
ninguna más.

RAQUEL: Ya verás cómo nos acostumbramos.

CANDELARIA: Ustedes, sí. Son muchachos y olvidan. Para nosotros ya no hay tranquilidad. Los viejos sólo vivimos de recuerdos, y nuestros recuerdos son muy ingratos.

ROMULO: (*Repite, tristemente.*) ¡Muy ingratos!

(*Mientras se han dicho las últimas palabras en la casa, se oye
aproximarse un vocerío, por la izquierda. Entran cinco rancheros,
apresuradamente. Oscuro sobre la casa. Luz viva sobre el grupo
que entra. Los rancheros visten calzón, huaraches y sombreros de
palma. Se detienen, sin atreverse a llegar a la casa.*)

RANCHERO 1º: Bueno, vamos llegando. Es mejor que lo sepan de
una vez.

RANCHERO 2º: Yo no me atrevo, verdad de Dios. Ya se me figura lo
que les va a poder.

RANCHERO 3º: Pensaban irse ahora, huyendo precisamente de estas
calamidades.

RANCHERO 1º: ¡Ah, malditos! ¡Qué corazón de hombre . . . , qué?
negro corazón!

(*Luz completa, en resistencia. Salen de la casa, con cierta violencia, Rómulo, Candelaria y Raquel. Las dos mujeres miran an-
siosamente a los rancheros. Lanzan un grito, temiendo comprender. Rómulo se adelanta hacia ellos.*)

ROMULO: ¿Qué pasa?

RANCHERO 1°: Somos nosotros, don Rómulo.

RAQUEL: (*Se precipita hacia ellos.*) ¡A que vienen a informar de Damián! ¿Verdad que sí? ¿Qué tiene? ¿Por qué no ha venido? ¡Damián! ¡Damián!

RANCHERO 1°: Mire, don Rómulo . . .

ROMULO: Sin rodeos. ¿Lo agarraron? ¿Se lo llevaron preso?

RANCHERO 2°: No, no, don Rómulo. (*A un compañero, volviéndose de espaldas.*) Dilo tú. ¡Yo no puedo!

RANCHERO 3°: Lo acusaban de querer hacer lo mismo que hicieron los del Camalote . . .

RAQUEL: ¡Lo acusaban! ¿Quiénes? ¿Dónde está Damián? (*Les estruja las manos, toda deshecha, entre lloros.*)

CANDELARIA: ¿Qué pasó? ¿Qué pasó? ¡Duélanse de nosotros! ¡Digan la verdad!

RANCHERO 2°: (*Todo trabado al hablar, mientras los demás bajan la cabeza, con los sombreros entre las manos.*) Ahora verá usted, Candelaria. Cómo le diré . . . Dijeron que Damián . . . , que Damián . . .

RANCHERO 1°: . . . que Damián quería quemar San Juan de la Vaca, antes de irse, con todo y los gringos y el pozo. Eso fue.

RAQUEL: (*Gritando.*) ¿Y qué le hicieron?

RANCHERO 3°: Lo mataron, Raquelita.

RANCHERO 2°: Todavía ha de estar calientito su cuerpo. Lo martirizaron. Primero, le dieron de machetazos, y luego . . .

ROMULO, CANDELARIA Y RAQUEL: ¡Lo mataron!

RANCHERO 1°: Nosotros ya no más le vimos cadáver. Cuando llegamos . . .

ROMULO: (*Con un coraje frío.*) El Perro . . . ¿verdad?

RANCHERO 3°: El Perro y sus hombres.

ROMULO: Llévenme para allá.

CANDELARIA: (*Apretándolo entre sus brazos.*) ¡No, no, Rómulo! ¡No te vayas! ¡No tientes a Nuestro Señor! ¡Entonces, ya no no más Damián, sino tú, también! ¡Muerto! ¡No, no, por Dios santo! ¡No te vas! ¡No te vas!

RAQUEL: (*Ahogadamente, echándose al suelo, a la entrada de la casa.*) ¡Me lo mataron! ¡Damián! ¡Damian!

(*Aparece, por la izquierda, Teófilo Reynoso. Viene también muy excitado. Se da cuenta de todo, apenas aparece. Candelaria le agarra por los brazos. Raquel llora.*)

CANDELARIA: ¡Compadre, qué hacemos! ¡Que lo mataron . . ., que lo martirizaron al pobrecito! ¡Dios no quiere que nos vayamos!

TEOFILO: Cálmese, comadre. Esto ya no tiene remedio. *(A Rómulo.)* Nada, compadre. Fue el Perro. Cuando salí a buscar a Damián, no pude encontrarle por ninguna parte. Hasta creí que ya estaría de regreso acá.

RANCHERO 2°: Damián andaba buscando al Perro.

TEOFILO: ¡Lo que tanto temíamos! No se aguantó.

ROMULO: *(Roncamente.)* Y el Perro lo mandó asesinar por su tropa de malditos. ¿Verdad? porque ése no es capaz de haberse puesto cara a cara con Damián.

TEOFILO: Lo agarraron entre las guardias blancas.

ROMULO: ¡Pues que de una vez se acabe todo!

(Rómulo va a arrancar. Lo detienen entre Teófilo y Candelaria. Las dos mujeres lloran.)

TEOFILO: ¡No, no, compadre! ¡Adónde va, hombre! ¡Mire que ésos andan decididos a todo! ¡Cómo diablos va a ir usted solo a que lo cacen!

ROMULO: ¡Suélteme, compadre!

TEOFILO: No lo suelto. Cálmese. *(Reteniéndolo fuertemente.)* Ya me iba a seguir una bola de rancheros. Todos de San Juan de la Vaca andaban como si les hubieran azotado la cara. Pero les mandaron a las guardias blancas con una ametralladora, y ya nadie tuvo ánimo.

ROMULO: ¡Ni necesito de nadie! ¡De nadie! ¿Ya lo oye, compadre?

RANCHERO 2°: *(Señala a la izquierda.)* ¡Ahí vienen! ¡Ahí vienen!

(Salen por la derecha los rancheros, precipitadamente. Entran por la izquierda, el Perro y un piquete de guardias blancas. Estos traen el rifle embrazado. Rómulo se arroja contra el Perro. Lo detienen difícilmente entre Teófilo y Candelaria.)

PERRO: No lo detengan. ¡También el viejo ha de querer su ración! *(Avanza hasta donde está echada Raquel, y la agarra de un brazo para levantarla.)* ¡Levántate, mi alma, lucero de la mañana, que no más vengo por ti!

(Rómulo cae sobre el Perro, de golpe. Los guardias lo golpean, mientras Teófilo y Candelaria luchan por arrancarlo. Rómulo se tambalea, llevándose las manos a la cara, atacado, y queda en manos de los hombres como un hilacho.)

PERRO: (*A sus hombres.*) Aviéntenlo por ahí.

(Entre dos guardias arrastran a Rómulo, echando a culatazos a Candelaria y a Teófilo, que pretenden retener al atacado. La violencia de la escena es de una rapidez extraordinaria. Candelaria sale con su marido.)

PERRO: (*A sus hombres.*) ¡Ahora! ¿Qué esperan? ¡Llévense a ésa!

(Otros guardias se apoderan de Raquel, que grita y se defiende desesperadamente. Teófilo le arranca al Perro el machete, y se arroja contra él. Dos guardias paran el golpe con el rifle y lo sujetan. Ha sacado, mientras tanto, a Raquel, por la izquierda.)

PERRO: ¡A este jijo[41] me le aplican la ley fuga![42] ¡Andale, córrele a ver si te escapas de los plomazos!

(Sacan a Teófilo entre cuatro hombres. El Perro se pone las manos en la cintura, con las piernas muy abiertas, y habla a sus gentes, dirigiéndose a la izquierda.)

PERRO: Déjenme a la muchacha en el campamento ¡Ahora sí, Raquelita, vas a dormir con un hombre de veras! ¡De Domitilo Palomera no se ha burlado ninguna hembra! ¡Y el que me la hace, me la paga! ¡Esta noche se van a acabar todos los que me la deban y todos los que se opongan al progreso! ¡Déjenmela ahí en el campamento, muchachos! ¡En seguida se la paso a los que sean más hombres! ¿Qué quieren? ¿Mezcal o tajada?

VOCES: (*Dentro.*) ¡Mezcal y tajada,[43] jefe!

(Sale el Perro, a tiempo en que por la casa y por todos lados irrumpe una tropa de trabajadores, todos sucios de chapopote,[44] que vociferan.)

TRABAJADORES: ¡El petróleo! ¡El petróleo! ¡Lo menos cuatro mil barriles diarios! ¡Ya brotó el 137!

(Cae sobre el escenario la sombra de una torre que arroja un chorro negro, y una masa de hombres que eleva los brazos y arroja en alto los sombreros, gritando con voces frenéticas.)

—MAURICIO MADGALENO, *Pánuco 137*

[41]**jijo (hijo)** expletive similar to "son of a . . .!"   [42]**ley fuga** *a practice of killing prisoners by encouraging them to escape and shooting them as they fled*   [43]**tajada** slice of food   [44]**chapopote** tar

Sueños

En los campamentos se decía:

—Es necesario pedir a las empresas que instalen hospitales, que pongan médicos y que paguen las medicinas . . .

—Compañero, esos sueños son propios del paludismo;[45] el año pasado, algunos que hicieron gestiones,[46] fueron separados del trabajo.

—Como esto del petróleo no corre prisa y sobra gente que quiera trabajar, a quien pide más de lo que quieran darle lo despiden y sin más explicación que señalarle el camino.

—A un extranjero que hablaba de organizarnos para defendernos mejor, lo echaron advertido de que, si vuelve a asomar las narices por los campos de la Compañía, lo mandarán a organizar a los muertos.

—Cuando los trabajadores pidieron habitaciones, y que fueran más o menos higiénicas, se estableció el trabajo a lista de raya:[47] nada de contratos. Por la tarde se les formaba y, pagando el jornal diario, cesaba todo compromiso. Unicamente el personal muy indispensable en lo técnico, trabajaba de planta.[48] Pero hasta esos empleados vivían mal: en tiempos de calor: la peste, las moscas, la disentería; durante las lluvias, todo era charco[49] y paludismo.

—Y pensar que se habla de uno, dos, tres millones para acabar con la malaria en todo el país; bien se ve que quienes tal cosa dicen, no han visto gran parte de estas regiones donde todo queda por hacerse.

—Hay ilusos[50] que piden hasta escuelas para los hijos de los trabajadores y hasta hospitales para los accidentes de trabajo.

E interrumpiendo los diálogos sorprendidos, los jefes de cuadrilla[51] aconsejaban:

—Es cosa de soportar o dejar, amigos . . . A quien no le guste . . . , por allá, a un lado de la loma, va el camino: ¡para qué ponerse con el pesebre a las patadas![52] Las compañías son fuertes porque tienen el dinero y . . . el apoyo del Gobierno!

---

[45]**paludismo** malaria   [46]**hacer gestiones** to take steps, campaign   [47]**a lista de raya** on a daily basis   [48]**de planta** on a permanent basis   [49]**charco** mud puddle   [50]**iluso** dreamer   [51]**jefe de cuadrilla** foreman   [52]**ponerse . . . patadas** to butt your head against a stone wall; literally, "to kick the manger"

Expropiación

Por entonces apasionaban a la opinión pública el litigio[53] entre las compañías petroleras y sus trabajadores: regateos[54] entre lo exigido y lo que aquéllas ofrecían, los salarios caídos correspondientes a la reciente huelga, el fallo de Conciliación y luego el de la Suprema Corte sobre la demanda de amparo . . .

Y cuando las empresas creían poder seguir litigando o ceder si así conviniera a sus intereses, el mundo se sorprendió con esta sola palabra: EXPROPIACION.

La palabra, como un eco, fue de boca en boca: EXPROPIACION, EXPROPIACION . . .

Un viejo decía:

—En tiempos de don Porfirio[55] se respetaba la propiedad: ¡esto es una afrenta para México!

* * *

El pueblo:

—¡Es el segundo Grito de Independencia, la verdadera, la económica!

Un político:

—¡Yo respaldo[56] la política del señor presidente!

* * *

Un abogado:

—Esto es un robo: ¡las compañías han invertido millones en México!

—Sí, pero se han llevado cien veces lo que se han invertido.

* * *

Un político enriquecido:

—El problema total de México, es de honradez.

* * *

---

[53]**litigio** dispute   [54]**regateo** bargaining   [55]**don Porfirio** Porfirio Díaz
[56]**respaldar** to back up, support

Un diplomático:
—Por hoy no tengo nada de declarar . . .

* * *

Un norteamericano:
—¡México, país de ladrones!
Un mexicano:
—No se vaya a morder la lengua, Míster: ¿cómo está el árbol genealógico[57] de Texas, Nuevo México y Alta California?

* * *

Un empleado que en el régimen anterior tuvo mejor colocación:
—Sólo porque tengo necesidad, sirvo a este Gobierno: yo soy una persona decente . . .

* * *

Un deudor:[58]
—Me temo que van a bloquear nuestros puertos.

* * *

Un alto empleado de confianza en las oficinas de las empresas expropiadas:
—Las compañías fomentarán otra revolución en México.
Un ingeniero:
—Ya verán estos mugrosos cómo no pueden manejar la industria. ¿Dónde van a encontrar los técnicos?

* * *

Una señora con acciones petroleras pero muy patriota:
—Si es para el bien de la patria, acepto cualquier sacrificio; pero, ¿usted cree que el gobierno siga pagándonos nuestras anualidades?[59] ¡Si no paga, esto es un robo!

—GREGORIO LOPEZ Y FUENTES, *Huasteca*

[57]**el árbol genealógico** the family tree   [58]**deudor** debtor   [59]**anualida-es** dividends

Ejercicios

I. *Conteste Ud. a las preguntas siguientes en oraciones completas:*

1. ¿A qué ha venido Mister Allen al rancho de San Juan de la Vaca?
2. ¿Cuál es la reacción de los campesinos a las ofertas de Mr. Allen?
3. ¿Cómo amenaza El Perro a los campesinos cuando se niegan a vender su tierra?
4. ¿Qué pasó en el rancho del Aguaje?
5. ¿Por qué no quiere perder su tiempo Mr. Allen?
6. Según El Perro ¿hay alguién que pueda proteger a los campesinos si se quejan?
7. ¿En qué se convirtió el Rancho de San Juan de la Vaca?
8. ¿Qué le sucedió a Damián?
9. ¿De qué acusaron a Damián?
10. ¿Qué fin tiene Teófilo?

II. *Identifique Ud. en español las frases siguientes. ¿Quién las dice y en qué circunstancias?*

1. ¡No me frunza la cara, Rómulo!
2. Es un buen negociante. ¿Verdad?
3. ¡De veras que se les viene a hablar por las buenas, y abusan!
4. Era nuestra madre, nos fingía cariño, y se guardaba la puñalada para lo último.
5. ¡Duélanse de nosotros! ¡Digan la verdad!
6. ¡Lo que tanto temíamos! No se aguantó.
7. Lo agarraron entre las guardias blancas.
8. ¡Levántate, mi alma, lucero de la mañana, que nomás vengo por ti!
9. ¡Andale, córrele a ver si te escapas de los plomazos!
10. ¡Ya brotó el 137!

III. *Explique Ud. en español el sentido de las frases siguientes:*

1. El Perro se descubre.
2. ¡Vaya terquedad de estos gañanes!
3. ¡Más gallitos los he visto, y a todos les he torcido el pescuezo!
4. Se oyó aproximarse un vocerío.
5. Todo trabado al hablar.
6. Aviéntenlo por ahí.
7. si vuelve a asomar las narices
8. trabajar de planta o a lista de raya
9. hay ilusos que piden escuelas y hospitales
10. no se vaya a morder la lengua

IV. *Escriba Ud. en español cinco preguntas y sus respuestas sobre "Sueños" y "Expropiación".*

10

La crisis de la modernización

SINCE 1940, Mexico has enjoyed and suffered from a pro-modernization or pro-economic development policy that has placed somewhat less emphasis on social reform. Mexico City has grown spectacularly into one of the largest cities in the world with a modern subway system, an impressive number of office buildings and hotels, a large university campus featuring a dazzling array of murals, and the best museum of anthropology in the world. The state capitals have also grown, the national transportation system has been vastly improved, and industry has surpassed agriculture. An enlarged middle class has emerged with a standard of living comparable to that of the middle class in the United States. The consequent rise in the cost of living, however, has actually made conditions worse for the lower classes whose ranks have swelled because of the decrease in the mortality rate and the continued high birth rate. Although government social expenditures have increased proportionately since 1940, they have not been able to keep pace with the population explosion: 30 million in the 1940s and 75 million in 1982. With the mechanization of agriculture and the increased automation of new industry, unemployment has skyrocketed both in rural and urban zones.

The modernization process and the burgeoning middle class have also contributed to a cultural boom. The number of publishing houses and bookstores has increased dramatically since the 1940s and several authors have attained international reputations. Most of them are highly critical of the negative aspects of modernization and the values of the new entrepreneurial class.

The racist attitudes of a wealthy businessman provoke family discord in the scene from *El color de nuestra piel* (1952) by CELESTINO GOROSTIZA (1904-1967), one of Mexico's leading twentieth-century playwrights.

The emphasis on economic development began in the last years of the Cárdenas presidency but was accentuated by Avila Camacho (1940-1946) and particularly by Miguel Alemán (1946-1952). Dur-

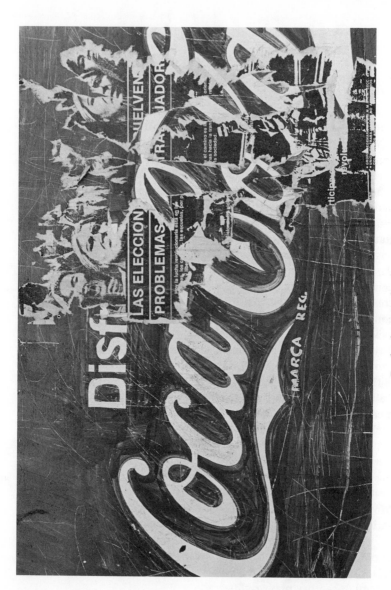

La lucha revolucionaria

Fotografía collage: Héctor Darío Vicario

ing World War II, some of the Mexican peasants who had been given unproductive land in the previous decade continued to suffer for lack of irrigation systems, fertilizers, and farm machinery. It was during World War II that the Bracero Program was instituted providing vitally needed farm laborers for the United States and employment for hundreds of thousands of Mexicans. The inability of the Mexican economy to provide sufficient jobs after World War II caused the exodus to the United States. JUAN RULFO's story "Paso del Norte" dramatizes the plight of the "illegal alien" or "undocumented worker," a complex and thorny issue that continues to be of great concern to both countries.

Since 1940, Mexico has been one of the most politically stable countries of Latin America. In spite of the economic difficulties, the governing party, the Partido Revolucionario Institucional or PRI, has held elections and changed presidents peacefully every six years without, however, permitting more than token opposition. Nonetheless, cracks in the system became apparent in the late 1950s when incoming president Adolfo López Mateos was embarrassed by strikes of the railroad workers and teachers. The leaders were imprisoned as was the well-known muralist David Alfaro Siqueiros. CARLOS FUENTES (1928), México's most prolific literary figure, captures the mood of those days in the novel *La muerte de Artemio Cruz* (1962) and in the short story "El costo de la vida" (1964).

As the number of university students mushroomed in the 1950s and 1960s, dissatisfaction with the tightly controlled PRI system grew. Students, mainly from the new middle class with rising expectations, demanded political reforms and greater economic opportunities. The celebration of the Olympics in Mexico City in 1968 provided the opportunity for critics of the regime to stage anti-establishment demonstrations that paralleled those in France, Germany, Japan, the United States, and elsewhere. In what is known as the Tlatelolco Massacre, Mexican troops opened fire in October on a large group of protestors gathered in the Plaza de las Tres Culturas in the Tlatelolco housing development not far from downtown Mexico City. The dead and missing numbered well over three hundred. The selections from the fragmentary *La noche de Tlatelolco* (1971) by newspaperwoman, novelist, and short-story writer ELENA PONIATOWSKA (1933) reflect the indignation felt by the vast majority of Mexican intellectuals as well as by other sectors of the urban population in particular.

As a result of Tlatelolco, Mexico's political system become somewhat more flexible during the presidency of Luis Echeverría (1970-1976). Criticism of the regime was more openly expressed in the media and the opposition parties began to participate a little more in Congress. However, when the editors of Mexico's leading daily newspaper *Excelsior* over-stepped their bounds, they were ousted.

Mexico's economic problems increased in the 1970s and the gap between rich and poor widened. Prices rose, corn and other basic foods had to be imported for the first time, and the peso was devalued from 12.49 to 22.70. In 1975, however, just as Mexico found itself on the verge of bankruptcy, the discovery of huge oil deposits along the Gulf coast, which coincided with the O.P.E.C. nations' controlling production and raising the world price dramatically, caused Mexico's economic development to spurt. International banks extended large loans for new government-sponsored industrial projects while U.S. and multinational corporations were eager to cooperate with expanding Mexican corporations. Unfortunately, the prosperity was short-lived. By the end of José López Portillo's presidency (1976-1982), inflation and unemployment had both jumped considerably while the world price of petroleum dropped and the United States and Western Europe were also beset by a severe economic crisis. Mexico soon found itself with the largest foreign debt of any Latin American nation. In 1982, the peso was devalued from 22.40 to 50 and a few months later it floated around 100 and finally dropped to 150 after López Portillo took the unprecedented but popular step of nationalizing the banks.

Petroleum was obviously not the panacea for all of Mexico's problems. On the contrary, as CARLOS FUENTES indicates in the epilogue to his James Bond-like novel *La cabeza de la hidra* (1978), petroleum, raising its head from the dark depths of the ocean bottom, has once again proved disastrous for the aspirations of the Mexican people.

In the 1980s, the economic crisis continued; the peso dropped in value to 2500 and unemployment increased. President Miguel de la Madrid (1982-1988) followed an austerity program that did not seem to alleviate the situation. Political dissatisfaction with the PRI increased. The tragic earthquake of September 1985 caused great destruction in Mexico City but produced an unexpectedly strong display of spontaneous popular solidarity.

In the hotly contested presidential election of 1988, Carlos Salinas de Gortari narrowly defeated (according to the official government count) Cuauhtémoc Cárdenas, son of former president Lázaro Cárdenas, who had the support of a variety of leftist parties. Since taking office, President Salinas has embarked on a bold privatization campaign that will strengthen Mexico's economic ties to the United States. The 1990-91 Persian Gulf crisis provided some benefit to Mexico's petroleum industry and the national economy.

El racismo

Escena: Estancia en la casa de don Ricardo Torres Flores. Es una moderna construcción burguesa, ajuareada con muebles americanos costosos de los que fabrican en serie los almacenes de los Estados Unidos. Sin embargo, la calidad de la construcción y algunos objetos—una mesa, una silla, una lámpara—adquiridos en bazares de antigüedades, y, algunos retratos y paisajes mexicanos del siglo XIX, dan al conjunto¹ cierto tono de distinción. A la derecha, en primer término, puerta amplia que comunica con la biblioteca. En seguida, mesa pequeña para lámpara, y dos sillas. Arriba de la mesa, contra el muro, un lujoso espejo veneciano. En segundo término, la puerta del vestíbulo por donde se entra a la casa. Al fondo, ocupando todo el ancho de la escena, un mezanín con un gran couch, *radio, consola, lámpara, sillón, etc. A la izquierda, el arranque de la escalera que conduce a las habitaciones. A la izquierda de la escena, en primer término, la chimenea, alrededor de la cual hay un gran sofá con sus dos sillones y una mesita baja. Sobre la chimenea, el retrato de un caballero de fines del siglo XIX, tipo europeo de ojos claros. En segundo término, la puerta que comunica con el comedor y en seguida los escalones que suben al mezanín. Debajo de éste, al fondo, en el centro, un pequeño piano de lujo con sillas a los lados.*

Al levantarse el telón, la escena está vacía y a oscuras. No hay más luz que la que viene de la biblioteca, el comedor y el vestíbulo, que están alumbrados, y la más tenue, del atardecer, que entra a través de la ventana del mezanín. Después de un momento aparece por el comedor ALICIA, *joven sirvienta de líneas seductoras y rostro agraciado, de tipo definidamente mestizo. Enciende la lámpara que*

¹**conjunto** the aggregate, the overall decor

está a la izquierda del sofá, atraviesa la escena para encender la que
está sobre la mesa de la derecha y luego sube al mezanín para en-
cender la que queda a un lado del couch. *Al hacerlo y volverse,*
apenas puede contener una exclamación de sorpresa, pues se topa
de manos a boca² con HECTOR *el hijo menor de la casa, muchacho*
de diecisiete años de pelo rubio y ojos claros, vivaz y desenvuelto,
que se ha deslizado silenciosamente desde la escalera que conduce a
las habitaciones y que, tras de dejar sobre el couch *un paquete que*
trae en las manos toma a ALICIA *por la cintura y trata de besarla.*
Ella lucha por evitarlo.

ALICIA: ¡Ay . . . ! Déjeme usted . . .
HECTOR: (*Bajo.*) Sh . . . Que está mi papá en la biblioteca.
ALICIA: ¡Y a mí qué me importa! ¡Suélteme! (*De un empellón logra*
　　desasirse y trata de retirarse, pero él le cierra el paso.)
HECTOR: ¡No seas tonta, Alicia! Si no te voy a hacer nada.
ALICIA: (*Esquivando un nuevo intento.*) ¡Déjeme pasar, o grito!
HECTOR: (*Asiéndola enérgicamente por la muñeca.*) Oyeme . . .
　　¿Pues qué te estás creyendo tú? A poco me vas a presumir de
　　señorita.
ALICIA: No presumo de nada. Pero yo hago lo que quiero con
　　quien me da la gana.
HECTOR: (*Burlón.*) No me digas . . . ¿Desde cuándo se han vuelto
　　ustedes tan remilgosas?³
ALICIA: ¿Nosotras? ¿Quiénes? ¿Las gatas, verdad?
HECTOR: Yo no he dicho que seas una gata⁴. . .
ALICIA: ¡Ah, no! Es verdad que ya subimos de categoría . . . Ahora
　　somos las changuitas⁵. . .
HECTOR: (*Hace un nuevo intento de besarla. Ella se defiende.*)
　　¡Bueno! ¡Ya! Déjate de tonterías!
ALICIA: Mire, joven Héctor . . . Si no me deja en paz, llamo a su
　　papá.
HECTOR: ¿Y qué vas a ganar con eso? ¿Que te echen a la calle? (*En*
　　el calor de la lucha han subido la voz y DON RICARDO, *el padre*
　　de HECTOR, *aparece por la puerta de la biblioteca con un libro*
　　en la mano. Es un hombre de cincuenta y cuatro años, esbelto y
　　robusto, con el gesto endurecido y el tono y los ademanes so-

²**se topa de manos a boca** she suddenly bumps into　³**remilgosas** prudish
⁴**gatas** Mex. coll. maids, *literally,* "cats"　⁵**changuitas** *Mex. coll.* maids,
literally, "monkeys"

lemnes de quien se siente satisfecho y seguro de sí mismo. Apenas se le notan las canas, y su piel, todavía fresca, tiene un tinte moreno claro, tirando a cenizo, como si estuviera polveada. Se queda escuchando desde el umbral.)

ALICIA: No es ésta la única casa en donde puedo servir . . .

HECTOR: Y a poco crees que en las otras casas no va a haber quien te haga el amor . . .

ALICIA: Ahora hay harto trabajo en las fábricas.

HECTOR: Y allí tampoco hay jefes . . . ni patrones . . . No, chiquita, si en todas partes es igual . . . Hasta las estrellas de cine tienen que pasar por eso . . . (*Nuevo intento de besarla.*)

ALICIA: ¡Oh! ¡Que me deje!

DON RICARDO: ¡Héctor! (*Deja su libro sobre la mesa, enciende la luz del candil y da unos pasos dentro de la escena. HECTOR se aparta de ALICIA con aire más bien molesto que apenado. Ella está furiosa, avergonzada, temblando, a punto de llorar.*) ¡Héctor, ven aquí! (*El no se mueve. Después de un momento, ALICIA, tomando una decisión, baja del mezanín y viene hacia DON RICARDO.*)

ALICIA: Lo siento mucho, señor. Voy a alzar mis cosas para irme. (*Va a retirarse, pero DON RICARDO la detiene.*)

DON RICARDO: No, eso lo arreglarás más tarde con la señora. Sabes muy bien que pasado mañana es el matrimonio civil de la señorita Beatriz y no vamos a quedarnos sin servicio.

ALICIA: Es que . . . Yo quería explicarle a usted . . .

DON RICARDO: No tienes nada que explicarme. Lo he visto todo. Y te aseguro que esto no se va a volver a repetir. Puedes retirarte. (*Con ademán violento, ALICIA se retira por el comedor. DON RICARDO se queda mirando fijamente a HECTOR. Este coge su paquete, desciende los escalones y se dirige lentamente, con la cabeza baja, hacia el vestíbulo.*) ¿Adónde vas?

HECTOR: (*Deteniéndose, sin mirar a DON RICARDO.*) Tengo una cita con un amigo. Ya se hizo tarde.

DON RICARDO: ¡Naturalmente! ¡Se te hizo tarde! ¿Eso es todo lo que se te ocurre decir?

HECTOR: ¿Qué otra cosa quieres que diga, papá? No tengo nada que decir.

DON RICARDO: ¡Ah! ¿No? Pues yo sí tengo algo que decirte a ti. Hazme el favor de sentarte. (*Le indica el sillón del centro.*)

HECTOR: Te digo que se me hace tarde, papá.

DON RICARDO: No me importa. Siéntate allí. (*De mala gana, HEC-*

*TOR va a sentarse donde le indica, siempre llevando su paquete
en las manos. DON RICARDO espera a que se siente. Luego da
unos pasos sin saber cómo empezar su discurso. Al fin queda
frente a HECTOR y lo mira fijamente.*) ¿Qué llevas en ese paquete?

HECTOR: Son mis patines.

DON RICARDO: ¿Tus patines? ¿Acaso vas a patinar?

HECTOR: No, papá. Iba yo a hacer un cambalache.[6]

DON RICARDO: (*Paseando.*) ¡Un cambalache! ¡Un cambalache!
¡Siempre estás haciendo cambalaches!

HECTOR: ¿Y qué voy a hacer con ellos, si ya no los uso?

DON RICARDO: (*Se detiene. Ha agarrado la coyuntura que necesitaba.*) No. Es verdad. Ya no eres un chiquillo. Ya eres todo un
hombrecito. Precisamente por eso quiero hablarte de hombre a
hombre . . . Como un amigo . . . (*Se acerca a él y le pone la
mano sobre el hombro.*) Eso que haces no está bien. Faltas al
respeto a tu casa, a tu familia . . . y te degradas tú mismo al
ponerte al tú por tú con una prieta mugrosa de éstas . . . Si el
mundo está lleno de mujeres . . . blancas . . . bonitas . . . lim-
pias . . . Toda clase de mujeres que tú puedes llegar a tener con
sólo proponértelo . . .

HECTOR: (*Bajo, tímidamente.*) A mí me gusta ésta . . .

DON RICARDO: (*Reacciona ante el cinismo de HECTOR y se aparta,
pero se domina y continúa.*) A tu edad, los muchachos no
saben todavía lo que les gusta. Lo que quieren es una mujer y
no se fijan en pelos ni señales.[7] Es la época en que corren detrás
de una escoba con faldas. Se agarran de lo más fácil, de lo más
rápido. Por eso casi todos los muchachos mexicanos nos hemos
iniciado con estas indias piojosas,[8] sin medir las consecuencias.
Pero te aseguro que la mayor parte lo hemos tenido que lamentar el resto de nuestra vida. (*HECTOR lo mira con asombro.*) Sí,
no debe asombrarte. Yo no podía ser la excepción, sustraerme
al ambiente, a las circunstancias . . . (*Va a sentarse al sofá, junto a HECTOR. Durante el parlamento siguiente, CARMELA, la
esposa de DON RICARDO, desciende por la escalera de las
habitaciones y va bajando al salón, pero al darse cuenta de lo
que hablan DON RICARDO y HECTOR, se queda en el mezanín
escuchando desde el barandal. Ellos no la advierten. En*

---

[6]**cambalache** trade   [7]**no se fijan en pelos ni señales** they don't pay any attention to minor details   [8]**indias piojosas** lice-ridden Indians

CARMELA, de cuarenta y cinco años, se notan las huellas de algún oculto y largo sufrimiento. Se la siente encogida, más bien que delgada, y sus negros y profundos ojos languidecen bajo el peso de una vaga nostalgia. En su fisonomía se advierte aún la clásica belleza de la mestiza mexicana, de la que tiene el color de la piel dorada por el sol.) Escúchame: y conste que eres la primera persona en el mundo a quien voy a confiar este secreto. Tendría yo tu edad o poco más cuando se me metió en la cabeza la misma chifladura que a ti ahora. Al cabo de un tiempo, me enteré con terror de que la muchacha estaba encinta. Lo que sufrí en esos días no puedo explicártelo. El miedo constante de que mis padres se enteraran, el saber que iba yo a ser padre del hijo de una criada . . . Pero eso no fue nada en comparación con lo que siguió después . . . Mis padres, naturalmente, se dieron cuenta de lo que pasaba. Sin decirme nada, me mandaron a Oaxaca. Y cuando regresé, la criada había desaparecido. Nunca más volví a saber de ella ni de su hijo. Pero desde entonces, y hasta hoy, no he podido librarme nunca de la angustia de pensar que cualquier hombre que tropiece yo en la calle, en la oficina, en cualquier parte, puede ser mi hijo.

HECTOR: ¿Por qué no una muchacha? ¿la misma Alicia, por ejemplo?

DON RICARDO: ¡Tienes razón! ¿Por qué no? ¡Cualquiera! Claro que en el caso de Alicia no es posible, porque su edad no corresponde a la época en que sucedió esto. Además, conocemos a su madre. Pero cualquiera otra, ¿por qué no? Y éste es un sufrimiento del que tú no tienes la menor idea y del que ningún hombre de conciencia y bien nacido puede librarse. Entre otras razones muy importantes, para evitar que la historia se repitiera, fue por lo que mandé a tu hermano Jorge a estudiar en los Estados Unidos, y por lo que tú te vas a ir allá también cuanto antes.

HECTOR: ¿Crees que Jorge no sería capaz de hacer lo mismo si le gustara la muchacha?

DON RICARDO: Estoy seguro. Tres años en los Estados Unidos hacen ver a nuestras prietitas de modo muy distinto. (*HECTOR se sonríe con escepticismo.*) Y ahora que le he puesto su negocio y que se codea con hombres de empresa y con mujeres de mundo, ni pensarlo. (*Pausa corta.*)

HECTOR: Yo no quiero ir a los Estados Unidos. No tengo ganas de estudiar.

DON RICARDO: ¿Qué es lo que quieres hacer entonces?

HECTOR: Quiero trabajar. Ganar dinero.

DON RICARDO: Todavía estás muy joven. Hasta ahora no te falta nada de lo que necesitas.

HECTOR: Ya ves que sí . . .

DON RICARDO: (*Se desconcierta, pero se domina y se levanta para disimular.*) Bueno . . . Ya hablaremos de eso. Por lo pronto, es necesario que me prometas que no vas a volver a meterte con Alicia ni con ninguna otra criada.

HECTOR: (*Sin prometerlo, se levanta aliviado.*) ¿Ya puedo irme entonces?

DON RICARDO: ¿Por qué tanta prisa? ¿Adónde vas?

HECTOR: Ya te dije que tenía una cita con un amigo . . . El del cambalache.

DON RICARDO: Puedes dejarlo para otro día. Nuncas estás en tu casa. Dentro de un rato vendrá tu hermana y supongo que estarás enterado de su casamiento . . .

HECTOR: Bueno . . . Después de todo, puede que ya no sea tiempo de ir. Bajaré cuando ella llegue. (*Se dirige a la escalera a través del mezanín, llevándose su paquete. Su madre lo sigue con la vista. Al volverse, DON RICARDO se da cuenta de la presencia de ella.*)

DON RICARDO: ¡Ah! ¿Estabas allí?

CARMELA: Sí. (*Se dispone a bajar del mezanín.*)

DON RICARDO: ¿Oíste lo que le dije a Héctor?

CARMELA: Sí. (*Viene a sentarse a la izquierda del sofá. DON RICARDO ligeramente cohibido, se aparta a la derecha. Luego se vuelve.*)

DON RICARDO: Bien . . . Eso me evita la pena de darte una explicación . . ., por lo demás, muy molesta . . .

CARMELA: Nunca me habías dicho nada, Ricardo.

DON RICARDO: No es fácil decir esas cosas . . . Hasta hoy no había encontrado la forma . . . la oportunidad . . . Además . . . sucedió hace tiempo . . . Todavía no nos conocíamos tú y yo. Era yo apenas un estudiante de Leyes. Tal vez eso contribuyó a que no terminara la carrera. (*Pausa. Ella se queda mirando fijamente delante de sí. El la observa y se acerca a ella.*) Espero que eso no vaya a ser motivo de ningún disgusto entre nosotros, Carmela.

CARMELA: (*Como si despertara*) No, no . . . es que enterarse de algo . . . así . . . tan repentinamente . . . Me ha hecho pensar en tantas cosas . . . No sé . . . Me ha llenado de confusiones . . .

DON RICARDO: (*Se sienta junto a ella, afectuoso.*) A ver, a ver . . . Vamos a ver qué confusiones son ésas . . .

CARMELA: Muchas . . . Tantos recuerdos dormidos que despiertan de pronto . . . , tantas ideas, tantas emociones encontradas . . . Ese hijo tuyo . . .

DON RICARDO: Bueno . . . Es una suposición . . . En realidad no sé si existe. Pudo no haber nacido . . . Pudo haber muerto . . . Lo espantoso es precisamente no saberlo . . . Pensar que puede existir . . . estar cerca de mí . . . necesitarme tal vez . . . y no saber nada . . . no poder hacer nada . . . Es una pena que no le deseo a nadie, y a mis hijos menos que a nadie. Es lo que traté de hacerle entender a Héctor.

CARMELA: Lo malo con Héctor es que lo consientes demasiado. Ricardo. Sabe que estás orgulloso de él, que lo prefieres a sus hermanos, que todo lo que dice y todo lo que hace te parece maravilloso, y, naturalmente, se ha vuelto malcriado y se permite toda clase de libertades . . .

DON RICARDO: (*Se levanta y camina a la derecha. Luego se vuelve.*) No sé por qué dices que lo prefiero a sus hermanos. ¿Acaso Jorge no ha a tenido todo lo que ha querido? ¿No le di todo el dinero disponible que tenía y hasta de algunos de mis amigos para que pusiera ese negocio de producción de películas que quería poner? ¿Acaso omití esfuerzo para que Beatriz fuera al colegio adonde van todas las muchachas aristócratas de México, y para que siguiera frecuentando, a su regreso, los círculos más elegantes y distinguidos? Gracias a eso va a hacer el matrimonio que va a hacer.

CARMELA: (*Se levanta y va hacia él.*) No se trata de lo que hagas por ellos materialmente, sino de tu afecto, de tu cariño, de todas esas pequeñas cosas aparentemente insignificantes que a Héctor le das a manos llenas y a los otros les niegas.

DON RICARDO: No entiendo qué cosas pueden ser ésas . . .

CARMELA: (*Se vuelve hacia la izquierda.*) Claro, tú no te das cuenta. El tono en que les hablas . . . la manera de mirarlos . . . los reproches para unos y los elogios para el otro . . .

DON RICARDO: A todos les hago reproches. ¡Naturalmente! Si son mis hijos. ¿No acabo de regañar a Héctor aquí mismo, delante de ti?

CARMELA: A Héctor, hasta cuando lo regañas, lo distingues de sus hermanos por la ternura, por el interés con que lo haces.

DON RICARDO: Y en cuanto a elogiarlo . . . ¿Qué culpa tengo yo de que Héctor sea más inteligente, más listo, que sus hermanos?

CARMELA: (*Dolida, vuelve a sentarse en el sofá.*) ¿Lo ves?

DON RICARDO: Te lo repito, Carmela. ¿Qué culpa tengo yo? Ese muchacho tiene iniciativa, es independiente, orgulloso. Le gusta resolver él solo sus problemas, en lugar de venir a llorar para que se los resuelva. (*Vuelve a sentarse junta a ella. Habla con visible delectación, recreándose en las cualidades de su hijo.*) ¿Te acuerdas, hace cinco años, cuando él era apenas un mocoso de doce, de aquella plaga de chiquillos que se soltaba todos los sábados en las paradas de los tranvías pidiendo a los pasajeros que bajaban el abono semanal que ya no iban a utilizar, para luego vendérselo a los que subían? Fue Héctor el que inventó el negocio y el primero que lo puso en práctica sin decir una palabra a nadie. Luego lo copiaron todos los demás. Y así ha sabido ingeniarse siempre para ganar su dinerito, con sus "cambalaches", como él dice. (*Se oye sonar el timbre de la puerta.*)

CARMELA: (*Se levanta y va hacia la chimenea, dando la espalda a* DON RICARDO.) No estás haciendo más que darme la razón. Aprovechas cualquier oportunidad para alabar a Héctor. Y eso humilla a sus hermanos y me humillas a mí. Me ha humillado siempre . . .

DON RICARDO: (*Se levanta, va hacia ella y tomándola por los hombros, la hace volverse hacia él, al tiempo que* ALICIA *cruza del comedor al vestíbulo.*) Le estás dando demasiada importancia a una cosa que no la tiene. Lo que pasa es que te ha puesto nerviosa el matrimonio de tu hija. Es natural . . . A todas las madres les sucede lo mismo . . . Además, estás cansada . . . Tanto ajetreo . . .[9] Las preocupaciones . . .

—CELESTINO GOROSTIZA, *El color de nuestra piel*

[9]**ajetreo** so much excitement

Ejercicios

I. *Conteste usted a las preguntas siguientes en oraciones completas:*

1. ¿Cómo es la casa de don Ricardo Torres Flores?
2. Explique Ud. el sentido de lo que dice Héctor: "No, chiquita, si en todas partes es igual."
3. ¿De qué angustia ha sufrido don Ricardo durante muchos años?
4. ¿Con qué propósito quiere mandar don Ricardo a Héctor a los Estados Unidos?
5. Al enterarse de que su esposo posiblemente tenga otro hijo, Carmela reacciona ¿con rabia, con disgusto, con confusión o con indiferencia?
6. ¿Qué carrera empezó a estudiar don Ricardo?
7. ¿Cuál es la verdadera razón por la cual Héctor es el hijo preferido de don Ricardo?
8. ¿Por qué esa preferencia de don Ricardo humilla a Carmela?
9. ¿Qué sabemos acerca del novio de Beatriz?
10. ¿Cómo ha manifestado Héctor su inteligencia y su ingenio?

II. *Busque Ud. en el texto expresiones equivalentes a las que están escritas.*

1. No *pretendo ser* nada.
2. ¿Desde cuándo se han vuelto ustedes tan *delicadas*?
3. ¿Que *te despidan*?
4. Es un hombre *delgado* y robusto.
5. Ahora hay *mucho* trabajo en las fábricas.
6. Se me metió en la cabeza la misma *locura* que a ti ahora.
7. El miedo constante de que mis padres *descubrieran*
8. y que *se relaciona* con hombres de empresa
9. Lo malo con Héctor es que lo *mimas* demasiado.
10. Aprovechas cualquier oportunidad para *elogiar* a Héctor.

III. *Tema para discutir:*

El prejuicio racial y social que existe en México y en los
Estados Unidos.

Paso del Norte

—Me voy lejos padre, por eso vengo a darle el aviso.

—¿Y pa[10] ónde[11] te vas, si se puede saber?

—Me voy pal Norte.

—¿Y allá pos[12] pa qué? ¿No tienes aquí tu negocio? ¿no estás
metido en la merca de puercos?

—Estaba. Ora[13] ya no. No deja. La semana pasada no conse-
guimos pa comer y en la antepasada cominos puros quelites.[14] Hay
hambre, padre; usté[15] ni se las huele[16] porque vive bien.

—¿Qué estás áhi[17] diciendo?

—Pos que hay hambre. Usté no lo siente. Usté vende sus
cuetes[18] y sus saltapericos[19] y la pólvora y con eso la va pasando.
Mientras haiga[20] funciones, le lloverá el dinero; pero uno no,
padre. Ya naide cría puercos en este tiempo. Y si los cría pos se los
come. Y si los vende, los vende caros. Y no hay dinero pa mercar-
los, demás de esto. Se acabó el negocio, padre.

—Y ¿qué diablos vas a hacer al Norte?

—Pos a ganar dinero. Ya ve usté, el Carmelo volvió rico, trajo
hasta un gramófono y cobra la música a cinco centavos. De a pare-

---

[10]**pa (para)** Para is often reduced to "pa" in informal speech; *pa'l,* contraction of *para el.* [11]**ónde (donde)** The loss of initial consonant. [12]**pos
(pues)** The reduction of a diphthong in unstressed position. [13]**ora (ahora)** The prefix "a" is commonly dropped (example: *demás* for *además delante* for *adelante*) or added (example: *aluego* for *luego*) [14]**quelites** weeds
[15]**usté (usted)** The loss of final "d" is common in informal speech. Other
examples are *mercé, verdá, necesidá,* and *ciudá.* [16]**usté ni se las huele . . .**
you are not even aware [17]**áhi (ahí)** An example of the strong vowel's attracting the stress from the weaker one. [18]**cuetes (cohetes)** The "o"
changes to "u" in order to form the diphthong. Likewise *aletee* becomes
aletié with a stress shift. [19]**saltapericos** firecrackers [20]**haiga (haya** the
archaic form of the verb *haya.* Other archaic forms include: *naide* for
nadie; truje for *traje.*

jo, desde un danzón hasta la Anderson[21] esa que canta canciones tristes; de a todo, por igual, y gana su buen dinero y hasta hacen cola para oír. Así que usté ve; no hay más que ir y volver. Por eso me voy.

—¿Y ónde vas a guardar a tu mujer con los muchachos?

—Pos por eso vengo a darle el aviso, pa que usté se encargue de ellos.

—¿Y quién crees que soy yo, tu pilmama?[22] Si te vas, pos áhi que Dios se las ajuarié con ellos.[23] Yo ya no estoy pa criar muchachos, con haberte criado a ti y tu hermana, que en paz descanse, con eso tuve de sobra. De hoy en delante no quiero tener compromisos. Y como dice el dicho: "Si la campana no repica es porque no tiene badajo."[24]

—No hallo qué decir, padre, hasta lo desconozco. ¿Qué me gané con que usté me criara?, puros trabajos. Nomás me trajo al mundo al averíguatelas como puedas. Ni siquiera me enseñó el oficio de cuetero, como pa que no le fuera a hacer a usté la competencia. Me puso unos calzones y una camisa y me echó a los caminos pa que aprendiera a vivir por mi cuenta y ya casi me echaba de su casa con una mano adelante y otra atrás. Mire usté, éste es el resultado: nos estamos muriendo de hambre. La nuera y los nietos y éste su hijo, como quien dice toda su descendencia, estamos ya por parar las patas[25] y caernos bien muertos. Y el coraje que da es que es de hambre. ¿Usté cree que eso es legal y justo?

—Y a mí qué diablos me va o me viene. ¿Pa qué te casaste? Te fuiste de la casa y ni siquiera me pediste el permiso.

—Eso lo hice porque a usté nunca le pareció buena la Tránsito. Me la malorió[26] siempre que se la truje y, recuérdeselo, ni siquiera voltió a verla la primera vez que vino: "Mire, papá, ésta es la muchachita con la que me voy a conyuntar". Usté se soltó hablando en verso y que dizque[27] la conocía del íntimo, como si ella fuera una mujer de la calle. Y dijo una bola de cosas que ni yo se las entendí. Por eso ni se la volví a traer. Así que por eso no me debe

---

[21]**Marian Anderson** *famous U. S. Black opera and spiritual singer* [22]**pilmama** *Mex. coll.* baby-sitter [23]**que** . . . **con ellos** let God take care of them [24]**si la campana no repica es porque no tiene badajo** I am too old for that sort of thing, *literally*, "If the bell doesn't toll, it is because it has no clapper" [25]**estamos ya por parar las patas** we are about to kick the bucket [26]**malorió** *coll.* badmouthed her [27]**dizque** Short form of *dicen que.*

Thinning Sugar Beets
Fotografía: George Ballis

usté guardar rencor. Ora sólo quiero que me la cuide, porque me voy en serio. Aquí no hay ya ni qué hacer, ni de qué modo buscarle. —Esos son rumores. Trabajando se come y comiendo se vive. Apréndete mi sabiduría. Yo estoy viejo y ni me quejo. De muchacho ya ni se diga; tenía hasta pa conseguir mujeres de a rato.[28] El trabajo da pa todo y contimás[29] pa las urgencias del cuerpo. Lo que pasa es que eres tonto. Y no me digas que eso yo te lo enseñé. —Pero usté me nació.[30] Y usté tenía que haberme encaminado, no nomás soltarme como caballo entre las milpas. —Ya estabas bien largo[31] cuando te fuiste. ¿O a poco querías[32] que te mantuviera para siempre? Sólo las lagartijas buscan la misma covacha hasta cuando mueren. Di que te fue bien y que conociste mujer y que tuviste hijos, otros ni siquiera eso han tenido en su vida, han pasado como las aguas de los ríos, sin comerse ni beberse.

—Ni siquiera me enseñó usted a hacer versos, ya que los sabía. Aunque sea con eso hubiera ganado algo divirtiendo a la gente como usté hace. Y el día que se lo pedí me dijo: "Anda a mercar güevos,[33] eso deja más". Y en un principio me volví güevero y aluego gallinero y después merqué puercos y, hasta eso, no me iba mal, si se puede decir. Pero el dinero se acaba; vienen los hijos y se lo sorben como agua y no queda nada después pal negocio y naide quiere fiar. Ya le digo, la semana pasada comimos quelites, y ésta, pos ni eso. Por eso me voy. Y me voy entristecido, padre, aunque usté no lo quiera creer, porque yo quiero a mis muchachos, no como usté que nomás los crió y los corrió.

—Apréndete esto, hijo: en el nidal nuevo, hay que dejar un güevo. Cuando te aletié la vejez aprenderás a vivir, sabrás que los hijos se te van, que no te agradecen nada; que se comen hasta tu recuerdo.

—Eso es puro verso.

—Lo será, pero es la verdá.

—Yo de usté no me he olvidado, como usté ve.

—Me vienes a buscar en la necesidá. Si estuvieras tranquilo te olvidarías de mí. Desde que tu madre murió me sentí solo; cuando

---

[28]**tenía . . . de a rato** I even had enough money to buy women from time to time [29]**contimás** coll. cuanto más especially [30]**usté me nació** you sired me [31]**ya . . . largo** you were old enough [32]**apoco querías** you don't mean to tell me that you wanted [33]**güevos (huevos)** Hu + vowel and bu + vowel become gü + vowel: *güevero; güeso; güeno, (a)güelito.*

murió tu hermana, más solo; cuando tú te fuiste vi que estaba ya
solo pa siempre. Ora vienes y me quieres remover el sentimiento;
pero no sabes que es más dificultoso resucitar un muerto que dar la
vida de nuevo. Aprende algo. Andar por los caminos enseña
mucho. Restriégate con tu propio estropajo, eso es lo que has de
hacer.
—¿Entonces no me los cuidará?
—Ahí déjalos, nadie se muere de hambre.
—Dígame si me guarda el encargo, no quiero irme sin estar
seguro.
—¿Cuántos son?
—Pos nomás tres niños y dos niñas y la nuera que está re joven.
—Rejodida,[34] dirás.
—Yo fui su primer marido. Era nueva. Es buena. Quiérala,
padre.
—¿Y cuándo volverás?
—Pronto, padre. Nomás arrejunto[35] el dinero y me regreso. Le
pagaré al doble lo que usté haga por ellos. Déles de comer, es todo
lo que le encomiendo.

De los ranchos bajaba la gente a los pueblos; la gente de los
pueblos se iba a las ciudades. En las ciudades la gente se perdía; se
disolvía entre la gente. "¿No sabe ónde me darán trabajo?" "Sí,
vete, a Ciudá Juárez.[36] Yo te paso por doscientos pesos. Busca a
fulano de tal y dile que yo te mando. Nomás no se lo digas a
nadie." "Está bien, señor, mañana se los traigo."
—Oye, dicen que por Nonoalco[37] necesitan gente pa la descarga
de los trenes.
—¿Y pagan?
—Claro, a dos pesos la arroba.
—¿De serio? Ayer descargué como una tonelada de plátanos
detrás de la Mercé y me dieron lo que me comí. Resultó conque los
había robado y no me pagaron nada y hasta me cusiliaron[38] a los
gendarmes.

---

[34]**re** The prefix "*re*" is an intensifier meaning "very": *rejodida (coll.* very
old and beat up); *regustosos.*   [35]**arrejunto** I'll save up   [36]**Ciudad Juárez**
one of Mexico's largest cities, across the border from El Paso, Texas
[37]**Nonoalco** *freight train terminal in northern Mexico City*   [38]**me cusiliaron los gendarmes** *coll.* they sicked the police on me

—Los ferrocarriles son serios. Es otra cosa. Hay verás si te arriesgas.
—¡Pero cómo no!
—Mañana te espero.

Y sí, bajamos mercancía de los trenes de la mañana a la noche y todavía nos sobró tarea pa otro día. Nos pagaron. Yo conté el dinero: sesenta y cuatro pesos. Si todos los días fueran así.
—Señor, aquí le traigo los doscientos pesos.
—Está bien. Te voy a dar un papelito pa nuestro amigo de Ciudá Juárez. No lo pierdas. El te pasará la frontera y de ventaja llevas hasta la contrata.[39] Aquí va el domicilio y el teléfono pa que lo localices más pronto. No, no vas a ir a Texas. ¿Has oído hablar de Oregón? Bien, dile a él que quieres ir a Oregón. A cosechar manzanas, eso es, nada de algodonales. Se ve que tú eres un hombre listo. Allá te presentas con Fernández. ¿No lo conoces? Bueno, preguntas por él. Y si no quieres cosechar manzanas, te pones a pegar durmientes.[40] Eso deja más y es más durable. Volverás con muchos dólares. No pierdas la tarjeta.

—Padre, nos mataron.
—¿A quiénes?
—A nosotros. Al pasar el río. Nos zumbaron las balas hasta que nos mataron a todos.
—¿En dónde?
—Allá en el Paso del Norte, mientras nos encandilaban las linternas, cuando íbamos cruzando el río.
—¿Y por qué?
—Pos no lo supe, padre. ¿Se acuerda de Estanislado? El fue el que me encampanó[41] pa irnos pa allá. Me dijo cómo estaba el teje y maneje del asunto[42] y nos fuimos primero cuando nos fusilaron con los máuseres. Me devolví porque él me dijo: "Sácame de aquí, paisano, no me dejes." Y entonces estaba ya panza arriba, con el cuerpo todo agujerado, sin músculos. Lo arrastré como pude, a tirones, haciéndome a un lado a las linternas que nos alumbraban buscándonos. Le dije: "Estás vivo", y él me contestó: "Sácame de aquí, paisano". Y luego me dijo: "Me dieron". Yo tenía un brazo

[39]**la contrata** *coll. contrato* contract to work   [40]**pegar durmientes** lay down railroad ties   [41]**me encampanó** enticed me   [42]**el teje y maneje del asunto** the ins and outs of the business

quebrado por un golpe de bala y el güeso se había ido de allí de donde se salta del codo. Por eso lo agarré con la mano buena y le dije: "Agárrate fuerte de aquí". Y se me murió en la orilla, frente a las luces de un lugar que le dicen la Ojinaga, ya de este lado, entre los tules que siguieron peinando el río como si nada hubiera pasado.

"Lo subí a la orilla y le hablé: '¿Todavía estás vivo?' Y él no me respondió. Estuve haciendo la lucha por revivir al Estanislado hasta que amaneció; le di friegas[43] y le sobé los pulmones para que resollara, pero ni pío[44] volvió a decir.

"El de la migración se me arrimó por la tarde.

—"Ey, tú, ¿qué haces aquí?

—"Pos estoy cuidando este muertito.

—"¿Tú lo mataste?

—"No, mi sargento —le dije.

—"Yo no soy ningún sargento. ¿Entonces quién?

"Como lo vi uniformado y con las aguilitas esas, me lo figuré del ejército, y traía tamaño pistolón que ni lo dudé.

"Me siguió preguntando: '¿Entonces quién, eh?' Y así estuvo dale y dale hasta qaue me zarandió de los cabellos[45] y yo ni metí las manos, por eso del codo dañado que ni defenderme pude.

"Le dije: —No me pegue, que estoy manco.

"Y hasta entonces le paró a los golpes.

"¿Qué pasó?, dime —me dijo.

"Pos nos clarearon[46] anoche. Ibamos regustosos, chifle y chifle del gusto de que ya íbamos pal otro lado cuando merito en media del agua se soltó la balacera. Y ni quien se las quitara. Este y yo fuimos los únicos que logramos salir y a medias, porque mire, él ya hasta aflojó el cuerpo.

—"Y quiénes fueron los que los balacearon?

—"Pos ni siquiera los vimos. Sólo nos aluzaron con sus linternas, y pácatelas y pácatelas,[47] oímos los riflonazos, hasta que yo sentí que se me voltiaba el codo y oí a éste que me decía: 'Sácame del agua, paisano.' Aunque de nada nos hubiera servido haberlos visto.

—"Entonces han de haber sido los apaches.

—"¿Cuáles apaches?

---

[43]**le di friegas** I massaged him   [44]**ni pío** not a sound   [45]**me zarandió de los cabellos** pulled and shook me by the hair   [46]**nos clarearon** they turned the spotlight on us, caught us   [47]**y pácatelas y pácatelas** and bang, bang

—"Pos unos que así les dicen y que viven del otro lado.

—"Pos que no están las Tejas del otro lado?

—"Sí, pero está llena de apaches, como no tienes una idea. Les voy a hablar a Ojinaga pa que recogan a tu amigo y tú prevente pa que regreses a tu tierra. ¿De dónde eres? No debías de haber salido de allá. ¿Tienes dinero?

—"Le quité al muerto este tantito. A ver si me ajusta.[48]

—"Tengo áhi una partida pa los repatriados. Te daré lo del pasaje; pero si te vuelvo a devisar por aquí, te dejo a que revientes. No me gusta ver una cara dos veces. ¡Andale, vete!

"Y yo me vine y aquí estoy, padre, pa contárselo a usté."

—Eso te ganaste por creido y por tarugo.[49] Y ya verás cuando te asomes por tu casa; ya verás la ganancia que sacaste con irte.

—¿Pasó algo malo? ¿Se me murió algún chamaco?

—Se te fue la Tránsito con un arriero. Dizque era rebuena, ¿verdá? Tus muchachos están acá atrás dormidos. Y tú vete buscando ónde pasar la noche, porque tu casa la vendí pa pagarme lo de los gastos. Y todavía me sales debiendo treinta pesos del valor de las escrituras.

—Está bien, padre, no me le voy a poner renegado.[50] Quizá mañana encuentre por ahí algún trabajito pa pagarle todo lo que le debo. ¿Por qué rumbo dice usté que arrendó[51] el arriero con la Tránsito?

—Pos por áhi. No me fijé.

—Entonces orita vengo, voy por ella.

—¿Y por ónde vas?

—Pos por áhi, padre, por donde usté dice que se fue.

—JUAN RULFO, *El llano en llamas*

---

[48]**a ver . . . ajusta** let's see if it's enough money for me   [49]**tarugo** stupid
[50]**no me voy a poner renegado** I am not going to complain about you
[51]**arrendó** *coll.* he took off

Ejercicios

I. *Conteste Ud. a las preguntas siguientes en oraciones completas.*

1. ¿Por qué se va el protagonista al Norte?
2. ¿En qué trabaja el padre?
3. ¿Cómo gana dinero Carmelo?
4. ¿Por qué se niega el padre a cuidar a la familia del protagonista?
5. ¿Qué cosas le reclama el hijo al padre?
6. ¿En qué tipo de negocios estuvo metido el protagonista?
7. ¿Cuántos niños tiene el protagonista?
8. ¿Cuánto le cobraron al protagonista por pasarlo al Norte?
9. ¿Qué sucedió al protagonista y a su amigo Estanislao al cruzar el río?
10. Explique el aspecto trágico-cómico del fin del cuento.

II. *¿Cuál es el significado de las frases siguientes?*

1. usté ni se las huele
2. con eso la va pasando
3. al averíguatelas como puedas
4. estamos ya por parar las patas
5. soltarme como caballo entre las milpas
6. se lo sorben como agua
7. en el nidal nuevo, hay que dejar un güevo
8. Restriégate con tu propio estropajo
9. cómo estaba el teje y maneje del asunto
10. tengo ahí una partida pa los repatriados.

III. *Ponga Ud. las siguientes formas dialectales en español standard.*

1. pa
2. onde
3. pos
4. usté

5. haiga
6. truje
7. ora
8. naide
9. güevos
10. verdá

IV. *Temas para discutir:*
1. la inmigración mexicana: causas y problemas
2. posibles soluciones a los problemas
3. diferencias entre la inmigración mexicana reciente y la inmigración europea del siglo XIX

El costo de la vida

Salvador Rentería se levantó muy temprano. Cruzó corriendo la azotea. No calentó el bóiler. Se quitó los calzoncillos y el chubasco frío le sentó bien. Se fregó con la toalla y regresó al cuarto. Ana le preguntó desde la cama si no iba a desayunar. Salvador dijo que se tomaría un café por ahí. La mujer llevaba dos semanas en cama y su cara color de piloncillo se había adelgazado. Le preguntó a Salvador si no había recado de la oficina y él se metió un cigarrillo entre los labios y le contestó que querían que ella misma fuera a firmar. Ana suspiró y dijo:

—¿Cómo quieren?

—Ya les dije que ahorita no podías, pero ya ves cómo son.

—¿Qué te dijo el doctor?

Arrojó el cigarrillo sin fumar por el vidrio roto de la ventana y se pasó los dedos por el bigote y las sienes. Ana sonrió y se recargó contra la cabecera de latón. Salvador se sentó a su lado y le tomó la mano y le dijo que no se preocupara, que pronto volvería a trabajar. Los dos se quedaron callados y miraron el ropero de madera, el cajón con trastos y provisiones, la hornilla eléctrica, el aguamanil y los montones de periódicos viejos. Salvador le besó la mano a su mujer y salió del cuarto a la azotea. Bajó por la escalera de servicio y luego atravesó los patios del primer piso y olió las mezclas de cocina que llegaban de los otros cuartos de la vecindad. Pasó entre los patines y los perros y salió a la calle. Entró a la tienda, que era el antiguo garage de la casa, y el comerciante viejo le dijo que no había llegado el *Life en español* y siguió paseándose de un estante a otro abriendo los candados. Señaló un puesto lleno de historietas dibujadas[52] y dijo:

—Puede que haiga otra revista para tu señora. La gente se aburre metida en la cama.

Salvador salió. Pasó por la calle una banda de chiquillos disparando pistolas de fulminantes[53] y detrás de ellos un hombre arreaba unas cabras desde el potrero. Salvador le pidió un litro de leche y le dijo que lo subiera al 12. Clavó las manos en los bolsillos y caminó, casi trotando, de espaldas, para no perder el camión. Subió al camión en marcha y buscó en la bolsa de la chamarra treinta centavos y se sentó a ver los cipreses, las casas, las rejas y las calles polvorientas de San Francisco Xocotitla. El camión corrió al lado de la vía del tren, sobre el puente de Nonoalco. Se levantaba el humo de los rieles. Desde la banca de madera, miró los transportes[54] cargados de abastecimientos que entraban a la ciudad. En Manuel González, un inspector subió a rasgar los boletos y Salvador se bajó en la siguiente esquina.

Caminó hasta la casa de su padre por el rumbo de Vallejo. Cruzó el jardincillo de pasto seco y abrió la puerta. Clemencia lo saludó y Salvador preguntó si el viejo ya andaba de pie y Pedro Rentería se asomó detrás de la cortina que separaba la recámara de la salita y le dijo: —¡Qué madrugador! Espérame. Ya mero estoy.

Salvador manoseó los respaldos de las sillas. Clemencia pasaba el sacudidor sobre la mesa de ocote sin pulir y luego sacó de la vitrina un mantel y platos de barro. Preguntó cómo seguía Anita y se arregló el busto bajo la bata floreada.

—Mejorcita.

—Ha de necesitar quien la ayude. Si no se pusiera tantos moños . . .[55]

Los dos se miraron y luego Salvador observó las paredes manchadas por el agua que se había colado desde la azotea. Apartó la cortina y entró a la recámara revuelta. Su padre se estaba quitando el jabón de la cara. Salvador le pasó un brazo por los hombros y le besó la frente. Pedro le pellizcó el estómago. Los dos se vieron en el

---

[52]**historietas dibujadas** comic books [53]**disparando pistolas de fulminantes** firing cap pistols [54]**transportes** trucks [55]**si no se pusiera tantos moños** if she didn't put on such airs

espejo. Se parecían, pero el padre era más calvo y tenía el pelo más rizado y le preguntó qué andaba haciendo a estas horas y Salvador dijo que después no podía venir, que Ana estaba muy mala y no iba a poder trabajar en todo el mes y que necesitaban lana.[56] Pedro se encogió de hombros y Salvador le dijo que no iba a pedirle prestado.

—Lo que se me ocurría es que podía hablar con tu patrón; algo me podrá ofrecer. Alguna chamba.[57]

—Pues eso sí quién sabe. Ayúdame con los tirantes.

—Es que de plano no me va a alcanzar.[58]

—No te apures. Algo te caerá. A ver qué se me ocurre.

Pedro se fajó los pantalones y tomó la gorra de chofer de la mesa de noche. Abrazó a Salvador y lo llevó a la mesa. Olfateó los huevos rancheros[59] que Clemencia les colocó en el centro.

—Sírvete, Chava.[60] Qué más quisiera uno que ayudarte. Pero ya ves, bastante apretados vivimos. Clemencia y yo, y eso que me ahorro la comida y la merienda en casa del patrón. Si no fuera por eso . . . Bruja[61] nací y bruja he de morirme. Ahora, date cuenta que si empiezo a pedir favores personales, con lo duro que es don José, luego me los cobra y adiós aumento. Créeme, Chava, necesito sacarle esos doscientos cincuenta.

Hizo un buche de salsa y tortilla y bajó la voz:

—Ya sé que respetas mucho la memoria de tu mamacita, y yo, pues ni se diga, pero esto de mantener dos casas cuando pudiéramos vivir todos juntos y ahorrarnos una renta . . . Está bueno, no dije nada. Pero ahora dime, entonces por qué no viven con tus suegros?

—Ya ves cómo es doña Concha. Todo el día jeringa[62] que si Ana nació para esto o para lo otro. Ya sabes que por eso nos salimos de su casa.

—Pues si quieres tu independencia, a fletarse.[63] No te preocupes. Ya se me ocurrirá algo.

Clemencia se limpió los ojos con el delantal y tomó asiento entre el padre y el hijo.

—¿Dónde están los niños? —preguntó.

---

[56]**lana** *Mex. coll.* money [57]**chamba** *Mex. coll.* job [58]**Es que . . . alcanzar** let me give it to you straight; I don't have enough money [59]**huevos rancheros** Mexican-style fried eggs [60]**Chava** nickname for Salvador [61]**bruja** *coll.* broke, without money [62]**jeringa** *coll.* nagging [63]**fletarse** take off

—Con los papás de Ana —contestó Salvador—. Van a pasar una temporada allí mientras ella se cura.

Pedro dijo que iba a llevar al patrón a Acapulco. —Si necesitas algo, busca a Clemencia. Ya sé. Vete a ver a mi amigo Juan Olmedo. Es cuate viejo[64] y tiene una flotilla de ruleteo.[65] Yo le hablo por teléfono para decirle que vas.

Besó la mano de su padre y salió.

Abrió la puerta de vidrio opaco y entró a un recibidor donde estaban una secretaria y un ayudante contable y había muebles de acero, una máquina de escribir y una sumadora. Dijo quién era y la secretaria entró al privado del señor Olmedo y después lo hizo pasar. Era un hombre flaco y muy pequeño y los dos se sentaron en los sillones de cuero frente a una mesa baja con fotos de banquetes y ceremonias y un vidrio encima. Salvador le dijo que necesitaba trabajo para completar el sueldo de maestro y Olmedo se puso a hurgar entre unos grandes cuadernos negros.

—Estás de suerte—dijo al rascarse la oreja puntiaguda y llena de pelo—. Aquí hay un horario muy bueno de siete a doce de la noche. Andan muchos detrás de esta chamba, porque yo protejo a mis trabajadores. —Cerró de un golpe el libraco—. Pero como tú eres hijo de mi viejo cuate Pedrito, pues te la voy a dar a ti. Vas a empezar hoy mismo. Si trabajas duro, puedes sacar hasta veinte pesos diarios.

Durante algunos segundos, sólo escuchó el tactactac de la máquina sumadora y el zumbido de los motores por la avenida del 20 de Noviembre.[66] Olmedo dijo que tenía que salir y lo invitó a que lo acompañara. Bajaron sin hablar en el elevador y al llegar a la calle Olmedo le advirtió que debía dar banderazo cada vez que el cliente se detenía a hacer un encarguito, porque había cada tarugo que por un solo banderazo paseaba al cliente una hora por todo México. Lo tomó del codo y entraron al Departamento del Distrito Federal y subieron por las escaleras y Olmedo siguió diciendo que le prohibía subir a toda la gente que iba por el camino.

---

[64]**cuate viejo** *coll.* old buddy   [65]**una flotilla de ruleteo** a fleet of taxis
[66]**Avenida del 20 de Noviembre** *wide avenue running south from the Zócalo*

—Dejadita por aquí, dejadita por allá y al rato ya cruzaste de la Villa[67] al Pedregal[68] por un solo banderazo de uno cincuenta. ¡Si serán de a tiro . . . !

Olmedo le ofreció gomitas azucaradas[69] a una secretaria y pidió que lo introdujera al despacho del jefe. La señorita agradeció los dulces y entró al privado del funcionario y Olmedo hizo chistes con los demás empleados y los invitó a tomarse unas cervezas el sábado y jugar dominó después. Salvador le dio la mano y las gracias y Olmedo le dijo:

—¿Traes la licencia en regla? No quiero líos con Tránsito. Preséntate hoy en la noche, antes de las siete. Busca allá abajo a Toribio, el encargado de dar las salidas. El te dirá cuál es tu coche. Nada de dejaditas de a peso, ya sabes; se amuelan las portezuelas. Y nada de un solo banderazo por varias dejadas. Apenas se baje el cliente del coche, aunque sea para escupir en la calle, tú vuelves a marcar. Salúdame al viejo.

Miró el reloj de Catedral. Eran las once. Caminó un rato por la Merced[70] y se divirtió viendo las cajas llenas de jitomates, naranjas y calabazas. Se sentó a fumar un rato en la plaza, junto a los cargadores que bebían cervezas y hojeaban los diarios deportivos. Se aburrió y caminó hasta San Juan de Letrán.[71] Delante de él caminaba una muchacha. Se le cayó un paquete de los brazos y Salvador se apresuró a recogerlo y ella le sonrió y le dio las gracias. El joven le apretó el brazo y le dijo:

—¿Nos tomamos una limonada?

—Perdone, señor, no acostumbro . . .

—Dispénseme a mí. No quería hacerme el confianzudo.

La muchacha siguió caminando con pasos pequeños y veloces. Contoneaba la cadera y llevaba una falda blanca. Miraba de reojo los aparadores. Salvador la siguió de lejos. Luego ella se detuvo ante un carrito de nieves y pidió una paleta de fresa y Salvador se adelantó a pagar y ella sonrió y le dió las gracias. Entraron a una

---

[67]**la Villa** *Shrine of Guadalupe in the extreme northern part of Mexico City*   [68]**Pedregal** *elegant section in the extreme south of Mexico City near the campus of the Universidad Nacional Autónoma de México*   [69]**gomitas azucaradas** small fruit-flavored sugar-coated candies   [70]**Merced** *big market in downtown Mexico City*   [71]**San Juan de Letrán** *wide avenue running north-south in Mexico City past the Palacio de Bellas Artes and the main post office; name changed to Lázaro Cárdenas in 1982*

refresquería y se sentaron en una caballeriza y pidieron dos sidrales.[72] Ella le preguntó qué hacía y él le pidió que adivinara y empezó a mover los puños como boxeador y ella dijo que era boxeador y él se rió y le contó que de muchacho se entrenó mucho en el "Plan Sexenal"[73] pero que en realidad era maestro. Ella le contó que trabajaba en la taquilla de un cine. Movió el brazo y volcó la botella de Sidral y los dos rieron mucho.

Tomaron juntos un camión. No hablaron. El la tomó de la mano y descendieron frente al Bosque de Chapultepec. Los automóviles recorrían lentamente las avenidas del parque. Había muchos convertibles llenos de gente joven. Pasaban muchas mujeres arrastrando, abrazando o empujando niños. Los niños chupaban paletas y nubes de algodón azucarado. Se oían pitos de globeros y la música de una banda en la pérgola.[74] La muchacha le dijo que le gustaba adivinar la ocupación de las gentes que se paseaban por Chapultepec. Rió y fue indicando con el dedo: saco negro o camisola abierta, zapato de cuero o sandalia, falda de algodón o blusa de lentejuela, camiseta a rayas, tacón de charol: dijo que eran carpintero, electricista, empleada, repartidor, maestro, criada, merolico.[75] Llegaron al lago y tomaron una lancha. Salvador se quitó la chamarra y se enrolló las mangas. La muchacha metió los dedos en el agua y cerró los ojos. Salvador chifló a medias varias melodías mientras remaba. Se detuvo y tocó la rodilla de la muchacha. Ella abrió los ojos y se arregló la falda. Regresaron al muelle y ella dijo que tenía que irse a comer a su casa. Quedaron en verse al día siguiente a las once, cuando cerraba la taquilla de cine.

Entró al Kiko's[76] y buscó entre las mesas de tubo y linóleo a sus amigos. Vio de lejos al ciego Macario y se fue a sentar con él. Macario le pidió que metiera un veinte en la sinfonola y al rato llegó Alfredo y los tres pidieron tacos de pollo con guacamole y cervezas y escucharon la canción que decía "La muy ingrata, se fue y me dejó, sin duda por otro más hombre que yo." Hicieron lo de siempre, que era recordar su adolescencia y hablar de Rosa y Remedios, las muchachas más bonitas del barrio. Macario los picó para

---

[72]**sidrales** carbonated apple soda   [73]**Plan Sexenal** *a sports center on the road to Tacuba in northwestern Mexico City*   [74]**pérgola** bandstand or kiosk   [75]**merolico** street vendor   [76]**Kiko's** *one of the first American-type ice-cream parlors in Mexico, formerly situated on the Paseo de la Reforma and Bucareli*

que hablaran. Alfredo dijo que los chamacos de hoy sí eran muy duros, de cuchillo y toda la cosa. Ellos no. Viéndolo bien, eran bastante bobos. Recordó cuando la pandilla del Poli[77] los retó a un partido de futbol nada más para patearles las rodillas y todo terminó en encuentro de box allá en el lote vacío de la calle de Mirto, y Macario se presentó con un bate de beisbol y los del Poli se quedaron fríos[78] al ver cómo les pegaba el ciego con el bate. Macario dijo que desde entonces todos lo aceptaron como cuate y Salvador dijo que fue sobre todo por esas caras que hacía, girando los ojos en blanco y jalándose las orejas para atrás, como para troncharse de la risa. Macario dijo que el que se moría de la risa era él, porque desde los diez años su papá le dijo que no se preocupara, que no tendría que trabajar nunca, que al cabo la jabonera de la que era dueño iba bien, de manera que Macario se dedicó a cultivar su físico para defenderse. Dijo que el radio había sido su escuela y que de allí había sacado sus bromas y sus voces. Luego recordaron a su cuate Raimundo y dejaron de hablar un rato y pidieron más cervezas y Salvador miró hacia la calle y dijo que él y Raimundo caminaban juntos de noche, durante la época de exámenes, de regreso a sus casas, y Raimundo le pedía que le explicara bien ese enredo del álgebra y luego se detenía un rato en la esquina de Sullivan y Ramón Guzmán, antes de separarse, y Raimundo decía:

—¿Sabes una cosa? Me da como miedo pasar de esta cuadra. Aquí como que termina el barrio. Más lejos ya no sé qué pasa. Tú eres mi cuate y por eso te lo cuento. Palabra que me da miedo pasar de esta cuadra.

Y Alfredo recordó que cuando se recibió, la familia le regaló el automóvil viejo y todos se fueron a celebrar en grande recorriendo los cabarets baratos de la ciudad. Iban muy tomados y Raimundo dijo que Alfredo no sabía manejar bien y comenzó a forcejear para que Alfredo le dejara el volante y el coche por poco se voltea en una glorieta de la Reforma y Raimundo dijo que quería guacarear[79] y la portezuela se abrió y Raimundo cayó a la avenida y se rompió el cuello.

Pagaron y se despidieron.

Dio las tres clases de la tarde y acabó con los dedos manchados de tiza después de dibujar el mapa de la República en el pizarrón.

[77]**Poli (Instituto Politécnico)** *large engineering school in Mexico City*
[78]**se quedaron fríos** they were scared to death [79]**guacarear** to vomit

Cuando terminó el turno y salieron los niños, caminó entre los pupitres y se sentó en la última banca. El único foco colgaba de un largo cordón. Se quedó mirando los trazos de color que indicaban las sierras, las vertientes[80] tropicales, los desiertos y la meseta. Nunca había sido buen dibujante: Yucatán resultaba demasiado grande, Baja California demasiado corta. El salón olía a serrín y mochilas de cuero. Cristóbal, el maestro del quinto año, asomó por la puerta y le dijo: —¿Qué hay?

Salvador caminó hasta el pizarrón y borró el mapa con un trapo mojado. Cristóbal sacó un paquete de cigarrillos y los dos fumaron y el piso crujía mientras acomodaban los pedazos de tiza en su caja. Se sentaron a esperar y al rato entraron otros maestros y después el director Durán.

El director se sentó en la silla del estrado y los demás en los pupitres y el director los miró a todos con los ojos negros y todos lo miraron a él con su cara morena y sus camisa azul y su corbata morada. El director dijo que nadie se moría de hambre y que todo el mundo pasaba trabajos y los maestros se enojaron y uno dijo que ponchaba boletos en un camión después de dar dos turnos y otra que trabajaba de noche en una lonchería de Santa María la Redonda[81] y otro que tenía una miscelánea puesta con sus ahorros y sólo había venido por solidaridad. Durán les dijo que iban a perder la antigüedad, las pensiones y de repente hasta los puestos y les pidió que no se expusieran. Todos se levantaron y salieron y Salvador vio que ya eran las seis y media y corrió a la calle, cruzó corriendo entre el tráfico y abordó un camión.

Bajó en el Zócalo y caminó a la oficina de Olmedo. Toribio le dijo que a las siete entregaban el coche que iba a manejar y que se esperara un rato. Salvador se arrimó a la caseta de despacho y abrió un mapa de la Ciudad de México. Lo estuvo estudiando y después lo cerró y revisó los cuadernos cuadriculados de aritmética.

—¿Qué es mejor? ¿Ruletear[82] en el centro o en las colonias? —le preguntó a Toribio.

—Pues lejos del centro vas más de prisa pero también gastas más gasolina. Recuerda que el combustible lo pagas tú.

Salvador rió. —Puede que en las puertas de los hoteles haya gringos que den buenas propinas.

—Ahí viene tu carro —le dijo Toribio desde la caseta.

---

[80]**vertientes** slopes   [81]**Santa María la Redonda** *a northern section of Mexico City*   [82]**ruletear** *to cruise*

—¿Tú eres el nuevo? —gritó el chofer gordinflón que lo tripulaba. Se secó el sudor de la frente con un trapo y se bajó del automóvil—. Ahí lo tienes. Métele suavecito la primera que a ratos se atranca. Cierra tú mismo las puertas o te las rechingan.[83] Ahí te lo encargo.

Salvador se sentó frente a la dirección y guardó los cuadernos en la cajuela. Pasó el trapo por el volante grasoso. El asiento estaba caliente. Se bajó y pasó el trapo por el parabrisas. Subió otra vez y arregló el espejo a la altura de los ojos. Arrancó. Levantó la bandera. Le sudaban las manos. Tomó por 20 de Noviembre. En seguida lo detuvo un hombre y le ordenó que lo llevara al cine Cosmos.

El hombre bajó frente al cine y Cristóbal asomó por la ventanilla y dijo: —Qué milagro. —Salvador le preguntó qué hacía y Cristóbal dijo que iba a la imprenta del señor Flores Carranza en la Ribera de San Cosme y Salvador se ofreció a llevarlo y Cristóbal subió al taxi pero dijo que no era dejada de cuate,[84] le pagaría. Salvador rió y dijo que no faltaba más. Platicaron del box y quedaron en ir juntos a la Arena México el viernes. Salvador le contó de la muchacha que conoció esa mañana. Cristóbal empezó a hablar de los alumnos de quinto año y llegaron a la imprenta y Salvador estacionó y bajaron.

Entraron por la puerta estrecha y siguieron por el largo corredor oscuro. La imprenta estaba al fondo y el señor Flores Carranza los recibió y Cristóbal preguntó si ya estaban listas las hojas. El impresor se quitó la visera y afirmó con la cabeza y le mostró la hoja de letras negras y rojas llamando a la huelga. Los dependientes entregaron los cuatro paquetes. Salvador tomó dos paquetes y se adelantó mientras Cristóbal liquidaba la cuenta.

Caminó por el corredor largo y oscuro. De lejos, le llegó el ruido de los automóviles que circulaban por la Ribera de San Cosme. A la mitad del corredor sintió una mano sobre el hombro y alguien dijo: —Despacito, despacito.

—Dispense —dijo Salvador—. Es que esto está muy oscuro.

—¿Oscuro? Si se va a poner negro.

El hombre se metió un cigarrillo entre los labios y sonrió y Salvador sólo dijo: —Buenas noches, señor— pero la mano volvió a caerle sobre el hombro y el tipo dijo que él debía ser el único maestrito de estos que no lo conocía y Salvador empezó a enojarse

---

[83]**rechingan** *coll.* they ruin them   [84]**dejada de cuate** "free ride"

y dijo que llevaba prisa y el tipo dijo: —El D. M.,[85] ¿sabes? Ese soy yo.

Salvador vio que cuatro cigarrillos se encendieron en la boca del corredor, a la entrada del edificio, y apretó los paquetes contra el pecho y miró hacia atrás y otro cigarrillo se encendió frente a la entrada de la imprenta.

—El D. M., el Desmadre. ¡Cómo no! Si has de haber oído platicar de mí.

Salvador empezó a ver en la oscuridad y distinguió el sombrero del tipo y la mano que tomó uno de los paquetes.

—Ya estuvo suave de presentaciones. D'aca[86] las letras, maistrito.[87]

Salvador se zafó de la mano y retrocedió unos pasos. El cigarrillo de atrás avanzaba. Una corriente húmeda se colaba por el corredor, a la altura de los tobillos. Salvador miró a su alrededor.

—Déjenme pasar.

—Vengan esos volantes.

—Van conmigo, maje.[88]

Sintió el fuego del cigarrillo de atrás muy cerca de la nuca. Luego el grito de Cristóbal. Arrojó un paquete y pegó con el brazo libre sobre el rostro del tipo. Sintió el cigarrillo aplastado y la punta ardiente en el puño. Y luego vio el rostro manchado de saliva roja que se acercaba. Salvador giró con los puños cerrados y vio la navaja y luego la sintió en el estómago.

El hombre retiró lentamente la navaja y castañeó los dedos y Salvador cayó con la boca abierta.

—CARLOS FUENTES, *Cantar de ciegos*

---

[85]**D. M.** *coll.* from *desmadre,* one who beats up or destroys someone else
[86]**d'aca (da acá)** *reduction of acá when preceded by a vowel.*   [87]**maistrito (maestrito)** in order to form a diphthong with the preceding or the following vowel.   [88]**maje** *coll.* stupid, dumb, ignorant

Ejercicios

I. *Conteste usted a las preguntas siguientes en oraciones completas:*

   1. ¿Dónde viven Salvador y Ana?

   2. ¿Por qué Ana no puede ir a la oficina?

   3. ¿Por qué no viven Salvador y Ana con los papás de ésta o con Pedro y Clemencia?

   4. ¿En qué trabaja Pedro?

   5. ¿Qué tipo de trabajo, horario y sueldo le ofrecieron a Salvador?

   6. ¿Cómo conoce Salvador a la taquillera?

   7. ¿De qué hablan Salvador y sus amigos en Kiko's?

   8. ¿En qué trabajan los maestros después de dar clases?

   9. ¿Qué van a recoger en la imprenta Cristóbal y Salvador?

  10. ¿Qué significado tiene el título del cuento?

II. *Escriba Ud. cinco preguntas con sus respuestas correspondientes sobre el episodio de Salvador y la taquillera o la escena en Kiko's.*

III. *Empareje Ud. el verbo de la primera columna con el sustantivo más apropiado de la segunda:*

   1. cruzó   a. las mangas

   2. se fajó   b. las cabras

   3. olió   c. las mezclas de cocina

   4. hojeó   d. los boletos

   5. volcó   e. la temporada

   6. arrojó   f. la azotea

   7. pasó   g. los pantalones

   8. rasgó   h. los diarios deportivos

   9. arreó   i. la botella

  10. se enrolló   j. el cigarrillo

IV. *Tema para discutir: la unidad del cuento en*

   a. la violencia

b. los mapas
c. el transporte
d. los detalles costumbristas de la capital

Aquí vienen los muchachos

Son muchos. Vienen a pie, vienen riendo. Bajaron por Melchor Ocampo, la Reforma, Juárez, Cinco de Mayo,[89] muchachos y muchachas estudiantes que van del brazo en la manifestación con la misma alegría con que hace apenas unos días iban a la feria; jóvenes despreocupados que no saben que mañana, dentro de dos días, dentro de cuatro estarán allí hinchándose bajo la lluvia, después de una feria en donde el centro del tiro al blanco lo serán ellos, niños-blanco,[90] niños que todo lo maravillan, niños para quienes todos los días son día-de-fiesta, hasta que el dueño de la barraca del tiro al blanco les dijo que se formaran así el uno junto al otro como la tira de pollitos plateados que avanza en los juegos, click, click, click, click y pasa a la altura de los ojos, ¡Apunten, fuego!, y se doblan para atrás rozando la cortina de satín rojo.

El dueño de la barraca les dio los fusiles a los cuicos,[91] a los del ejército, y les ordenó que dispararan, que dieran en el blanco y allí estaban los monitos plateados con el azoro en los ojos, boquiabiertos ante el cañón de los fusiles. ¡Fuego! El relámpago verde de una luz de bengala.[92] ¡Fuego! Cayeron pero ya no se levantaban de golpe impulsados por un resorte para que los volvieran a tirar al turno siguiente; la mecánica de la feria era otra; los resortes no eran de alambre sino de sangre; una sangre lenta y espesa que se encharcaba, sangre joven pisoteada en este reventar de vidas por toda la Plaza de las Tres Culturas.

Aquí vienen los muchachos, vienen hacia mí, son muchos, ninguno lleva las manos en alto, ninguno trae los pantalones caídos entre los pies mientras los desnudan para cachearlos,[93] no hay puñetazos sorpresivos ni macanazos, ni vejaciones, ni vómitos por

[89]**Melchor Ocampo, la Reforma, Juárez, Cinco de Mayo** *important streets in Mexico City indicating the route of the demonstrators leading to the Zócalo* [90]**niños-blancos** children serving as targets [91]**cuicos** *coll.* cops [92]**luz de bengala** flare [93]**cachearlos** pistol-whip them

las torturas, ni zapatos amontonados, respiran hondo, caminan seguros, pisando fuerte, obstinados; vienen cercando la Plaza de las Tres Culturas y se detienen junto al borde donde la Plaza cae a pico[94] dos o tres metros para que se vean las ruinas pre-hispánicas; reanudan la marcha, son muchos, vienen hacia mí con sus manos que levantan la pancarta, manos aniñadas[95] por que la muerte aniña las manos; todos vienen en filas apretadas, felices, andan felices, pálidos, sí, y un poco borroneados[96] pero felices; ya no hay muros de bayonetas que los rechacen violentamente, ya no hay violencia; los miro a través de una cortina de lluvia, o será de lágrimas, igual a la de Tlatelolco; no alcanzo a distinguir sus heridas, qué bueno, ya no hay orificios, ni bayonetazos, ni balas expansivas,[97] los veo nublados pero sí oigo sus voces, oigo sus pasos, pas, pas, pas, paaaaas, paaaaaas, como en la manifestación del silencio, toda la vida oiré esos pasos que avanzan; muchachas de mini con sus jóvenes piernas quemadas por el sol, maestros sin corbata, muchachos con el suéter amarrado a la cintura, al cuello, vienen a pie, vienen riendo, son muchos, vienen con esa loca alegría que se siente al caminar juntos en esta calle, nuestra calle, rumbo al Zócalo, nuestro Zócalo; aquí vienen; 5 de agosto, 13 de agosto, 27 de agosto, 13 de septiembre, el padre Jesús Pérez echó a vuelo las campanas[98] de catedral para recibirlos, toda la Plaza de la Constitución está iluminada; constelada[99] con millares de cempazúchitl,[100] millares de veladoras; los muchachos están en el corazón de una naranja, son el estallido más alto del fuego de artificio, ¿no que México era triste? Yo lo veo alegre, qué loca alegría; suben por Cinco de Mayo, Juárez, cuántos aplausos, la Reforma, se les unen trescientas mil personas que nadie acarrea, Melchor Ocampo, Las Lomas,[101] se remontan a la sierra, los bosques, las montañas, Mé-xi-co, Li-ber-tad, Mé-xi-co, Li-ber-tad, Mé-xi-co, Li-ber-tad, Mé-xi-co, Li-ber-tad, Mé-xi-co, Li-ber-tad.

---

[94]**cae a pico** drops abruptly [95]**manos aniñadas** with clenched fists [96]**borroneados** dazed [97]**balas expansivas** dummy bullets [98]**echó a vue-lo las campanas** rang the bells wildly [99]**constelada** covered (as with stars) [100]**cempazúchitl** Mexican carnation also called **flor de los muertos** "flower of the dead" [101]**las Lomas de Chapultepec** *elegant residential section of Mexico City*

PUEBLO, ABRE YA LOS OJOS

• Cartel en la calle

Se trata de un conflicto muy distinto al de mayo en Francia. En México no hubo prácticamente reivindicaciones escolares o académicas; sólo peticiones políticas; liberación de presos políticos disolución del cuerpo de granaderos,[102] destitución del alcalde de la ciudad [sic], del jefe de la seguridad . . .

¿Puede hablarse de sólidas tradiciones democráticas cuando de hecho no hay más que un partido político? ¿Cuando en las cámaras no se admiten candidatos de otro partido o sólo se aceptan algunos para dar la engañosa apariencia de una oposición? ¿Y qué decir de la sólida tradición del "tapado",[103] o sea el misterio que el presidente en el poder y sus consejeros guardan hasta el último momento para anunciar a través del Partido Oficial, el PRI, quién debe ser candidato a la presidencia? Todo el mundo sabe en México que el tapado, en ocasiones hasta ese momento poco conocido, se convierte en unas cuantas semanas en el hombre más dotado, el más capaz, y su efigie se repite en todas las bardas, en todas la pancartas, en foquitos con los colores de la bandera nacional, en anuncios luminosos —de frente, de perfil, de tres cuartos—, sus siglas, las iniciales de su nombre se estampan en todos los cerros, rapan los montes en forma casi indeleble; cicatrices, estigmas en la tierra. Se desperdician millones de pesos en esta propaganda para que la masa ignorante y crédula engulla las virtudes excepcionales del candidato propuesto por el PRI. ¿Qué pueden hacer los partidos de oposición ante este avasallamiento, ante las sumas estratosféricas? O aliarse o hacer una modesta propaganda, algunos discursos que se traga el viento . . .

Estos trucos políticos, estas trampas son los que hastiaron a los jóvenes estudiantes que encuentran frente a ellos todas las puertas

---

[102]**granaderos** riot squad police   [103]**"tapado"** *the official presidential candidate before his identity is revealed*

cerradas y todos los puestos asegurados para los políticos del PRI, a menos de que "se alínien",[104] y "entren a la cargada".[105]

—Prof. M. Mayagoitia, Carta a *Le Monde,*[106] 7 de octubre 1968

¡NO QUEREMOS OLIMPIADA! ¡QUEREMOS REVOLUCION!

• Exhortación en algunos mítines

¡ABAJO LA MOMIZA![107]

• Grito estudiantil

Yo soy obrero

Yo soy obrero, era empaquetador; hacía paquetes de dulces en la fábrica de chocolates Sanborn's.[108] Me llamo Félix Sánchez Hernández y tengo veintinueve años. Desde su inicio, me gustó el Movimiento, bueno, me llamó la atención. Conocí a Cabeza de Vaca y a varios más y ellos me invitaron a ir a las manifestaciones y fui a la mayoría y cooperé repartiendo volantes, tanto en la fábrica de chocolate como en la calle. Los obreros fueron a algunas manifestaciones pero en forma individual —a título personal si usted quiere—. En total éramos como quinientos. Fuimos a la del Silencio y antes a la del 27, caminamos desde Tacubaya[109] —porque la fábrica está en Benjamín Hill[110]—hasta Chapultepec y allí nos unimos para marchar hacia el Zócalo por todo el Paseo de la Reforma. En la manifestación del 27 me tocó ir con los electricistas y éramos más o menos como seiscientos, más los amigos que fueron incorporándose a medida que íbamos avanzando. Muchos obreros

---

[104]**se alínien** "get in line"   [105]**entren a la cargada** "and follow the leader"   [106]**Le Monde** *prestigious French newspaper*   [107]**momiza** groups of older politicians, mummies   [108]**Sanborn's** *chain of American-type drugstore-restaurants in Mexico City*   [109]**Tacubaya** *street in Mexico City near Chapultepec Park*   [110]**Benjamin Hill** *street in Mexico City*

simpatizaban con el Movimiento pero muchos no se atrevían a manifestarlo, por miedo a las represalias, por apatía, por dejadez, porque salimos muy cansados del trabajo, pero sobre todo por miedo a perder el trabajo. El sindicato de la fábrica de chocolates Sanborn's es blanco. A esa fábrica llegaba propaganda del Movimiento y se repartía entre los mismos obreros.

Yo no sé lo que voy a hacer cuando salga libre. No podré regresar a la fábrica. A mi cuñada la corrieron porque dijeron que nos reuníamos los tres, mi esposa, mi cuñada y yo para pedir mejor sueldo y causarle problemas a la empresa. Yo ganaba treinta y dos pesos diarios y entraba a trabajar a las cinco y media de la mañana y salía a las dos de la tarde.

No sé por qué estoy en Lecumberri.[111] Soy obrero y por esta condición mi única posible participación en el Movimiento estudiantil fue prestar solidaridad con mi presencia en actos públicos de los estudiantes en que fui como espectador, a la manifestación del 27 de agosto, y a la manifestación silenciosa del 13 de septiembre. ¿O a lo mejor me detuvieron porque en varias ocasiones visité a un paisano mío del estado de Oaxaca, preso en la crujía N del penal de Lecumberri, el señor Justino Juárez? Cuando me enteré por la prensa de que estaba preso, como es amigo lo vine a visitar. Ahora sé que las autoridades del penal entregan copia de las listas de visitas de los presos políticos a la policía Judicial y Federal de Seguridad, que las usan para enviar amenazas a las familias de los presos, y como ocurrió en mi caso, para detener arbitrariamente a algunos e imputarles cualquier delito.

El día primero de octubre de 1968 salí a trabajar como era mi costumbre. A las doce cuarenta y cinco del día entraron a la fábrica cuatro individuos vestidos de civil con pistola en mano y de inmediato empezaron a golpearme y a jalones me sacaron del local. Les pregunté quiénes eran y a dónde me llevaban y respondieron con golpes, mientras uno me ataba las manos a la espalda. Violentamente y a empellones me metieron a un automóvil y una vez dentro me vendaron los ojos con un trapo y con otro me amordazaron. Este ultraje fue presenciado por mis compañeros de trabajo y puedo presentar varios testigos del hecho. En la comandancia de la Policía Judicial Federal fui desvestido, golpeado, me dieron toques eléctricos, se me despojó de todos mis objetos personales y los agentes me dijeron que yo iba a ver a Justino Juárez ''para recibir

[111]**Lecumberri** *prison in Mexico City*

órdenes''. Me aplicaron toda clase de torturas y me amenazaron para que yo firmara la declaración.

—Mira pendejo, ya llegaste aquí con nosotros, así es que tienes que decir que sí, aunque no hayas hecho nada. Tienes que declararte culpable porque todos los que llegan aquí se van al bote, [112] lo hayan hecho o no. Tienes que firmar o te matamos. Ni siquiera supe el contenido de lo que declaré. El 9 de octubre de 1968 ingresé al Penal de Lecumberri y desde entonces estoy aquí.

—Félix Sánchez Hernández, obrero de la fábrica de chocolates Sanborn's, preso en Lecumberri

---

MEXICO-LIBERTAD-MEXICO-LIBERTAD-MEXICO-LIBERTAD

• Coro en las manifestaciones

Hubo muchos muertos y lesionados anoche

México es un país con diez millones de hambrientos y diez millones de analfabetos. Sólo una camarilla que está en el poder impone su verdad y su ley. Nos rige la ley de los líderes ''charros'', [113] la de los banqueros, la de los industriales, la de los políticos que se han enriquecido con la Revolución.

—José Tayde Aburto, agrónomo de la Escuela Nacional de Agricultura de Chapingo, preso en Lecumberri

Las unidades del ejército se desplegaron en torno a la multitud como pinzas y en pocos minutos todas las salidas estuvieron cerradas. Desde el tercer piso del edificio Chihuahua, lugar donde se había instalado la tribuna, no podíamos ver estas maniobras y el pánico nos parecía inexplicable: los dos helicópteros que sobrevolaban la Plaza casi desde el inicio del mitin habían tomado una acti-

---

[112]**bote** *coll.* jail   [113]**líderes "charros"**   *normally* ''charro'' *means Mexican cowboy, but here it is used colloquially as corrupt labor leader.*

tud hostil y provocadora volando a muy baja altura y en círculos cada vez más cerrados, luego habían lanzado las bengalas, una verde y otra roja; al caer la segunda se inició el pánico y los miembros del Consejo tratamos de detenerlo: ninguno de nosotros veía que el ejército avanzaba bajo la tribuna. La multitud frenó de golpe al encontrarse frente a las bayonetas y retrocedió de inmediato: parecía una ola avanzando hacia el extremo opuesto de la Plaza; pero también allí estaba el ejército; desde arriba vimos cómo la ola humana empujaba hacia otro costado. Fue lo último: el tercer piso ya estaba tomado por el Batallón Olimpia. Aún sin entender por qué corría y de golpe retrocedía aquella multidud incontrolable, los últimos que quedábamos junto al micrófono, al volver el rostro, encontramos los cañones de las ametralladoras. El barandal fue ocupado por el Batallón Olimpia y a nosotros, con las manos en alto y de cara a la pared, se nos prohibió estrictamente voltear hacia la Plaza; al menor movimiento recibíamos un culatazo en la cabeza o en las costillas. Cerrada la trampa se inició el asesinato colectivo.

—Gilberto Guevara Niebla, del CNH[114]

Dos helicópteros que mantenían vigilancia desde el aire sobre el desarrollo del mitin estudiantil descendieron y sus tripulantes dispararon contra los tiradores que se encontraban en las azoteas de los edificios.

Se sabe que el copiloto de una de esas naves resultó con un balazo en el brazo, cuando un francotirador[115] le hizo varios disparos desde el edificio Chihuahua. La nave se alejó rumbo al Aeropuerto Internacional rápidamente.

—"Hubo muchos muertos y lesionados, anoche", *La Prensa*
3 de octubre de 1968

Podría reconocer al hombre que iba disparando desde el helicóptero de lo cerca que pasó.

—Emma Bermejillo de Castellanos, madre de familia

[114]**CNH** *Comité Nacional de Huelga*   [115]**francotirador** sniper

Cuando comenzó el tiroteo la gente se abalanzó por las escaleras de la Plaza que están situadas precisamente enfrente del edificio Chihuahua gritando: "El Consejo, el Consejo". Se dirigían a las escaleras del edificio con el único propósito de defender a los compañeros dirigentes. Allí, los grupos de agentes secretos apostados en las columnas del edificio comenzaron a disparar contra la multitud, rechazándola a balazos.

—Raúl Alvarez Garín, del CNH

Los desaparecidos

Me voy a morir. Me duele. Estoy seguro de que me voy a morir. Lo supe desde el momento en que los policías me pusieron la pistola en el pecho y nos hicieron levantar las manos. Pensé: "Aquí se acabó todo . . . A lo mejor ya me tocaba". Los disparos se escuchaban abajo y era una agitación de los mil demonios. Cuando nos pidieron que nos pusiéramos boca abajo y nos seguían apuntando, me arrepentí de no haber hecho algo más serio en la vida. Hice un balance breve de lo vivido hasta ahora y de pronto sentí el balazo. Aquí estoy en Tlatelolco, hoy 2 de octubre, tengo veinticuatro años. Me está saliendo mucha sangre. Aquél también se está desangrando. Hace un rato se movía, ahora ya no. ¿Por qué no se mueve? ¡Hijos, me duele! Sin embargo, no sentí nada, pero nada, cuando me dieron. Hasta me moví y aquí vine a caer. ¡Cómo corren todos! Y yo que no puedo ni jalar esta pierna hacia mí. No veo ni un maldito camillero, no se oye nada con estas ametralladoras. Si me muero me dedicará la mitad de su columna, a lo mejor toda la columna.

—Rodolfo Rojas Zea, reportero de *El Día*

Al día siguiente y en los días sucesivos la inseguridad creció notablemente. Había miles de personas desaparecidas y no se tenía ningún tipo de noticias acerca de ellas. Los rumores alarmantes y contradictorios enardecían los ánimos y provocaban estados de tensión extrema. En los hospitales se producían aglomeraciones durante todo el día, la gente revisaba una y otra vez las listas de heridos, recorría los anfiteatros a fin de reconocer los cadáveres y

pasaban horas enteras en las puertas de las cárceles y las oficinas
judiciales esperando la lista de los detenidos. Al ambiente de
angustia se agregaba la indignación producida por la represión y
agravada por la insolencia con que los funcionarios policíacos
trataban a los que se les acercaban a preguntar por sus allegados.
Ya desesperados, después de once días de no saber absolutamente
nada de Raúl, mi marido y yo pusimos un desplegado en el periódico, dirigido al Procurador General de Justicia de la República Mexicana.

—Manuela Garín de Alvarez, matemática y profesora de las
Facultades de Ingeniería y Ciencias de la UNAM[116]

Una mujer descalza
cubierta la cabeza con un rebozo negro
espera que le entreguen a su muerto.
22 años, Politécnico:
un hoyo rojo en el costado
hecho por la M-1
reglamentaria.[117]

—Juan Bañuelos

La olimpiada

Comprendo que el gobierno no podía permitir bajo ningún concepto que los disturbios estudiantiles prosiguieran estando tan cerca las Olimpiadas. Los ojos del mundo estaban puestos en México.
¡Había que detener a los estudiantes a como diera lugar, pasara lo
que pasara! En Europa, muchos turistas empezaron a cancelar sus
reservaciones; los estudiantes comprometían con sus bravatas y sus
motines los Juegos Olímpicos, querían aprovechar una Olimpiada
de carácter internacional para sus fines personales, sus peticiones
absolutamente locales. La presencia de corresponsales extranjeros
siempre al acecho de periodismo sensacionalista y amarillista los
azuzó, le dio alas. A ellos tenían que demostrarles que eran muy

[116]UNAM *Universidad Nacional Autónoma de México* [117]M-1 **reglamentaria** *the official M-1 rifle*

"machos"; invitarlos a presenciar manifestaciones, hacerlos participar en sus mítines . . . Comprendo muy bien la acción del gobierno mexicano y en su lugar quizá no hubiera tenido más remedio que hacer lo mismo.

—Daniel Guian, director de Seguros Marítimos,[118] visitante francés en las Olimpiadas

Nosotros no estábamos en contra de la Olimpiada en cuanto a fenómeno deportivo, pero sí en cuanto a fenómeno económico. Somos un país demasiado pobre y la Olimpiada significa una sangría económica irrecuperable por más que se dijera lo contrario. López Mateos contrajo ese compromiso con fines exhibicionistas que no correspondían para nada a nuestra realidad.

—Gustavo Gordillo, del CNH

—ELENA PONIATOWSKA, *La noche de Tlatelolco*

Epílogo

Los mapas oficiales lo destacan como un gran rectángulo que se extiende de las plataformas marinas de Chac 1[119] y Kukulkán 1[120] en el Golfo de México a los yacimientos de Sitio Grande en las estribaciones[121] de la Sierra de Chiapas,[122] y del puerto de Coatzacoalcos[123] a la desembocadura del río Usumacinta.

Los mapas de la memoria describen el arco de una costa de exhuberancias solitarias: la primera que vieron los conquistadores españoles. Tabasco, Veracruz, Campeche,[124] un mar color limón tan verde que a veces parece una llanura, cargado con los olores de su riqueza de pargo,[125] corvina,[126] esmedregal[127] y camarón, enre-

[118]**Seguros Marítimos** *Maritime Insurance* [119]**Chac 1** *reference to Chac Mool, reclining Toltec deity with his head turned to one side* [120]**Kukulkán** *Mayan equivalent of Quetzalcóatl* [121]**estribaciones** *at the foot of* [122]**Chiapas** *large state in southeastern Mexico bordering on Guatemala* [123]**Coatzacoalcos** *rapidly-growing city on the Gulf of Mexico south of Veracruz* [124]**Tabasco, Veracruz, Campeche** *three states bordering on the Gulf of Mexico* [125]**pargo** *porgy (kind of fish)* [126]**corvina** *kind of fish* [127]**esmedregal** *kind of fish*

*dado de algas que encadenan a las olas mansas que van a desvane-
cerse frente a las playas de palmeras moribundas: un rojo
cementerio vegetal y luego el ascenso lento por las tierras rojas
como una cancha de tenis y verdes como un tapete de billar, a lo
largo de los ríos perezosos cuajados de jacintos flotantes hacia las
brumas de la sierra indígena, asiento del mundo secreto de los tzotziles.*[128] *Chiapas, una lanza de fuego en una corona de humo.*

*Es la tierra de la Malinche. Hernán Cortés la recibió de manos
de los caciques de Tabasco, junto con cuatro diademas y una lagartija de oro. Fue un regalo más; pero este regalo hablaba. Su nombre indio era Malintzin; la bautizaron los astros porque nació bajo
un mal signo, Ce Malinalli, oráculo del infortunio, la revuelta, la
riña, la sangre derramada y la impaciencia.*

*Los padres de la niña maldita, príncipes de su tierra, sintieron
miedo y la entregaron secretamente a la tribu de Xicalango.
Casualmente, esa misma noche murió otra niña, hija de esclavos de
los padres de Malintzin. Los príncipes dijeron que la muerta era su
hija y la enterraron con los honores de su rango nobiliario. La niña
maldita, como si sus propietarios adivinasen el funesto augurio de
su nacimiento, pasó de pueblo en pueblo, parte de todos los
tributos, hasta ser ofrecida al Teul*[129] *de piel blanca y barba rubia
que los indios confundieron con el Dios bienhechor Quetzalcóatl,
la Serpiente Emplumada que un día huyó del horror de México y
prometió regresar otro día, por el mar del oriente, con la felicidad
en sus alas y la venganza en sus escamas.*

*Entonces la voz de la esclava enterrada habló con la lengua de la
princesa maldita y guió a los conquistadores hasta la eterna sede,
alta y central, del poder en México: la meseta del Anáhuac y la
ciudad de Tenochtitlan, capital de Moctezuma, el Señor de la Gran
Voz.*

*Cortés convirtió a Malintzin dos veces: primero al amor; en
seguida al cristianismo. Fue bautizada Marina. El pueblo la llama
Malinche, nombre de la traición, voz que reveló a los españoles las
ocultas debilidades del imperio azteca y permitió a quinientos aventureros ávidos de oro conquistar una nación cinco veces más grande
que España. La pequeña voz de la mujer derrotó a la gran voz del
emperador.*

Pero debajo de la tierra de la Malinche existe una riqueza

[128]**tzotziles** *Indian tribe in Chiapas*   [129]**Teúl** *Náhuatl word for God*

superior a todo el oro de Moctezuma. Sellado por trampas geológicas más antiguas que los más viejos imperios, el tesoro de Chiapas, Veracruz y Tabasco es una promesa en una botella cerrada; buscarlo es como perseguir a un gato invisible en un laberinto subterráneo. Las pacientes perforadoras penetran a dos mil, tres mil, cuatro mil metros de profundidad, en el mar, en la selva, en la sierra. El hallazgo de un pozo fértil compensa el fracaso de mil pozos yermos. Como la hidra, el petróleo renace multiplicado de una sola cabeza cortada. Semen oscuro de una tierra de esperanza y traiciones parejas, fecunda los reinos de la Malinche bajo las voces mudas de los astros y sus presagios nocturnos.[130]

—CARLOS FUENTES, *La cabeza de la hidra*

Ejercicios

I. *Conteste Ud. a las preguntas siguientes en oraciones completas:*

1. ¿Quiénes son los que van riendo, marchando felices por las calles de la ciudad de México?
2. ¿Qué les sucederá dentro de unos días?
3. ¿Dónde desemboca el desfile?
4. ¿Qué problemas expone el profesor M. Mayogoitia del sistema electoral mexicano?
5. ¿Por qué muchos obreros no se atrevieron a participar en el movimiento?
6. ¿Por qué el obrero Félix Sánchez Hernández se encuentra en la cárcel?
7. ¿Cuáles con los problemas más graves de México según el agrónomo José T. Aburto?
8. ¿Qué hicieron los dos helicópteros en la Plaza de las Tres Culturas donde se llevaba a cabo el mitin estudiantil?
9. ¿Cómo empezó la masacre?

---

[130]*A revisionist, more positive view of La Malinche was proposed by Adelaida del Castillo in the 1970s.*

10. ¿Qué razones tenía el gobierno mexicano para no permitir que los disturbios estudiantiles continuaran?

II. *Elimine Ud. la palabra que no pertenezca al grupo:*

1. puñetazos, macanazos, rechazos, culatazos, balazos
2. presos, cuicos, granaderos, agentes secretos, policías
3. heridas, disparos, orificios, hoyo rojo, sangre
4. golpear, pisotear, amordazar, empujar, hastiar
5. rapar, apretar, desplegarse, azuzar, abalanzarse

III. *Temas para discutir:*

1. las tres culturas de México: la indígena, la hispánica y la moderna
2. el movimiento estudiantil de 1968 en México y en los Estados Unidos
3. la conciencia política de los estudiantes mexicanos y latinoamericanos en general y la falta de conciencia política en general entre los estudiantes norteamericanos

IV. *Lea Ud. el epílogo de la* La cabeza de la hidra *y trate de relacionarlo con algunas de las selecciones de* Saga de México.

1. los nuevos yacimientos de petróleo y *Pánuco 137*
2. la historia de la Malinche y la conquista de México por los españoles
3. el ascenso del mar a la sierra y "Un inmigrante andaluz"
4. Una tierra de esperanzas y traiciones parejas y "Nos han dado la tierra"
5. la visión panorámica de la historia y el mural de Chávez Morado

11

Los chicanos

ALTHOUGH the name Chicano came into use in the late 1960s, some Americans of Mexican descent trace their roots back to the Spanish conquistadores of the sixteenth and seventeenth centuries while others identify culturally and emotionally with the pre-Columbian *mexicas* or Aztecs. In general, however, the emergence of the Chicanos as a new people dates back to 1848 when, as a result of what is known in the United States as the Mexican War, and in Mexico as the *Intervención norteamericana,* Mexico lost about one half of its national territory, the area comprising the states of California, Arizona, New Mexico, Texas, Colorado, and Utah. One of the earliest manifestations of Chicano literature is the anonymous *corrido* or ballad "Joaquín Murieta" which expresses the outrage at the way people of Mexican descent were mistreated by the dominant white Anglo-Saxon settlers attracted by the gold of California and the abundance of land in the entire Southwest.

Mexican immigration to the Southwest has continued to the present, spurting from time to time in response to economic crises in Mexico, such as the revolutionary period of 1910 to 1920 and the 1970s with its high inflation and high unemployment; as well as to the American need for farm labor during World Wars I and II. To a certain extent, the differences between the experiences of the Mexican immigrants and those of the European immigrants from 1850 to 1920 may be explained by the fact that the former were migrant farm workers. Different aspects of their plight are presented in the short stories "Los niños no se aguantaron" and "Es que duele" from the first important work of modern Chicano prose fiction . . . *y no se lo tragó la tierra* (awarded the first Quinto Sol prize and published bilingually in 1971) by TOMAS RIVERA (1935-1984), the late chancellor of the University of California, Riverside.

Even as Chicanos settled permanently in small towns and cities, they did not acquire the political clout that other ethnic groups have used to help solve their problems. In "Un poco de todo,"

Reconstructing the Canon: Chicano Writers and Critics
A SYMPOSIUM ON AMERICAN LITERATURE

EMILY DICKINSON John Robinson

Herrera-Sobek Beyond Stereotypes

Morales Reto en el paraíso

Contemporary American Poetry

LIVING UP THE STREET Soto

Requisa Treinta y Dos Special Editor: Rosaura Sánchez · Chicano Studies · UCSD

Elaine H. Kim Asian American Literatu Temple

EARNEST THE SINGLE VISION

Baker BLACK LITERATURE IN AMERICA McGraw-Hill

ESTAMPAS DEL VALLE Y OTRAS OBRAS

poetics today Volume 4, Number 1, 1983

SÁNCHEZ CONTEMPORARY CHICANA POETRY California

SALE ON NOT BEING GOOD ENOUGH FORD

Gilbert Gubar THE NORTON ANTHOLOGY
OF LITERATURE BY WOMEN NORTON

Chicano Authors Bruce-Novoa TEXAS

Helena María Viramontes The Moths and Other Stories

POE MARGINALIA GINIA

Larson AMERICAN INDIAN FICTION New Mexico

CORPI PALABRAS DE MEDIODIA / NOON WORDS

FRYE ANATOMY OF CRITICISM

Walt Whitman and
Wallace Stevens PS 3238 .M43

PUPPET COTA-CÁRDENAS RELÁMPAGO

THE CONFIDENCE-MAN: His Masquerade Herman

The Norton Anthology
VOLUME 1 of English Literature THIRD
ABRAMS · DONALDSON · SMITH · ADAMS · MONK · LIPKING · FO ES

RECONSTRUCTING AMERICAN LITERATURE Paul Lauter

FOR ALMA MATER
Theory and Practice in Feminist Scholarship

MAY 1
ALEJANDRO MORALES
MARTA SÁNCHEZ

MARCH 6
GARY SOTO
ROSAURA SÁNCHEZ

FEBRUARY 27
ROLANDO HINOJOSA
MARÍA HERRERA-SOBEK

JANUARY 23
HELENA MARÍA VIRAMONTES
JUAN BRUCE-NOVOA

DECEMBER 5
LUCHA CORPI
FRANCISCO LOMELÍ

NOVEMBER 21
MARGARITA COTA-CÁRDENAS
JUAN RODRÍGUEZ

The Symposium is funded by grants from the University of New Mexico Foundation and the New Mexico Endowment for the Humanities. It is co-sponsored by the Southwest Hispanic Research Institute, the Women Studies Program, and the Department of Modern and Classical Languages. For information call 277-3854.

All lectures will be held at 3 PM Reading Room Ortega Hall
UNIVERSITY OF NEW MEXICO

Cartel publicitario

ROLANDO HINOJOSA-SMITH (1929-   ), professor of English at the University of Texas, Austin, pokes fun at the typical opportunistic Anglo politician who remembers his Chicano constituents only at election time. The selection comes from the volume *Klail City y sus alrededores* which was awarded the 1976 novel prize by Cuba's Casa de las Américas.

Since the late 1960s, increasing numbers of Chicanos have attended college thanks to federal programs of affirmative action and student scholarships and loans. It was only natural for this new generation to search for its roots and to wrestle with the problem of dual cultural identity. In "Puros mexicanos," LUIS DAVILA (1938-   ), professor of Spanish at Indiana University, explores the anguish of the Chicano who is not accepted by either Americans or Mexicans as being their 100 percent compatriot. In Dávila's other essay entitled "El ser bilingüe," he argues for the retention of both languages and cultures as an enriching experience.

The search for identity is also the main preoccupation of the protagonist of *Reto en el paraíso* (1983), the third novel of ALEJANDRO MORALES (1944-   ), professor of Spanish at the University of California, Irvine. While the novel presents the muralistic and intertwined history of a Chicano and an Anglo family from the days of the Gold Rush to the conversion of the Irvine Ranch into a land development company in Orange County, the protagonist, represents the schizophrenic personality of a Chicano who has "made it" in Anglo society but who cannot completely forget his Mexican roots.

The variety of Chicano experiences presented in these selections will undoubtedly continue to be relevant as more and more Chicanos enter the mainstream of American life, and as immigration from Mexico increases through the end of the twentieth century.

Joaquín Murieta

Yo no soy americano
pero comprendo el inglés.
Yo lo aprendí con mi hermano
al derecho y al revés.
A cualquier americano
lo hago temblar a mis pies.

Cuando apenas era un niño
huérfano a mí me dejaron.
Nadie me hizo ni un cariño,
a mi hermano lo mataron,
Y a mi esposa Carmelita,
cobardes la asesinaron.

Yo me vine de Hermosillo[1]
en busca de oro y riqueza.
Al indio pobre y sencillo
lo defendí con fiereza
Y a buen precio los sherifes
pagaban por mi cabeza.

A los ricos avarientos,
yo les quité su dinero.
Con los humildes y pobres
yo me quité mi sombrero.
Ay, que leyes tan injustas
fue llamarme bandolero.

A Murieta no le gusta
lo que hace no es desmentir.
Vengo a vengar a mi esposa,
y lo vuelvo a repetir,
Carmelita tan hermosa,
como la hicieron sufrir.

Por cantinas me metí,
castigando americanos.
"Tú serás el capitán
que mataste a mi hermano.
Lo agarraste indefenso
orgulloso americano".

Mi carrera comenzó
por una escena terrible.
Cuando llegué a setecientos
ya mi nombre era temible.

[1]**Hermosillo** *capital city of the state of Sonora, Mexico*

Cuando llegué a mil doscientos
ya mi nombre era terrible.

Yo soy aquel que domina
hasta leones africanos.
Por eso salgo al camino
a matar americanos.
Ya no es otro mi destino
¡pon cuidado, parroquianos!

Las pistolas y las dagas
son juguetes para mí.
Balazos y puñaladas,
carcajadas para mí.
Ahora con medios cortados
ya se asustan por aquí.

No soy chileno ni extraño
en este suelo que piso.
De México es California,
porque Dios así lo quiso,
Y en mi sarape cosida
traigo mi fe de bautismo.

Que bonito es California
con sus calles alineadas,
donde paseaba Murieta
con su tropa bien formada,
con su pistola repleta,
y su montura plateada.

Me he paseado en California
por el año del cincuenta,[2]
Con mi montura plateada,
y mi pistola repleta,
Y soy ese mexicano
de nombre Joaquín Murieta.

—Corrido anónimo, versión recogida
     por Chris Strachwitz

[2]**el año del cincuenta** 1850

Los niños no se aguantaron

Se había venido el calor muy fuerte. Era raro porque apenas eran los primeros de abril y no se esperaba tanto hasta como los últimos del mes. Hacía tanto calor que no les daba abasto el viejo con el bote del agua. Venía solamente dos veces para el mediodía y a veces no se aguantaban. Por eso empezaron a ir a tomar agua a un tanque que estaba en la orilla de los surcos. El viejo lo tenía allí para las vacas y cuando los pescó tomando agua allí se enojó. No le caía muy bien que perdieran tanto tiempo yendo al agua porque no andaban por contrato, andaban por horas. Les dijo que si los pescaba allí otra vez los iba a desocupar del trabajo y no les iba a pagar. Los niños fueron los que no se aguantaron.

—Tengo mucha sed, papá. ¿Ya mero viene el viejo?

—Yo creo que sí. ¿Ya no te aguantas?

—Pos, no sé. Ya siento muy reseca la garganta. ¿Usted cree que ya mero viene? ¿Voy al tanque?

—No, espérate un ratito más. Ya oíste lo que dijo.

—Ya sé que nos desocupa si nos pesca allí, pero ya me anda.

—Ya, ya, trabájale. Ahorita viene.

—Ni modo. A ver si aguanto. ¿Por qué éste no nos deja traer agua? A nosotros allá en el norte . . .

—Porque es muy arrastrado.[3]

—Pero los puede uno esconder debajo del asiento, ¿no? Allá en el norte siempre está mejor . . . ¿Y si hace uno como que va para fuera[4] cerca del tanque?

Y así empezaron esa tarde. Todos hacían como que iban para fuera y se pasaban para la orilla del tanque. El viejo se había dado cuenta casi luego, luego. Pero no se descubrió. Quería pescar a un montón y así tendría que pagarles a menos y ya cuando hubieran hecho más trabajo. Notó que un niño iba a tomar agua cada rato y le entró el coraje. Pensó entonces en darle un buen susto y se arrastró por el suelo hasta que consiguió la carabina.

Lo que pensó hacer y lo que hizo fueron dos cosas. Le disparó un tiro para asustarlo; pero ya al apretar el gatillo vio al niño con el agujero en la cabeza. Ni saltó como los venados, sólo se quedó en el

---

[3]**Porque es muy arrastrado** because he is so mean [4]**como que va para fuera** as if he is going to the bathroom

agua como un trapo sucio y el agua empezó a empaparse de sangre . . .
—Dicen que el viejo casi se volvió loco.
—¿Usted cree?
—Sí, ya perdió el rancho. Le entró muy duro a la bebida. Y luego cuando lo juzgaron y que salió libre dicen que se dejó caer de un árbol porque quería matarse.
—Pero no se mató, ¿verdad?
—Pos no.
—Ahí está.
—No crea compadre, a mí se me hace que sí se volvió loco. Usted lo ha visto como anda ahora. Parece limosnero.
—Sí pero es que ya no tiene dinero.
—Pos sí.

Es que duele

Es que duele. Por eso le pegué. Y ahora ¿qué hago? A lo mejor no me expulsaron de la escuela. A lo mejor siempre no es cierto. A lo mejor no. *N'ombre sí.*[5] Sí, es cierto, sí me expulsaron. Y ahora ¿qué hago?

Yo creo que empezó todo cuando me dio vergüenza y coraje al mismo tiempo. Ni quisiera llegar a casa. ¿Qué le voy a decir a mamá? ¿Y luego cuando venga papá de la labor?[6] Me van a fajear[7] de seguro. Pero, también da vergüenza y coraje. Siempre es lo mismo en estas escuelas del norte. Todos nomás mirándote de arriba a abajo. Y luego se ríen de uno y la maestra con el palito de paleta o de ésquimo pie buscándote piojos en la cabeza. Da vergüenza. Y luego cuando arriscan las narices. Da coraje. Yo creo que es mejor estarse uno acá en el rancho, aquí en la mota con sus gallineros, o en la labor se siente uno a lo menos más libre, más agusto.

—Andale, m'ijo, ya vamos llegando a la escuela.
—¿Me va a llevar usted con la principal?[8]

---

[5]**n'ombre (no hombre)** two identical vowels fusing together. Other examples: **m'ijo** for **mi hijo.** [6]**labor** field [7]**fajear** spank [8]**la principal** principal, *one of several anglicisms found in this story:* **golfo** = golf; **dompe** = dump; **dompero** = junkman or garbage collector

—N'ombre, apoco, no sabes hablar inglés todavía. Mira, allí está la puerta de la entrada. Nomás pregunta si no sabes a dónde ir. Pregunta, no seas tímido. No tengas miedo.

—¿Por qué no entra conmigo?

—¿Apoco tienes miedo? Mira, esa debe ser la entrada. Ahí viene un viejo. Bueno, pórtate bien, ¿eh?

—Pero ¿por qué no me ayuda?

—N'ombre, tú puedes bien, no tengas miedo.

Siempre es lo mismo. Lo llevan a uno con la enfermera y lo primero que hace es buscarle los piojos. También aquellas señoras tienen la culpa. Los domingos se sientan enfrente de los gallineros y se espulgan unas a otra.[9] Los gringos a pase y pase en sus carros viéndolas y apuntándoles con el dedo. Bien dice papá que parecen changos del zoológico. Pero no es para tanto.

—Fíjate, mamá, ¿qué crees? Me sacaron del cuarto apenas había entrado y me metieron con una enfermera toda vestida de blanco. Me hicieron que me quitara la ropa y me examinaron hasta la cola.[10] Pero donde se detuvieron más fue en la cabeza. Yo me la había lavado, ¿verdad? Bueno, pues la enfermera trajo un frasco como de vaselina que olía a puro matagusano, ¿todavía huelo así?, y me untó toda la cabeza. Me daba comezón. Luego con un lápiz me estuvo partiendo el pelo. Al rato me dejaron ir pero me dio mucha vergüenza porque me tuve que quitar los pantalones y hasta los calzoncillos enfrente de la enfermera.

Pero, ahora, ¿qué les digo? ¿Que me echaron fuera de la escuela? Pero, si no fue toda la culpa mía. Aquel gringo me cayó mal desde luego, luego. Ese no se reía de mí. Nomás se me quedaba viendo y cuando me pusieron en una esquina aparte de los demás cada rato volteaba la cara y me veía, luego me hacía una seña con el dedo.[11] Me dio coraje pero más vergüenza porque estaba aparte y así me podían ver mejor todos. Luego cuando me tocó leer, no pude. Me oía a mí mismo. Y oía que no salían las palabras . . . Este camposanto ni asusta. Es lo que me gusta más de la ida y venida de la escuela. ¡Lo verde que está! y bien parejito todo. Puros caminos pavimentados. Hasta parece donde juegan al golfo. Hora no voy a tener tiempo de correr por las lomas y resbalarme echando maro-

[9]**se espulgan . . . otras** picked lice out of each other's hair   [10]**hasta la cola** from head to toe   [11]**me hacía . . . con el dedo** was giving me the finger

mas hacia abajo. Ni de acostarme en el sacate y tratar de oír todas las cosas que pueda. La vez pasada conté hasta veinte y seis . . . Si me apuro a lo mejor me puedo ir con doña Cuquita al dompe. Sale como a estas horas, ya cuando no está muy caliente el sol.

—Cuidado, muchachos. Nomás tengan cuidado y no vayan a pisar donde hay lumbre por debajo. Donde vean que sale humito es que hay brasas por debajo. Yo sé porqué les digo, yo me di una buena quemada y todavía tengo la cicatriz . . . Miren, cada quien coja un palo largo y nomás revolteen la basura con ganas. Si viene el dompero a ver qué andamos haciendo, díganle que venimos a tirar algo. Es buena gente, pero le gusta quedarse con unos libritos de mañas[12] que a veces tira la gente . . . cuidado con el tren al pasar ese puente. Allí se llevó a un fulano el año pasado . . . Lo pescó en mero[13] medio del puente y no pudo llegar a la otra orilla . . . ¿Les dieron permiso de venir conmigo? . . . No se coman nada hasta que no lo laven.

Pero si me voy con ella sin avisar me dan otra fajeada. ¿Qué les voy a decir? A lo mejor no me expulsaron. *Sí, hombre, sí.* ¿A lo mejor no? *Sí, hombre.* ¿Qué les voy a decir? Pero, la culpa no fue toda mía. Ya me andaba por ir para fuera. Cuando estaba allí parado en el escusado[14] él fue el que me empezó a hacer la vida pesada.

—Hey, Mex. . . . I don't like Mexicans because they steal. You hear me?
—Yes.
—I don't like Mexicans. You hear, Mex?
—Yes.
—I don't like Mexicans because they steal. You hear me?
—Yes.

Me acuerdo que la primera vez que me peleé en la escuela tuve mucho miedo porque todo se había arreglado con tiempo. Fue por nada, nomás que unos muchachos ya con bigotes que estaban en el segundo grado todavía nos empezaron a empujar uno hacia el otro. Y así anduvimos hasta que nos peleamos yo creo de puro miedo. Como a una cuadra de la escuela recuerdo que me empezaron a empujar hacia Ramiro. Luego nos pusimos a luchar y a darnos golpes. Salieron unas señoras y nos separaron. Desde entonces me empecé

[12]**libritos de mañas** dirty books [13]**mero** exactly [14]**escusado (excusado)** toilet

a sentir más grande. Pero lo que fue hasta que me peleé fue puro miedo.

Esta vez fue distinta. Ni me avisó. Nomás sentí un golpe muy fuerte en la oreja y oí como cuando se pone a oír uno las conchas en la playa. Ya no recuerdo cómo ni cuándo le pegué pero sé que sí porque le avisaron a la principal que nos estábamos peleando en el escusado. ¿A lo mejor no me echaron fuera? *N'ombre, sí.* Luego, ¿quién le llamaría a la principal? Y el barrendero todo asustado con la escoba en el aire, listo para aplastarme si trataba de irme.

—The Mexican kid got in a fight and beat up a couple of our boys, . . . No, not bad . . . but what do I do?

— . . . .

—No, I guess not, they could care less if I expel him . . . They need him in the fields.

— . . . .

—Well, I just hope our boys don't make too much about it to their parents. I guess I'll just throw him out.

— . . . .

—Yeah, I guess you are right.

— . . . .

—I know you warned me. I know, I know . . . but . . . yeah, ok.

Pero cómo me les iba a ir si todos los de la casa querían que fuera a la escuela. El de todos modos estaba con la escoba en el aire listo para cualquier cosa . . . Y luego nomás me dijeron que me fuera.

Esta es la mitad del camino a la casa. Este camposanto está pero bonito. No se parece nade al de Tejas. Aquél sí asusta, no me gusta para nada. Lo que me da más miedo es cuando vamos saliendo de un entierro y veo para arriba y leo en el arco de la puerta las letras que dicen *no me olvides.* Parece que oigo a todos los muertos que están allí enterrados decir estas palabras y luego se me queda en la cabeza el sonido de las palabras y a veces aunque no mire hacia arriba cuando paso por la puerta, las veo. Pero éste no, éste está pero bonito. Puro sacatito y árboles, yo creo que por eso aquí la gente cuando entierra a alguien ni llora. Me gusta jugar aquí. Que nos dejaran pescar en el arrollito que pasa por aquí, hay muchos pescados. Pero nada, necesitas tener hasta licencia para pescar y luego a nosotros no nos la quieren vender porque somos de fuera del estado.

Ya no voy a poder ir a la escuela. ¿Qué les voy a decir? Me han dicho muchas veces que los maestros de uno son los segundos padres . . . y ¿ahora? Cuando regresamos a Tejas también lo va a saber toda la gente. Mamá y papá se van a enojar; a lo mejor me hacen más que fajearme. Y luego se va a dar cuenta mi tío y güelito[15] también. A lo mejor me mandan a una escuela correccional como una de las cuales les he oído platicar. Allí lo hacen a uno bueno si es malo. Son muy fuertes[16] con uno. Lo dejan como un guante de suavecito. Pero, a lo mejor no me expulsaron, *n'ombre, sí,* a lo mejor no, *n'ombre, sí.* Podía hacer como que venía a la escuela y me quedaba aquí en este camposanto. Eso sería mejor. Pero, ¿y después? Les podía decir que se me perdió la report card. ¿Y luego si me quedo en el mismo año? Lo que me puede más es que ahora no voy a poder ser operador de teléfonos como quiere papá. Se necesita acabar la escuela para eso.

—Vieja, háblale al niño que salga . . . mire, compadre, pregúntele a su ahijado lo que quiere ser cuando sea grande y que haya acabado ya la escuela.

—¿Qué va a ser, ahijado?

—No sé.

—¡Díle! No tengas vergüenza, es tu padrino.

—¿Qué va a ser, ahijado?

—Operador de teléfonos.

—¿Apoco?

—Sí, compadre, está muy empeñado m'ijo en ser eso, si viera. Cada vez que le preguntamos dice que quiere ser operador. Yo creo que les pagan bien. Le dije al viejo el otro día y se rió. Yo creo que cree que m'ijo no puede pero es que no lo conoce, es más vivo que nada. Nomás le pido a Diosito que le ayude a terminar la escuela y que se haga operador.

Aquella película estuvo buena. El operador era el más importante. Yo creo que por eso papá quiso luego que yo estudiara para eso cuando terminara la escuela. Pero . . . a lo mejor no me echaron fuera. Que no fuera verdad. ¿A lo mejor no? *N'ombre, sí.* ¿Qué les digo? ¿Qué hago? Ya no me van a poder preguntar que qué voy a ser cuando sea grande. A lo mejor no. *N'ombre, sí.* ¿Qué hago? Es que duele y da vergüenza al mismo tiempo. Lo mejor es quedarme aquí. No, pero después se asusta mamá toda como cuan-

---

[15]**güelito (abuelito)** the loss of initial unaccented vowel plus the change of "bu" and vowel to "gü" and vowel, as in **güero**   [16]**fuertes** strict

do hay relámpagos y truenos. Tengo que decirles. Ahora cuando
venga mi padrino a visitarnos nomás me escondo. Ya ni para qué
me pregunte nada. Ni para qué leerle como me pone papá a hacerlo
cada vez que viene a visitarnos. Lo que voy a hacer cuando venga es
esconderme detrás de la castaña[17] o debajo de la cama. Así no les
dará vergüenza a papá y a mamá. ¿Y que no me hayan expulsado?
¿A lo mejor no? *N'ombre, sí.*

—TOMAS RIVERA, . . . *y no se lo tragó la tierra*

Un poco de todo

En Klail City todavía hay uno de esos parques públicos de una
manzana entera con su kiosko en el centro. El parque tiene cuatro
entradas y está en frente de la estación de trenes. Los trenes corren
de vez en cuando y se llevan los productos agrícolas de la región.
Los bolillos[18] (como si nunca salen de noche) no van al parque a
andar o platicar. La raza,[19] sí, y como el aire es libre, el que no se
divierte es porque no quiere.

El parque también sirve para que los políticos vengan a echar
sus discursos y allí, una vez y en otra vida, yo, Rafa Buenrostro y el
menor de los Murillos, fuimos a ver qué veíamos y a oír qué oíamos
cuando Big Foot Parkinson se presentó como candidato a *sheriff*
por Belken County.

En la barbería de los Chagos se decía que Big Foot apenas sabía
leer y escribir; que era más pesado que una cerca de nogal;[20] que los
Cooke, los Blanchard ricos y los Klail lo controlaban; que la carne
de la barbacoa que se daba en las juntas políticas estaba podrida;
que no era más bruto porque no era más viejo; y, así, otras cosas
más por el mismo estilo.

Polín Tapia, el pintor, también era coyote[21] en la corte del con-
dado y, de consecuencia, se metía en la política. Con el tiempo se
hizo dueño de una Underwood portátil en la cual escribía discursos
políticos en español para los bolillos que entraban a la política. La
raza oía a cualquier cabrón[22] leer algo en español y luego luego se

[17]**castaña** trunk   [18]**bolillos** Anglos   [19]**la raza** the race, *referring to Chicanos*   [20]**más pesado que . . . nogal** *literally,* heavier than a fence made of
walnut logs; very unpleasant   [21]**coyote** person who works for a commission   [22]**cabrón** *literally,* male goat; big, stupid jerk

ponía a decir que el Míster Tal y Tal hablaba español y que se había criado con la raza, y que conocía a la raza y que apreciaba a la raza, y etc. etc.

El Big Foot había ocupado a Polín durante esa temporada poco antes de que hablara en el parque. El Big Foot todavía se dedicaba a hablar solamente durante las barbacoas. Hasta ese tiempo el Polín, como explicaba, no le había escrito los discursos. Era más bien su consejero. Como contaba en la barbería. "Yo le dije que no se le olvidara de mencionar que estaba casado con chicana".

Sí, Polín, pero en la última barbacoa el muy bruto contó ce por be[23] y se emboló[24] todo.

¿A poco tú le escribiste el discurso, Polín?

Les digo que no. Le aconsejé nada más.

Pero qué arrojo de pelao,[25] ¿eh?

No. Lo que yo digo: después de Dios, el gringo para inventar cosas.

Eso.

Bien haya el Big Foot.

Pero qué metidota de pata[26] hizo el domingo pasado.

¿Y qué dirían los bolillos?

Lo de siempre: que no valemos un sorbete.[27]

N'hombre, ¿que qué dirían del Big Foot?

Ah, pos que es muy bruto, ¿qué más van a decir?

El choteo[28] y la plática se siguieron por mucho tiempo hasta que los Chagos anunciaron que iban a cerrar temprano para ir al parque a oír a Big Foot ya que se estrenaba[29] esa misma noche.

Claro, dijo alguien, como Polín le está aconsejando, ahora lo va a hacer bien.

No te creas. El Foot es causa perdida; no tiene remedio.

* * *

[23]**contó ce por be** confused "c" with "b"; got all mixed up   [24] **emboló** got mixed up   [25]**pelao (pelado)** lower class dude; *in some dialectal variations of Spanish "d" between vowels is dropped. Another example in the text is* **colorado.**   [26]**pero qué metidota de pata . . .** **pasado** but he sure stuck his foot in it last Sunday   [27]**no valemos un sorbete** *literally,* we aren't worth even a serving of ices; we aren't worth anything   [28]**choteo** bantering (*usually negative*)   [29]**se estrenaba esa misma noche** he was making his first official appearance

Las palmeras que rodeaban el parque atajaban las estrellas y el brillo de la luna. Llevábamos tres días de lluvia después de las sequías del verano y se prometía un otoño más fresco de lo natural. La gente se juntaba en grupitos aquí y allí y los chicos correteaban que era un encanto.

Nosotros andábamos pisando los trece o catorce años y esperábamos la entrada al high school como quien entraba en campo enemigo. Los tiempos iban cambiando pero la gente como el tipo de Big Foot seguía en las mismas . . . De vez en cuando se ponía alguien de pie y hablaba. La gente oía y aplaudía automáticamente. Después otro y lo mismo. Y así, sucesivamente.

El menor había desaparecido para volver con Mague Farías a donde estábamos Rafa y yo. Rafa se hizo un lado y, como siempre, sin decir nada le tendió la mano a Mague. Rafa me vio y con los ojos me dijo que se iba. Le meneé la cabeza[30] y se quedó. El menor volvió a desaparecer y esta vez se trajo a Fani Olmedo para Rafa. Los veo más tarde, dijo el menor.

Y así, los cuatro, nos pusimos a andar . . .

Allá por los naranjales, aunque lejos del parque, todavía se podía oír el murmullo de la gente y las voces de los políticos por medio de la bocina eléctrica.

Cuando volvimos por fin le tocaba la hora a Big Foot y nos tocó oír la parte cuando pensaba granjearse[31] con la raza:

. . . Yo casar primera vez con una mujer jacana[32] pero ella voy por murio.[33]

(Aplausos)

. . . yo volver casar y yo casar otra vez mujer jacana y ELLA voy por murio.

(Más aplausos)

El Big Foot seguía a la carga:[34]

. . . yo casar tercer vez con mujer jacana y ella tamién voy por murio.

Aquí, siempre, y sin fallar, venía el choteo:

¡Las estarás matando de hambre, animal!

¡Es que no te aguantan, colorao!

---

[30]**le meneé la cabeza** shook my head at him   [31]**granjearse** ingratiate himself   [32]**jacana** *Anglo mispronunciation of* **Chicana**   [33]**voy por mu rio** garbled Spanish for she went and died   [34]**seguía a la carga** continued "laying it on thick"

¡Te apesta la boca!

La raza comprada y vendida[35] aplaudía y hacía *sh, sh,* para mostrar que ellos, a lo menos, eran educados.

El Big Foot, impasible, seguía con sus hazañas e inventos . . .

Por fin llegó la hora de irse y me despedí de Mague. Yo todavía andaba algo resentido por la parada[36] que me había hecho la semana pasada: no vino al parque y me anduve solo alrededor del parque hasta cerca de la una.

La decisión de irme al rancho de don Celso Villalón la tomé esa misma noche y así fue que al día siguiente trabajé en que mi tío Andrés[37] y con los Chagos por la última vez.

* * *

A Rafa lo veía en la high[38] y la desgracia del año entrante nos juntó de nuevo cuando su familia se vino a pasar una temporada en el rancho de don Celso: habían matado a don Jesús Buenrostro mientras dormía y su hermano don Julián, casi se volvió loco de rabia. A las tres semanas dicen que todavía estaba medio loco hasta que vinieron los dos hermanos Vilches que estuvieron hablando con él hasta la madrugada. Al día siguiente, sin avisarle a nadie, don Julián, solo, cruzó el río en busca de los que habían matado a su hermano.

Volvió a poco más de mes y parecía un hombre que estaba en paz con todo el mundo.

A Rafa le tocó estar allí la noche de las cabras, cuando nació Celsito, el nieto de don Celso viejo.

El Big Foot salió como sheriff. No tenía contrincante.

—ROLANDO HINOJOSA, *Klail City y sus alrededores*

Puros mexicanos

Qué bonito cantaba aquél, el tipo del corrido, cuando nos aseguraba que era *puro mexicano,* "de acá de este lado".[39] Ahí en

---

[35]**la raza comprada y vendida** Chicanos who were bought (bribed) and sold themselves [36]**por la parada** for standing me up [37]**en que mi tío Andrés** at my uncle Andrés' place [38]**en la high** in high school [39]**"de acá de este lado"** from the U. S. side of the Rio Grande

esa canción íbamos muchos. Pues sí, en efecto, era cierto que
queríamos afirmarle a la gente que éramos mexicanos. Como los
del otro lado. Sin embargo poco nos sirvió gritarlo. Aquellos nos
siguieron considerando tejanos; estos de acá, algo menos que
americanos. Muchos simplemente nos pintaron como pochos[40]
mudos o pachucos[41] resentidos. Nunca mexicanos. Por eso, había
que seguir insistiendo que éramos *puros mexicanos*. Por cuestiones
de honra, dignidad y respeto. Y así nos seguíamos haciendo ilusio-
nes.

La triste verdad, sin embargo, fue que ni allá, ni acá se podía ser
puro mexicano. Ser americano, tanto allá como acá, implicaba
vivir entre castas y clases, y ver angelitos indios pegados a
diosesitos blancos. Nuestra circunstancia americana nos exigió
observar que, tanto acá como allá, la mentada "gente decente"[42]
no siempre lo era. Nos dimos cuenta que a veces los indefensos eran
los más decentes. Eran puros, aunque trajeran las manos sucias.

El sentimiento nuestro de querer ser puro se acabó. Entre
muchos de nosotros desapareció esta manera de sentir. Nos dimos
cuenta de nuestro sueño vano, y quedamos convencidos que se
podrá ser todo, menos puro. Sin saberlo siempre fuimos, y sabién-
dolo hoy somos *Chicanos*. México está acá, USA allá—y también
en otras partes. Ya no nos engañamos. Esta verdad lastima y duele.
Es la verdad pura: el no poder ser ya *puro mexicano*.

El ser bilingüe

A expensas del español, ¿cuántos millones de hombres
hablaremos un poquito de inglés? La profética advertencia de
Darío[43] parece haberse cumplido acá de este lado. Quizá así se
esperaba, pero de todos modos duele. Y el sueño cósmico de
Vasconcelos tampoco se realizó. Las razas y las culturas no
llegaron a fundirse ni por allá, ni por acá. El mestizaje cultural
poco pudo prender. Sin embargo, algunos ilusos todavía creemos
que el hablar dos lenguas y sentir dos culturas, nos honra.

---

[40]**pocho** *coll. term of disrespect used by Mexicans to refer to Mexicans living in the U.S.*   [41]**pachuco** *zoot suiter*   [42]**"gente decente"** *middle and
upper classes*   [43]**Darío** *a reference to the poem "Los cisnes": "Tantos
millones de hombres hablaremos inglés?" by Rubén Darío (1867-1916),
famous Nicaraguan poet*

Es cierto que el espíritu multicultural se había abandonado.
Vasconcelos, el de la *Raza cósmica,* nos había dicho antes que ya
nadie creía en el mito del ario puro, pero todavía respirábamos aire
ario y monolingüe. Los latinos nos seguíamos engañando, al tratrar
de ser morenos güeros balbuceando cachitos de inglés.[44] Pero así
no se podía ser verdaderamente ni chicano, ni riqueño.[45] Por eso
decidimos algunos acogernos más al español. Descartar este idioma
hubiera sido traicionar a la Raza, y a esa visión de mundo que tanto
sentíamos. Sin embargo, allí estaba todo el mundo hable y hable inglés, hasta en México y en Puerto Rico. No hubo más que darle por
ser bilingües.

Realmente, urgía también ver el mundo con más de un cristal
cultural. Mientras más idiomas tuviéramos, mejor. Junto con lo de
ser paisanos, queríamos ser humanos. Hablar chino, sí, y hasta
ruso, pero habría también que entrarle duro al español y al inglés.
Ahí estaba la circunstancia inmediata. La de nosotros.

Además, el mundo no era monolingüe, sí ancho y misteriosa-
mente múltiple. Por eso a nosotros, a los muchachos que nos tocó
ser marginados, ese mundo no debía ser tan ajeno. Recordamos
que Anáhuac y Borinquen[46] nunca fueron regiones angostas. Tampoco lo debían ser Aztlán[47] y el Harlem[48] hispánico. En todas estas
regiones la palabra fue y sigue siendo, bilingüe. Por las veredas del
español y el inglés llegaremos a otros mundos. Puede que estos
lugares sean ferozmente distintos. Eso ya no importa tanto, pues
somos lugareños movedizos[49]—como muchos otros. Somos rique-
ños y chicanos. Ni más, ni menos.

—LUIS DAVILA, *A Decade of Chicano Literature*

---

[44]**al tratar de ser** . . . **cachitos de inglés** trying to pass as Anglos by babbling
bits and pieces of English   [45]**riqueño (puertorriqueño)** Puerto Rican
[46]**Borinquen** *Indian name for Puerto Rico*   [47]**Aztlán** *Chicano name for
the U.S. Southwest*   [48]**Harlem** *area in Manhattan where many blacks and
Hispanics live*   [49]**lugareños movedizos** migratory groups

Ejercicios

I. *Prepárese a dar un resumen del corrido de Joaquín Murieta utilizando las frases siguientes:*

1. al derecho y al revés
2. en busca de oro
3. a los ricos avarientos
4. vengar
5. leones africanos
6. fe de bautismo

II. *Conteste Ud. a las preguntas siguientes en oraciones completas:*

1. ¿Por qué el "viejo" de "Los niños no se aguantaron" no dejaba a los trabajadores que tomaran agua?
2. ¿Qué sucedió cuando los niños trataron de tomar agua?
3. En "Es que duele", ¿por qué el niño no quiere ir a la escuela?
4. ¿Por qué se peleó el niño en la escuela?
5. ¿Qué hace el narrador con doña Cuquita?
6. Según la directora de la escuela, ¿por qué no les importa a los padres si expulsan al niño?
7. ¿Por qué quieren los padres que el niño acabe la escuela?
8. ¿Cuál es la reacción del niño frente a la expulsión de la escuela?
9. ¿Cómo es que los políticos norteamericanos tratan de engañar a la raza?
10. ¿Por qué ganó Big Foot las elecciones?

III. *Explique el sentido de las palabras o frases siguientes:*

1. los sherifes
2. ya mero
3. fajear
4. arriscar las narices
5. ¿A poco tienes miedo?
6. el dompe

7 N'ombre
8. güelito
9. los bolillos
10. se emboló

IV. *Temas para discutir*

1. Si el oro se hubiera descubierto en California en 1829 en vez de 1849.
2. Las dificultades de los piscadores (los que trabajan cosechando frutas y verduras de lugar en lugar)
3. La organización política de los chicanos

La búsqueda de la identidad

La mesera los sentó en una mesa contra la ventana. Dennis miraba el lugar, lo encontraba agradable, se dio cuenta de que la comida la servían en platos de cartón, pensó en que lo que aquí cuenta es la comida y no un servicio snob y lujoso. Miró hacia arriba donde colgaba un tiburón enorme mostrando en las quijadas unos dientes como alfileres, al lado estaba un enorme cangrejo como araña pendiente de un cordón. Pidieron dos tazas de clam chowder, langosta y cangrejo con arroz y tomate, y una botella de Mateus.[50] Trajeron el vino y bebieron por una nueva relación. Al principio, sentado tan cerca de personas que no conocía, Dennis estaba incómodo. Con Rosario y el vino perdió su timidez y empezó a hablar de su pasado, su abuelita, sus estudios en Texas, del Profe, de tenis, de la vida de los casados y divorciados, de la guerra en Viet Nam, de sus viajes a México y de cómo le estaba afectando el vino. Habló también de cómo quería encontrar la muchacha perfecta, decente y establecer un hogar, tener hijos, no quería mucho, dos, un varón y una hembra. También dijo que tenía mucho interés en formar su propia compañía de arquitectura y construcción.

—Ya ves Rosario todo lo que quiero hacer. Y también me interesa la pintura, quisiera tomar unas clases de pintura. ¡Admiro tan-

[50]**Mateus** *brand of Portuguese wine*

to a los pintores y a los escritores! Bueno, he hablado demasiado, es por el vino, creo que me siento un poco borracho. Claro, no para caerme, pero me siento muy muy seguro y muy feliz. ¿y sabes por qué? Porque tú estás conmigo.

—Gracias, Dennis. ¿Te crees dañado por ser mexicano?

—¿Qué tipo de pregunta es ésa? Casi confieso que te quiero, ¿y me preguntas eso?

—En serio, do you feel wronged because you're a Mexican?

—Bueno, trataré de contestar. Primero, yo no sé cómo llegué a donde estoy. Tú y yo somos excepciones, tenemos trabajos de sueño. Lo que me ha ocurrido a mí en el pasado nunca lo sabrás, yo he sufrido, mis padres sufrieron y todavía sufro los prejuicios, especialmente en las oficinas de la empresa Lifford, como trabajador de la compañía. Hay muchos trabajadores que creen que el puesto que tengo debe ser suyo, y eso jamás me lo van a perdonar. Lo que quieren es que nos caigamos de cara, para poder decir "I told you so." Y nosotros no podemos permitir eso. Sí, existe un prejuicio, un prejuicio obvio y otro intrínseco. El prejuicio que se puede ver, el obvio se va a convertir en tolerancia, el que no se puede ver, el intrínseco, se convertirá en odio y rencor que se mantendrá oculto tanto en los anglos como en los mexicanos. Algún día todo explotará.

—Y cuando suceda eso, ¿qué harás tú, Dennis?

—Quién sabe, veremos.

—Yo lucharé hasta la muerte.

—¿Para qué? ¿Un cambio de gobierno? Eso es absurdo. Porque en este país ningún tipo de gobierno funciona. He oído decir que en Latinoamérica la democracia no trabaja porque la gente todavía está atrasada culturalmente, no son bastante sofisticados para que funcione ese tipo de gobierno. En nuestro país, la democracia tampoco funciona bien, y el comunismo fracasará, y fracasará cualquier otra forma de gobierno del momento. El problema de nosotros es que somos demasiado sofisticados, demasiado avanzados tecnológicamente. Estamos en tal punto que tenemos que buscar, inventar una nueva forma de gobernar porque las que existen ahora están condenadas.

—Tú lo has dicho, eso es nuestra meta, inventar un nuevo modelo de gobierno.

—Así como tu sueño, Dennis.

—Vámonos de aquí.

Dennis no dijo nada, recogió la cuenta y pasó a pagar. Junto de la caja había un jarrote lleno de dulces duros, jawbreakers, Rosario tomó cuatro.

—Maneja tú, por favor.

—¿Estás segura, Rosario? Nunca he manejado un Porsche.

—Las llaves, Dennis. Get to your car anyway you can.

—Okay, I'll take the long way around. I'll go by the office and then up. Is that all right?

—Sí, de acuerdo. Nos dará más tiempo para hablar de tu doble standard.

El Porsche corría por la autopista Newport hacia las montañas. Rosario estudiaba la reacción de Dennis. Notaba el gozo en su cara, la expresión de poder cuando Dennis sentía el carro responder a cada inyección de gasolina, a cada cambio de velocidad que hacía. Dennis notó que el reloj marcaba las nueve veinte, redujo la velocidad del carro a sesenta, se fijó en los coches que pasaban, nadie tenía un Porsche como el que conducía.

A distancia se oían llantos de la llorona,[51] de muchas lloronas que volaban por las calles de Poplar. Dennis y Rosario salieron de la autopista y siguieron tras los bomberos por la calle cuarta. En un instante se dieron cuenta de lo que sucedía entre las luces rojas, anaranjadas y azules que se derretían ante ellos al aproximarse a la casa antigua. Bomberos anglos corrían en todas direcciones, gritos de advertencias que saltaban con cada lengua de fuego que subía del segundo piso de la casa. Mangueras, tubos, chorros de agua, una red mojada en el cielo, una red que desaparecía en vapor. Dennis y Rosario salieron lentamente del carro, mantenían la vista en la casa ardiendo, lumbre hipnotizadora, se juntaron ante la casa. Vieron la puerta abierta quemada, negra torcida por las llamas, las columnas del porche estaban ahora tiznadas. Los jóvenes caminaban por el paseo circular, sentían el ardor del fuego, del fuego que destruía una historia. Caminaban ante la fascinante orgía de lenguas rojas que se consumían una a la otra, que subían la corona de fuego a su más alta vehemencia. Violentamente empezó un chillido lento, rasposo, de separación de madera durísima y seca que rompió la aureola[52] encendida. Los bomberos respiraban tranquilos, ya no manifestaban prisa, la casa había fallecido. No cesaban las lloronas. Llegaban más camiones de bomberos, los capitanes hablaban, uno despedía al otro. Dennis sentía perlitas de agua sobre la frente. Rosario se movía hacia el carro.

[51]**la llorona** *coll.* sirens   [52]**aureola** halo

—Me duelen los ojos, Dennis.

—¿Cómo si estuviéramos demasiado cerca de una hoguera?

—Pero no estoy contenta. Duele y quiero huir.

—No podemos. Tenemos que ver todo ese mundo caer, perderse para siempre. Así tiene que ser, se tiene que acabar. Rosario, tiene que terminar ese mundo. Todas las casas de madera y sus recuerdos tendrán fin, no podrán sobrevivir en este mundo. I see it, the image, veo la imagen, mi abuelita se está consumiendo en el corazón de esa casa de madera que se quema a gritos.

—Dennis, estás loco. Es una casa de gringos que explotan a los pobres. ¡Qué se queme! Let it burn to the ground! I'll step on its ashes! I'll grind them into the dirt!

—Pero, Rosario, tú no entiendes la imagen. ¡Tiene que suceder! ¡No la entiendes! I have to hold the image. The image must never fade. If it does, we will fade away.

—Dennis, let's go—vámonos.

—¿Pero no la ves? Mi abuelita sentada en una mecedora en la cocina y alrededor de ella millones de lenguas de fuego. ¡La imagen! ¡La perderemos!

[...] mar de constantes sonidos de separación de madera, de qu[...]ntos de vidrio, de fuegos destructivos, de voces mecánicas, de agua cayendo sobre una casa incinerada gritaba un joven. Dennis Berreyesa Coronel le gritaba a una muchacha, trataba de hacerla ver a una mujer anciana de quizá cien años. Rosario no lo oía, pero creía ver a la anciana, creía entender la imagen. Rosario tiraba de las mangas de la camisa de Dennis y logró acercarlo al carro. Dennis estaba mojado, sudaba pero no tenía calor, gritaba pero nadie lo oía.

—¡Mi abuelita! ¡Se está consumiendo, mi abuelita! Don't let the image fade away in the flames! Don't you, any of you see my grandmother? She is burning in the heart of the house!

* * *

—Creía que no me querías hablar Dennis.

—¿No estás enojada conmigo?

—No tengo por que estar enfadada.

—Lo que pasó esa noche.

—Fue una noche interesante. Jamás en mi vida tendré otra vez la oportunidad de tratar con dos personas histéricas ante una casa que se quema. Eso nunca ocurriría otra vez. Nada se repite. Todo es diferente. Tu me diste esa experiencia. Y la imagen, la que se consumía en las llamas.

—No me acuerdo.

—La imagen de la anciana, la abuelita en la mecedora. Ahora sé lo que significa. La anciana que se quema en el corazón de la casa es nuestro pasado que se va perdiendo en cada uno de nosotros. Y el fuego que los destruye es la ignorancia forzada sobre nosotros por el sistema gringo, por la educación deformada que nos ofrecen. Ignorancia por las mentiras que nos dicen. Tenemos que hacer vivir nuestra historia verdadera. Hay que hacerlos reconocer las injusticias que hemos sufrido por ellos. Echarles la verdad en la cara, jamás permitir que lo olviden. El movimiento chicano cumplirá con ese deber y tú y yo como chicanos haremos nuestra parte.

—I am not a Chicano! Don't include me in with those damn radicals! I'm not like them!

—Look at your face. ¡Eres más chicano que yo!

—I have an education. I'm not like those farm workers nor those imbecile pachucos who keep killing their own kind for no reason. Damn, I'm not a Chicano. I can't stand the word. It doesn't mean anything to me.

—But it should, Dennis, it should. La imagen que viste, la abuelita en medio del fuego es la imagen chicana, mexicana única. Cuando me fui a casa esa noche, lo que habías gritado se me quedó en la cabeza por días después. Hasta que en una reunión política de estudiantes chicanos en UCLA la vi otra vez. Tu imagen la vi en un cuadro de la Virgen de Guadalupe que llevaba un grupo de huelguistas de Delano. En tí, Dennis, viven miles, millones de visiones chicanas, no las oprimas, debes de liberarlas. Debes de vivir tu verdadero ser, no seas el hombre que los gringos han moldeado.

—A mí nadie me ha moldeado. Conozco mi pasado. Mi abuelita me lo ha dicho. No te dejes convencer por esos hipis marijuanos que en el nombre de amor y libertad se . . ., se . . . they screw and take dope! I hate them, and all they stand for! I don't want to talk about this anymore. Rosario, no sé por qué empezamos con esto.

—Empezó cuando viste la imagen, para mí fue la clave. Llegué a entender lo que había hablado con otros amigos del movimiento. Los gringos siempre nos han robado lo nuestro, nuestra historia, nuestro orgullo, nuestra tierra, nuestro idioma.

—¿En qué estás trabajando ahora?

—Sabes que este rancho se formó cuando James Lifford, el primero, robó las tierras de tres familias mexicanas, tres enormes

ranchos, el San Joaquín, el Lomas de Santiago y el Santiago de
Santa Ana. Fue robo legal.

—¿Y qué tiene que ver eso ahora? What are we going to do?
Sue for the land?

—Nunca debemos dejarlos olvidar que esta tierra nos pertene-
ce, que no somos extranjeros, que no somos aliens, que llegamos
aquí antes que ellos. ¡Que esta tierra es nuestra!

—ALEJANDRO MORALES, *Reto en el paraíso*

Ejercicios

I. *Conteste Ud. a las preguntas siguientes en oraciones completas:*

1. ¿Por qué el chicano no debe considerarse ya "puro mexicano"?
2. ¿Cuál es, según el autor, la circunstancia lingüística del
chicano y del riqueño?
3. ¿Cómo se distinguen Dennis y Rosario de los personajes
chicanos en los cuentos de Tomás Rivera y de Rolando
Hinojosa?
4. ¿Hasta qué punto Dennis se siente incorporado en el
mundo de la empresa Lifford?
5. ¿Qué opina Dennis de la democracia y del comunismo?
6. ¿De quién es la casa incendiada?
7. ¿Qué imagen vio Dennis entre las llamas?
8. ¿Cómo reacciona Rosario frente al incendio?
9. ¿Cuál es la actitud de Rosario frente a los gringos?
10. ¿Por qué Dennis no se considera chicano?

II. *Complete Ud. las oraciones siguientes con la forma apropia-
da de los verbos: ser, estar, colgar, destruir, voltear, traer,
funcionar, sudar, poder, cumplir*

1. Eran puros aunque _____ las manos sucias.
2. La profecía de Darío parece _____.
3. Puede que estos lugares _____ ferozmente distintos.
4. Miró hacia arriba donde _____ un tiburón enorme.

5. En nuestro país, la democracia tampoco _____ bien.
6. Sentían el ardor del fuego, del fuego que _____ una historia.
7. ¿Cómo si _____ demasiado cerca de una hoguera?
8. Todas las casas de madera no _____ sobrevivir.
9. Dennis _____ pero no tenía calor.
10. ¡Que no seas el hombre que los gringos _____!

III. *Identifique Ud. los términos, los lugares o las personas siguientes.*

1. pochos
2. pachucos
3. José Vasconcelos y *La raza cósmica*
4. Rubén Darío y "Los cisnes"
5. Borinquen
6. Aztlán
7. la Virgen de Guadalupe
8. los huelguistas de Delano

IV. *Temas para discutir:*

1. a favor de o en contra de la instrucción bilingüe en la escuela primaria
2. la marginalidad del chicano culto
3. la sobrevivencia de la cultura chicana
4. semejanzas y diferencias entre los problemas de los chicanos en el sudoeste y los de los puertorriqueños en Nueva York
5. code-switching (cambiar del español al inglés o viceversa) entre los chicanos

Resumen cronológico de la historia de México

1312   Fundación de Tenochtitlan (*Mexico City*)—las civili-
        zaciones avanzadas de los toltecas y de los mayas
        vencidas y adaptadas por los aztecas

1502   Moctezuma II sube al trono del imperio azteca

1519   Hernán Cortés desembarca en Veracruz—por medio
        de intrigas con los tlaxcaltecas y supersticiones de
        parte de Moctezuma, los españoles llegan sin mucho
        trabajo a Tenochtitlan—luego, los aztecas, bajo
        Cuitláhuac y Cuauhtémoc se rebelan, matan a Moc-
        tezuma y echan a los españoles fuera de la ciudad

1520   (20 de junio) La Noche Triste—los españoles aban-
        donan la ciudad de Tenochtitlan

1521   Cortés logra volver a Tenochtitlan, venciendo a los
        aztecas—rendición y tortura de Cuauhtémoc

1521-1812   El virreinato—los indios esclavizados por medio de
            las encomiendas—poder tremendo de la Iglesia—el
            gobierno de los virreyes y de los oidores—la Inquisi-
            ción—en la ciudad de México, los ricos siguen las
            modas europeas

1805   El primer periódico de México—florece el periodis-
        mo liberal gracias a la invasión de España por
        Napoleón—sucesión rápida de virreyes, tumultos,
        motines

1810   (15 de septiembre) Miguel Hidalgo comienza la
        Guerra de Independencia con el grito de Dolores

1810-11   La rebelión encabezada por Hidalgo—gran victoria contra los españoles en Guanajuato gracias al heroísmo de Pípila—derrotas subsecuentes—fusilamiento de Hidalgo y de los otros insurgentes principales

1811-15   La rebelión encabezada por José María Morelos—declaración de independencia por el Congreso de Chilpancingo en 1813—grandes victorias en el sur: en los estados de Morelos, Michoacán y Guerrero—derrota, prisión y fusilamiento de Morelos

1815-20   Guerrillas encabezadas por Vicente Guerrero en el sur y por Guadalupe Victoria en el estado de Veracruz

1821   (24 de febrero) Plan de Iguala—Agustín Iturbide, general español, reúne su ejército con el de Guerrero para proclamar la independencia de México

1822   Iturbide se hace coronar Emperador Agustín I

1823   Iturbide obligado a huirse por el General Antonio López de Santa Anna

1824-9   Presidencia de Guadalupe Victoria

1829-55   Federalismo contra centralismo—guerras extranjeras—Anarquía de Santa Anna

1833-55   Santa Anna presidente en once ocasiones distintas

1836   Guerra contra Tejas—independencia de ésta

1847   Intervención norteamericana

1855   Conservadores y liberales—el general Alvarez, presidente liberal—en noviembre se publica la Ley Juárez contra la Iglesia—luego, bajo la presidencia de Ignacio Comonfort, se suprime la orden de los jesuítas

1856   La Ley Lerdo (Miguel Lerdo de Tejada) obliga la iglesia a vender los terrenos que no usa para el culto—cementerios civiles—precios fijos en bautismos y matrimonios—trata de alejar la influencia clerical de la política

1857	(5 de febrero) Constitución liberal—separación de iglesia y estado
1856-60	Guerra de la Reforma—guerra civil—el general Zuloaga presidente de los conservadores—Benito Juárez presidente de los liberales
1859	Decretos anticlericales de Juárez—acaba con las órdenes monásticas—el matrimonio civil—registro civil de nacimientos, matrimonios y muertes—libertad de cultos—expropiación de todos los terrenos de la iglesia no usados en el culto
1861	Benito Juárez elegido presidente de toda la nación
1862	Los ejércitos de Inglaterra, España y Francia desembarcan en México para cobrar deudas exageradas—dándose cuenta de las intenciones imperialistas de Napoleón III, los ingleses y los españoles pronto retiran sus tropas
1863	El ejército francés entra en la ciudad de México
1864	Maximiliano, un príncipe austríaco, y su mujer Carlota, una princesa belga, llegan a México—aclamados emperadores por los conservadores, la Iglesia y los franceses
1863-7	Guerra de los liberales bajo Juárez contra los franceses y los conservadores que apoyan a Maximiliano
1866	Los franceses retiran sus tropas después de que el secretario de relaciones exteriores Seward de los Estados Unidos les manda una protesta amenazante
1867	Victoria de Juárez y fusilamiento de Maximiliano—Carlota va a Europa donde se vuelve loca
1867-72	Presidencia de Juárez
1872-6	Presidencia de Sebastián Lerdo de Tejada
1876	El general Porfirio Díaz, héroe militar contra los franceses, entra en la ciudad de México
1877-84	Presidencia del general Manuel González, amigo de Díaz

1884-1911	Presidencia-dictadura de Porfirio Díaz—gran prosperidad material—se acaba el bandolerismo—ferrocarriles y caminos por medio del capital extranjero—riqueza tremenda de los extranjeros y de unos cuantos mexicanos—sistema semifeudal en las haciendas—miseria tremenda de los peones—fuerza de la Iglesia a pesar de los "científicos" en el gobierno
1910	(20 de noviembre) Estalla la Revolución encabezada por Francisco I. Madero—sus generales principales son Pascual Orozco en Coahuila y Pancho Villa en Chihuahua
1911	(junio) Madero entra en la ciudad de México—aclamación tremenda del pueblo.
1911-13	Presidencia de Madero—progreso lento—actitud moderada—acepta la cooperación de los porfiristas
1913	(13 de febrero) Madero y su vicepresidente Pino Suárez asesinados brutalmente por el general Victoriano Huerta
1913-14	Gobierno tiránico de Victoriano Huerta—la parte más sangrienta de la Revolución—Venustiano Carranza, jefe constitucional de los revolucionarios—los generales principales de la Revolución: Pancho Villa en Chihuahua; Alvaro Obregón en Sonora; Pablo González en Coahuila; Emiliano Zapata en Morelos
1914	(21 de abril) Ocupación de Veracruz por los Estados Unidos porque Huerta se negó a mandar que los mexicanos saludaran la bandera americana en Tampico después de una disputa
1914	(agosto) Obregón, jefe de las fuerzas constitucionales de Carranza, entra en México
1914-15	(6 de noviembre-16 de enero) El general Eulalio Gutiérrez elegido presidente por la Convención de Aguascalientes para evitar el choque inevitable entre Villa y Carranza
1914-15	Guerra civil entre Carranza y Villa que termina con la derrota de éste en Celaya por Obregón

1916-20   Presidencia de Carranza—guerra civil de los agraristas de Morelos que termina con el asesinato de Zapata en 1919

1920   (abril) Rebelión de Obregón contra Carranza para impedir que éste imponga su propio candidato como presidente—en mayo, asesinan a Carranza

1920   (mayo-noviembre) Presidente interino, Adolfo de la Huerta

1920-24   Presidencia de Alvaro Obregón—formación de un sistema de educación por José Vasconcelos—rebelión de Adolfo de la Huerta suprimida

1924-28   Presidencia de Plutarco Elías Calles—ejecución rígida de las leyes anticlericales de la constitución— en protesta, los católicos mandan cerrar todas las iglesias y fomentan una gran guerra religiosa (rebelión de los cristeros) en los estados de Guanajuato y Jalisco—vencidos por el gobierno

1927   (octubre) Asesinato de Francisco Serrano y Arnulfo Gómez por ser candidatos presidenciales contra los deseos de Calles

1928   Obregón, victorioso en las elecciones, asesinado

1928-30   Presidencia de Emilio Portes Gil

1930-32   Presidencia de Ortiz Rubio—rebelión de José Vasconcelos suprimida

1932-3   Presidencia de Abelardo Rodríguez

1934-40   Presidencia de Lázaro Cárdenas—rompimiento con Calles quien había manejado la política de México durante los regímenes anteriores—distribución efectiva de tierra a los peones—crecimiento de los sindicatos

1938   (marzo) Expropiación del petróleo

1940-46   Presidencia de Manuel Avila Camacho—la Guerra Mundial—reformas del sistema de educación por Jaime Torres Bodet

1946-52   Presidencia de Miguel Alemán—industrializa-
          ción—presas, carreteras, ciudad universitaria, edifi-
          cios y avenidas

1952-58   Presidencia de Adolfo Ruiz Cortines—fomento de la
          agricultura es más importante y más realizable que la
          industrialización—promesas de reformas y de
          honradez

1958-64   Presidencia de Adolfo López Mateos—supresión de
          huelgas de los ferrocarrileros y de los maestros y la
          encarcelación del líder de aquéllos, Demetrio Vallejo,
          y del muralista Siqueiros—asesinato del líder campe-
          sino Rubén Jaramillo—aumento de inversiones nor-
          teamericanas

1964-70   Presidencia de Gustavo Díaz Ordaz—los juegos
          olímpicos—movimiento estudiantil de 1968 que ter-
          mina con la masacre de Tlatelolco

1970-76   Presidencia de Luis Echeverría—apertura políti-
          ca—una manifestación estudiantil atacada en junio
          de 1971 por el grupo paramilitar los "Halcones"—
          mayor libertad de prensa pero en 1976 los directores
          del periódico de oposición *Excélsior* obligados a
          renunciar por el gobierno—inauguración del metro—
          los campesinos ocupan terrenos en Sinaloa y Morelos
          —descubrimiento de nuevos depósitos de petróleo—
          política tercermundista—control de la natalidad

1976-82   Presidencia de José López Portillo—prosperidad
          petrolera—fundación de nuevos centros industria-
          les—expansión del metro—descubrimiento del
          Templo Mayor—crisis económica y monetaria—des-
          empleo y subempleo triplicado desde 1970—devalua-
          ción del peso—nacionalización de los bancos

1982-88   Presidencia de Miguel de la Madrid—renegociación
          de los préstamos internacionales—austeridad econó-
          mica—intento de eliminar la corrupción—terremoto
          en septiembre de 1985

1988-94   Victoria electoral, según el gobierno, de Carlos
          Salinas de Gortari contra Cuauhtémoc Cárdenas—

Salinas emprende una campaña de privatización con mayor apertura democrática, tal vez influído por la revolución de 1989 en la Europa oriental—se toman medidas para luchar contra la contaminación del ai·e en la capital

Vocabulario

The following words are *omitted* from the vocabulary: personal pronoun objects, reflexive and subject pronouns; adverbs in **-mente** if the adjective is given; numerals up to twenty; adjectives in **-ísimo** if the positive form is given; regular past participles if the infinitive is given; regular forms of verbs and irregular forms of commonly used verbs; some unusual words and idioms that occur only once and are explained in footnotes; proper names that require no explanation or translation. Stem-changing verbs are indicated by **(ie)**, **(ue)**, **(ie, i)**, **(ue, u)**, **(i)**, following the infinitive. Prepositions that usually accompany certain verbs are given in parentheses after the infinitive (also after past participles if listed separately). Gender is not indicated for nouns whose gender is obvious from the meaning, for masculine nouns which end in **-o**, or **-or**, nor for feminine nouns which end in **-a**, **-ión**, **-d**, **-umbre**, or **-ie**. In all other cases, gender is indicated by *m.* or *f.* after the noun. A dash (—) refers to the first entry.

Abbreviations

adj. adjective	*p.p.* past participle
adv. adverb	*pl.* plural
coll. colloquial	*pres.* present
conj. conjunction	*pres. p.* present participle
f. feminine	*pret.* preterite
m. masculine	*sing.* singular
Mex. Mexican	*subj.* subjunctive
n. noun	*v.* verb

A

a to; at, in, on; from, by
abajo below
abalanzarse to rush impetuously, hurl oneself
abanderado standard bearer, supporter
abandonar to abandon
abanicar to fan
abanico fan
abarcar to include; comprise
abarrotar to hoard
abastecimientos *m. pl.* provisions, supplies
abatir to lower, knock down; humble
abdicar to abdicate
abierto open, opened
abigarrado motley
abismo abyss, chasm
abogado lawyer
abolengo ancestry, lineage
abolición abolition
abolir to abolish
abolladura dent
abonarse a to be credited to
abono subscription; allowance
abordar to take up (a subject)
aborrecer to hate
abrazar(se) a to embrace, hug; cling to
abrazo embrace, hug
abrigo shelter
abril April
abrillantado brilliant
abrir to open; — **paso** to open a path, make one's way
abrumador overwhelming, crushing; gloomy
abrumar to overwhelm
abrupto abrupt; rugged
absoluto absolute
absolutorio which would find one innocent
absorber to absorb
absorto absorbed
absurdo absurd, ridiculous
abuela grandmother
abuelo grandfather

abundancia abundance; **cuerno de la —** cornucopia, horn of plenty
abundar to abound, be plentiful
aburrido bored; tired
abusar (de) to abuse
abuso abuse
acá here
acabar to end, finish, eliminate; **—se** to end; **— con** to do away with; **— por** finally to . . . ; **acaba de informarle** he has just informed him; **acabaron de derrotarlos** they finally defeated them
academia academy
acalorado heated
acampar to camp
acantilado steep wall
acariciante loving
acariciar to caress, stroke
acarrear to carry; cause
acaso perhaps
acatar to respect
acaudillar to head, be chief of
acceder to consent
acceso fit
accidente accident
acción action; share
acecho lying in ambush
aceite *m.* olive oil; petroleum, oil
acelerar to accelerate
acento accent
acentuar to accentuate, make strong
aceptar to accept
acera sidewalk
acercar to move (bring) near; **—se (a)** to approach, draw near
acero steel
acierto good hit; ability; right thing
aclamar to acclaim
aclarar to clear up, ascertain
acometer to attack; undertake
acomodado well-off, affluent
acomodar to accommodate, arrange a place for
acompañante accompanying person, companion
acompañar to accompany, go with; **acompañado de** accompanied by
acompasado rhythmical
aconsejar to advise

acoplar to join, mate
acordarse (ue) (de) to remember
acorralado cornered
acosar to pursue
acostarse (ue) to go to bed
acostumbrado accustomed, usual
acostumbrar(se) a to be accustomed to
acribillar to pierce like a sieve
acta act; declaration, decree
actitud attitude
actividad activity
acto act, action; en el — immediately
actual actual; present
acuchillar to stab
acudir to come, attend
acuerdo agreement; ponerse de — to
  agree; de — in accordance, in agreement
acumulado accumulated
acusación accusation
acusar to accuse
Adán Adam
adecuado adequate, suitable, appropriate
adelantar to bring closer; advance,
  move forward; —se to step forward,
  move ahead of
adelante forward, up ahead; más —
  later
ademán m. gesture, movement; attitude
además (de) besides
adentrado interior
adentro inside; país — into the hinterland
adhesión loyalty
adicto loyal
adiós good-bye
adivinación divination, prophecy
adivinar to guess
adivino soothsayer, wizard
administración administration
administrador administrator, foreman,
  manager
administrar to manage
admirar to admire; —se to wonder
admitir to admit
adobe adobe
adolescente adolescent

adoptar to adopt
adoptivo adopted
adorador worshipper
adorar to adore
adormecer to lull to sleep
adorno adornment
adquirir to acquire
adquisición acquisition
adulador flatterer
adular to flatter
aduloncísimo big flatterer
advenedizo upstart
advertir (ie, i) to advise, warn
afán m. eagerness, anxiety
afectado affected
afecto affection
afectuoso affectionate
afilar to sharpen
afirmación affirmation, statement
afirmar to affirm, claim; make sure of;
  —se to make oneself firm
afirmativo affirmative
afligirse to grieve, become despondent
afluir to flow into; assemble
afrenta disgrace, outrage
africano African
afrofrancés Afro-French
agarrar to grab; — entre ojos a uno to
  get tough with someone
agasajo reception or party in honor of
  a person
agazapado crouched
agencia agency
agente agent
agitar to shake, wave; —se to get excited
aglomeración crowd
agobiado exhausted, overwhelmed
agobio oppression
agonía agony
agorero fortune teller, soothsayer
agónico agonizing, near death
agosto August
agraciado pleasant
agradar to please
agradecer to thank
agrado joy, pleasure
agrario agrarian
agrarismo agrarian movement

agregado attaché

agregar to add

agrícola agricultural

agrónomo agronomist

agruparse to group, gather around

agua water; — de limón lemonade

aguacero shower; nube aguacera rain cloud

aguado watery

aguamanil washstand

aguantar to bear, put up with

aguardar to wait (for)

aguardentoso drunken

aguardiente *m.* whiskey

agudo sharp

aguerrido accustomed to war, veteran

aguijonear to spur on

águila eagle

agujero hole

¡ah! oh!

ahí there

ahijado godson

ahogar to stifle, choke; drown out

ahora now; — mismo right now

ahorcar to hang

ahuyentar to scare away

airado angry

aire *m.* air; al — libre in the open air; con — briskly

aislar to isolate, keep apart

¡ajá! aha!

ajeno another's, someone else's

ajuarear *Mex.* to stock

ajustar to fit; be enough

ajusticiar to condemn to die

al (a + el) at the, to the; — + *inf.* upon + *pres. p.*

ala wing

alabar to praise, glorify

alambre *m.* wire

alameda park

álamo poplar tree

alargar to deliver, give; —se to stretch out

alarife builder, mason

alarmante alarming

alarmarse to become alarmed

alba dawn

albísima very white

alborotar to arouse; —se to become excited

alcalde mayor

alcance *m.* reach; al — de within reach of

alcanzar to overtake, reach, attain, get

alcázar *m.* fortress

alcoba bedroom

alcohol *m.* alcohol

aldea village

aledaño bordering

alegar to allege, state, point out

alegrarse to become happy

alegre happy

alegría happiness

alejado distant

alejar to take away, send away; —se to move away

alentar (ie) to encourage

aleonado blondish, the color of a lion

aletear to flutter

alfabético alphabetical

alfarero potter

alfiler *m.* pin

algas algae

algazara din, clamor, noise

álgebra algebra

algo something; somewhat; por — with reason, rightfully

algodón *m.* cotton; — azucarado cotton candy

alguacil constable, police officer

alguien someone, somebody

algún used for alguno before a *m. sing. n.*

alguno some, any

alhóndiga public granary (*usually used in reference to the one in Guanajuato*)

aliarse to ally oneself

aliento breath; bravery

alimentar to feed

alimentos food

alineado clean; well kept

alinearse to line up

alistamiento enlistment

aliviar to alleviate, relieve, ease, lighten, make better

alma soul

almacén warehouse; department store
almidón starch
almidonar to starch
alojamiento lodging
alojar to lodge
alpargata sandal
alquilar to rent
alrededor around, about; — de around
altanería pride
alterado excited, altered
alterar to change; disturb; —se to become disturbed
altiplanicie *f.* plateau
altivo proud, haughty
alto high; important; exalted; upper; a lo — de to the top of; por lo — up high; darse de alta to be admitted; en voz alta aloud, out loud
¡alto! halt!
altura altitude, height, loftiness, top
alucinado fascinated, deluded
aludir to allude
alumbrar to light up
alumno pupil
alzada stature (of a horse)
alzar to raise, pick up; —se to rebel, rise up
allá there; más — further on; más — de beyond
allegado trusted
allí there
amable kind, friendly
amanecer to dawn; *m.* dawn, daybreak
amar to love
amargado embittered
amargamente bitterly
amarillento yellowish
amarillo yellow
amarrar to tie; —se la tripa *coll.* to tighten one's belt
ambición ambition, desire
ambicioso ambitious, greedy
ambiente *m.* environment
ambiguo ambiguous
ambos both
ambulancia ambulance
amedrentarse to become frightened
amenaza menace, threat
amenazador menacing

amenazante menacing
amenazar to menace, threaten
americano American
ametralladora machine gun
amigablemente in a friendly manner
amigo friend
amiguito little friend
amistad friendship
amistoso friendly
amo master
amolarse (ue) to grind, break down
amontonado piled up
amontonamiento piling up
amor love
amordazar to gag, muzzle
amostazado angry
amotinar to rebel, riot
amparar to support; help
amparo support; al — de la oscuridad under the cover of darkness
amplio large
ampollar to blister
analfabeto illiterate
anaranjado orange colored
anarquía anarchy, lawlessness
anatema *m.* anathema
anciano old, elderly, elder
ancla anchor
anclar to anchor
ancho wide; — de espaldas broad shouldered; a sus anchas at one's ease
Andalucía large province in southern Spain
andaluz Andalusian
andar to walk, go (along); — de pato *m.* waddling gait; andaba muy ocupado he was very busy; ándele *Mex.* go ahead
andares trips, moving around
andas *pl.* litter
anexión annexation
anexo nearby
anfiteatro amphitheatre
ángel angel
anglo Anglo
angosto narrow
ángulo angle
angustia anguish, affliction, distress
angustioso full of anguish

anhelo longing
ánima soul
animación excitement
animado excited
animal *m.* animal
animar to encourage, excite; —se to come to life
ánimo spirit, courage; **hacerse el** — to decide
animoso lively
aniñar las manos to make a fist
aniquilar to annihilate, destroy
anoche last night
anochecer to get dark; *m.* nightfall
anona annona or custard apple
anonadar to overwhelm
anónimo anonymous
ansia (de) longing (for)
ansiedad anxiety
ante before
antecedente *m.* background information
antemano de — beforehand
antepasado ancestor; **semana antepasada** week before last
anterior previous
antes (de) before, previously; rather
antifaz *m.* mask
antiguo old; **a la antigua** old-fashioned style
antiquísimo very old
antojarse to arouse a whimsical desire
antojo whim
antropológico anthropological
anualidad annual dividend
anunciar to announce
anuncio announcement, ad; — **luminoso** neon sign
añadir to add
año year; **el** — **pasado** last year
apacible gentle, passive
apache Apache
apachurrar to crush, flatten
apagar to extinguish
aparador showcase, store window
aparato apparatus
aparecer to appear
aparejado saddled
aparejo pack saddle

aparición appearance; apparition
apariencia appearance; **en** — apparently, outwardly
apartado remote, distant
apartar to remove; —se to move away from
apasionar to excite, arouse
apatía apathy
apear to dismount
apellido family name
apenado embarrassed
apenas hardly, barely; — **si** . . . there hardly . . .
apero farm tool
apesadumbrado grief stricken
apestar to stink
apiadarse de to take pity on
aplastante overwhelming, crushing
aplastar to crush
aplaudir to applaud
aplauso applause
aplazar to put off, delay
aplicar to apply
apoderado attorney
apoderarse de to take possession of, seize
aposento room
apostado stationed
apostólico apostolic
apoyar to support, brace; —se to lean
apoyo support
apreciable valuable, worthy of esteem
aprehender to apprehend
aprender to learn
aprestar to prepare, get ready
apresurado in a hurry, hurried
apresurarse a to hasten to
apretado crammed full of
apretar (ie) to tighten, squeeze, clench
apretón de manos *m.* strong handshake
aprisionar to imprison
aprobación approval
aprobar (ue) to approve
apropiar to appropriate, take possession of
aprovechar to profit by, take advantage of
aproximarse a to approach
apuntar to note down; aim

apurarse to become worried
aquel, aquella that; **aquellos, aquellas** those
aquél, aquélla that one; she; the former; **aquéllos, aquéllas** those, the former ones
aquello that
aquí here
arado plow
araña spider
arbitrario arbitrary
árbol tree; — **genealógico** family tree
arca chest
arcabuz *m.* musket
arco bow; arch; **en** — arched
arder(se) to burn
ardid *m.* trick
ardor ardor, fieriness
arduo arduous, hard
arena sand
arenga harangue, speech
argumentarse to argue
argumento argument
ario Aryan
aristócrata aristocratic
aritmética arithmetic
arma weapon; —s arms; coat of arms; **hechos de** —s military events
armada fleet
armar to arm
armario closet, wardrobe
armonía harmony
armónico harmonic
armonioso harmonious
arquitectura architecture
arraigado deeply rooted
arrancar to pull out, tear away
arrastrado *coll.* mean, contemptible
arrastrar to drag
arrear to drive (a mule)
arreglar to arrange, settle
arrejuntar to save; get together
arremolinarse to form a crowd
arrendar to take off
arrepentirse (ie, i) to repent, be sorry
arriba above
arribar to arrive
arriendo lease, renting
arriero mule driver

arriesgar to risk
arrimar to put (move) near; —se to go near; seek the protection of
arrinconado left in a corner; put aside
arriscarse to be conceited; — **las narices** to turn up one's nose
arroba weight of twenty five pounds
arrodillarse to kneel down
arrogante arrogant, proud
arrojar to throw, cast out
arrojo boldness, bravery
arrollador overwhelming
arrostrar to face
arroyo stream
arroz rice
arruga wrinkle
arrugado wrinkled
arruinar to ruin
arrullarse to bill and coo
arsenal *m.* arsenal
arte *m., f.* art, skill
artesano artisan
artífice *m.* artifice
artificio scheme, trick
artículo article
artillería artillery
artillero artillery man
artimaña trap, stratagem
artista artist
as *m.* ace
asaltante assailant, attacker
asaltar to assault, attack; come upon
asalto assault
ascender (ie) to ascend, go up
asegurar to assure, affirm; —se de to make sure to
ascenso ascent, climb
asesinar to assassinate, kill, murder
asesinato assassination, murder
asesino murderer
así thus, so, in this way; — **como** just as; — **que** as soon as
asiento seat
asilo refuge
asir to seize, grab
asistencia attendance
asistente assistant
asistir to attend, be present
asociación association

asoleado exhausted from exposure to the sun
asomar to appear, show; — **las narices** to show one's face
asombrar to astonish
asombro astonishment, amazement
asombroso astonishing
aspecto appearance
áspero rough, harsh
aspiración aspiration, hope
aspirar to breathe, inhale
astilla piece of wood, splinter
astro star
asunto affair
asustar to frighten
atacante attacker
atacar to attack
atajo short cut
ataque attack
atar to tie
atardecer *m.* late afternoon
ataviar to dress up
atavíos dress, finery
atención attention
atender (ie) to attend to, take care of
atenerse a to depend on; expect
atentado attack, offense
atentamente attentively
aterrador terrifying
aterrorizado terrified
atiplado high pitched
atleta athlete
atormentar to torture, torment; trouble
atraer to attract, bring on
atrancar to obstruct
atrás behind, in back; past, ago; **de tiempo** — for a long time
atravesar (ie) to cross; pierce; lay across
atreverse (a) to dare (to)
atrevido daring
atributo characteristic
atrincherarse to entrench oneself
atrio atrium
atrocidad atrocity
atropellarse to trample each other; move with great speed
atroz atrocious
aturdimiento bewilderment

audaz audacious, bold, fearless
Audiencia high court (*during the period of the viceroys*); audience, reception
auditorio audience
augural prophetic, ominous
augurar to augur, foretell, predict
augurio prophecy
augusto august, dignified, serious
aullido howl
aumentar to increase
aumento increase
aun (*written and pronounced* **aún** *when stressed*) still, even, yet
aunque although, even though
aureola aureole, halo
aurora dawn
auscultar to examine (*as with a stethoscope*)
ausencia absence
ausente absent
austero austere
austríaco Austrian
auténtico authentic
automáticamente automatically
autómato robot-like
automóvil automobile
autónomo autonomous
autopista freeway
autor author
autoridad authority
autoritario authoritarian
autorizado authorized
auxiliar helper, aide
auxilio aid
avanzar(se) to advance
avariento avaricious, greedy
avasallamiento enslavement; total defeat
ave *f.* bird
avenida onslaught
aventura adventure
aventurado risky
aventurero adventurer
averiguar to ascertain
ávido avid
avíos *m. pl.* equipment
avisar to notify, inform
aviso warning, message

avispero wasps' nest
avistar to perceive at a distance, descry
avivar to revive; liven; burn
¡ay! oh!
ayuda help, aid
ayudante assistant
ayudar to help
ayunar to fast
ayuntamiento municipal governing
  body
azadón *m.* hoe
azar *m.* unforeseen disaster; fate
azorado frightened
azoro surprise
azotar to whip; smack
azote lash
azotea flat roof
azúcar *m., f.* sugar
azul blue
azulado bluish
azuzar to goad, incite

B

badajo bell clapper
¡bah! bah!
bailar to dance
bailarín dancer
baile *m.* dance
baja loss; **dar de —** to discharge
bajada descent; **de —** on the way down
bajar to lower; go down
bajo under, beneath; low, down
bala bullet; **— expansiva** dummy bullet
balance *m.* balance
balazo shot; **a —s** with bullet shots;
  echar —s to shoot
balbucear to babble
balcón *m.* balcony
balde *m.* pail; **en —** in vain
baldosa paving tile or stone
balsa raft
banca bench
banco bank; **billete de —** banknote
banda gang, group; band
bandera flag
bandido bandit
bando group, side
banquero banker

banqueta *Mex.* sidewalk
banquete *m.* banquet
bañar to bathe
barandal *m.* railing
barato cheap
barba beard; chin; **—s** beard
barbacoa barbecue
barbado bearded
barbaridad barbaric act
bárbaro barbarian
barbecho fallow land
barbería barbershop
barco ship, boat
barda wall
barniz *m.* varnish
barraca barrack; cabin, hut
barranco canyon, gorge
barrer to sweep
barrera barrier
barricada barricade
barriga belly
barril *m.* barrel; drum (of oil)
barrio neighborhood
barrita telegraph key
barro clay
barrotes adentro to the barred coop
basar to base
base *f.* base
bastante enough; rather; **—s** several,
  many
bastar to be enough, be sufficient
bastardilla italic
bastimiento food supplies
bastón *m.* cane
basura trash, garbage
bata bathrobe
batalla battle
batallón *m.* batallion
bate *m.* bat
batir to beat; **—se** to fight
bautizar to baptize
bayoneta bayonet; **cargar a la —** to
  charge with fixed bayonets
bayonetazo bayonet thrust
bazar bazaar
beber to drink; **—se** to drink up
bebida drink
bejuco vine
belfo blubber lipped

belleza beauty
bello beautiful
bendito blessed
beneficio benefit
benéfico beneficient, charitable, kind
bengala flare
bermejo reddish
besar to kiss
bestia beast
Biblia Bible
biblioteca library
bien well, good; very; **más —** rather; **pues —** well then; *m.* welfare; **—es** wealth
bienestar *m.* prosperity
bienhechor benefactor
bigote(s) *m.* mustache
bilingüe bilingual
billar *m.* pool hall
billete *m.* bill; **— de banco** banknote
bisbisear to mutter
blanco white; bull's eye
blancura whiteness
blandir to brandish, wave
blando soft
blanqueado whitened, whitewashed
blanquear to whitewash
blanquillo *Mex.* egg
blasfemar to blaspheme; curse, swear
bloquear to blockade
bobo stupid
boca mouth; **reír a — llena** to laugh heartily
bocacalle *f.* intersection
bocina loudspeaker
bochorno scorching, sultry heat
bofetón *m.* slap in the face
bogar to row
bóiler hot water heater
bola ball; *Mex.* fight, uprising; **— de cosas** bunch of things
bolasilla mount
boleto ticket
bolillo *coll.* Anglo
bolsa bag, pouch
bolsillo pocket
bolso purse
bombero fireman
bondad kindness; **tenga la — de** please

bonito pretty, fine, nice
boquiabierto open mouthed
borbotón *m.* gush
borde *m.* edge
bordear to skirt
bordón *m.* staff
Borinquen Indian name for Puerto Rico
borrachera drunkenness; orgy
borracho drunkard
borrar to erase
borroneado dazed
bosque *m.* forest
bostezar to yawn
bostezo yawn
bota boot
botánica botany
botar to bounce
bote *m.* can; *coll.* jail
botella bottle
box *m.* boxing
bracear to prance
brasa coal; lighted tip of cigarette
bravata bravado
bravo brave
brazalete *m.* bracelet
brazo arm; **cogidos del —** arm in arm
brecha breech, hole
breña rough terrain covered with rock and underbrush
bribón rascal
brida bridle
brigada brigade
brillante brilliant, glowing, shining; *m.* jewel, diamond
brillar to shine, glow
brillo glow, glitter
brinco jump, leap; **dando un —** with a jump (leap)
brocal *m.* curbstone of a well
broma joke
bronce *m.* bronze
brotar to spout, spring forth
bruja *coll.* broke
bruscamente brusquely
brutal brutal
bruto wild
buche *m.* mouthful

buen used for bueno before a *m. sing.
n.*
bueno good; O.K.
buey *m.* ox
bulto bundle; de — in the form of a
statue
bullir to boil; stir
buque *m.* ship; — de guerra warship
burgués bourgeois
burla mockery, joke
burlar to evade; —se to mock, joke
burro donkey
busca search
buscar to look for
busto bust

C

cabal truly, exactly; oh, yes
cabalgadura horse
cabalgar to ride
caballería cavalry
caballeriza stable
caballo horse; a — on horseback
cabaret cabaret
cabecera headboard
cabellera hair
cabello hair
cabeza head; de pies a — from head to
toe
cabizbajo with head down; sad
cabo end; corporal; al — finally; al —
de at the end of
cabra goat
cacarear to cackle
cacique chieftain, boss
cachear to pistol whip
cachete *m.* cheek
cachito small piece
cada each, every
cadena chain
cadencia cadence
cadera hip
caer to fall; turn up; al — la tarde at
sunset; — a plomo to fall flat; — mal
to arouse dislike, be disliked; — redondo to fall flat; me cae en gracia he
sure amuses me

café *m.* coffee; — cargado strong coffee
cajón *m.* drawer
cajuela car trunk
cal *f.* lime, chalk
calabaza pumpkin
calamidad calamity
calcinado calcified
cálculo calculation, conjecture
caldo broth
calefacción heating
calidad quality; en — de in the category
of
cálido hot
calizo limy, chalky
calma calm, tranquility
calmar to calm
calor heat
calumnia slander, lie, malicious gossip
calumniador slanderer
calzón *m.* white cotton pants
calzoncillos *m. pl.* shorts (*underwear*)
calladito very still, quiet
callandito keeping very quiet
callar to silence; —se to be silent
calle *f.* street
cama bed
cámara chamber (*of representatives or
deputies*)
camarada comrade
camarilla stretcher
camarón *m.* shrimp
cambalache *m. coll.* exchange, trade
cambiar to change; — de tema to
change the topic
cambio change; a — de in exchange
for; — de frente change of heart,
about face; en — on the other hand;
in exchange
caminante traveler
caminar to travel, move, go; walk
caminata trip, march, long walk
camino road, path, way; de — en
route; ponerse en — to start out; voy
en — I'm enroute
camión *m. Mex.* bus
camisa shirt; — de fuerza straight jacket
camiseta undershirt

camisola loose fitting shirt worn over the pants
campamento camp, encampment
campana bell
campanilla gullet, uvula
campaña campaign
campesino peasant; —s country folk
campirano country-like, rural
campo field, country; **a — raso** in the open field
camposanto cemetery
canalla rabble; mean, despicable person
canas *f. pl.* gray hairs
canasta basket
cancelar cancel
cáncer *m.* cancer
cancerbero Cerberus, mythological guardian of the underworld
canción song
cancioncilla ditty
cancha court (*tennis*)
candado lock
candela candle
candente burning, red hot
candidato candidate
candil *m.* lamp
cangrejo crab
cano gray
canoa canoe
canoso full of gray hair
cansado tired
cansancio weariness; **hasta el —** until he was tired
cantar to sing; *m.* song
cántaro clay jar, pitcher
cantería cut stone
cantidad quantity
cantimplora canteen
cantina bar
canto song, chant
caña sugar cane
cañaveral *m.* sugar cane field
cañón *m.* canyon; gun
cañonazo cannon fire, shot
capa cape
capaz capable, able
capital *f.* capital city; *m.* fortune, money

capitalismo capitalism
capitán captain; **— general** capitan general
capitanear to captain, lead
capitular to capitulate
capricho whim
caprichoso capricious, whimsical, fanciful
capturar to capture
cara face
carabina carbine
carácter *m.* character; letter
caracterizar to characterize
carátula face of a watch
carbón *m.* coal
carcajada loud laugh
cárcel *f.* prison, jail
cardenal cardinal
cardinal cardinal, main
carecer de to lack
carestía high cost of living; scarcity; high price
carga cargo, load, burden; charge
cargada charge
cargado loaded, loaded down; **café —** strong coffee; **— a la esquina** situated at the corner, leaning towards . . .
cargador cartridge
cargar to load; carry; charge; **— a la bayoneta** to charge with fixed bayonets; **— con** to carry (*off*)
cargo post, position; **hacerse — de** to take charge of
caricia caress
caridad charity; **hacer la —** to be charitable
cariño affection
cariñoso affectionate
carne *f.* meat, flesh
carnicería slaughter
caro expensive
carpintero carpenter
carrancismo movement led by Venustiano Carranza
carrancista follower of Venustiano Carranza
carrera course; race; career **a la —** at full speed; **echar —** to run fast, gallop
carretera highway

carrillo cheek
carro cart, car, wagon
carta letter
cartel poster
cartera wallet
cartón *m.* cardboard; plato de — paper plate
cartuchera cartridge belt
casa house, home; en — at home
casado married
casamiento wedding
casarse to get married
cascabel *m.* rattle
caserío group of houses; settlement, village
casero familiar, in the house
caserón *m.* large, solid house
caseta booth
casi almost
caso case; hacer — de to pay attention to
casona large house
casqueta cap
casta caste; race
castaña trunk, chest; chestnut
castañetear to snap (fingers)
castellano Castilian, Spanish
castigar to punish
castigo punishment
castillo castle
casuca hut
casucha small ugly house
catecismo catechism
catedral *f.* cathedral
categoría category; high class
católico catholic
caudal *m.* fortune, wealth; volume of water
caudillo chief, leader
causa cause, reason; a — de because of
causar to cause
cautela caution
cautivo captive
caverna cavern, cave
cazador hunter; —es cavalry
cazar to hunt
cazuela earthenware, cooking pan
ceder to cede, give in, yield
ceguedad blindness

ceja eyebrow
celada ambush
celebrar to celebrate; — un tratado to make a treaty
cementerio cemetery
cena supper
ceniza ash
cenote *m.* a natural underground water reservoir in Yucatán where the Mayans used to sacrifice young maidens
centavo cent
centésimo hundredth
central central
centralista centralist: one who believes in a strong central government
centro center
ceño brow
ceñudo frowning
cerca near; — de near; *f.* fence
cercanías surroundings, suburbs
cercano close, near, nearby
cercar to encircle
cerco fence, wall
cereal *m.* cereal
cerebral of the brain (mind)
cerebro brain
ceremonia ceremony
cerillo match
cerradura lock
cerrar (ie) to close
cerrito small hill
cerro hill; de — en — from hill to hill
certero unerring, exact; tirador — sharpshooter
certeza certainty
cerveza beer
cesar to cease, stop
cicatriz *f.* scar
cicatrizado scarred
ciclópeo cyclopic
cielo sky, heaven
cien used for ciento before the word modified
ciento a hundred; por — percent
cierto certain, true; por — to be sure
cifra number
cigarro cigarette
cima peak, top; tower

cimbrador swaying
cimiento foundation
cincuenta fifty
cine *m.* theatre, movie house
cínico cynical; impudent, shameless
cinismo cynicism
cinta ribbon
cintarazo whipping, lashing
cintura waist
ciño belted
cipresal *m.* cypress grove
círculo circle; group
circundado encircled
circunstancia circumstance
circunstante bystander
cirio candle
ciudad city; — de los palacios Mexico
    City
ciudadano citizen
civil civil; *m.* civilian
civilización civilization
civilizar to civilize
clamar to exclaim, shout cry
clamor noise
clamorear to clamor
clan *m.* clan
claridad light; con — clearly
clarín *m.* bugle
clarito very clear(ly); of course
claro clear, bright; clearly; of course; a
    las claras clearly; sacar en — to un-
    derstand fully
clase *f.* class, kind
clásico classic
clasificación classification
claustro cloister
clavar to nail, pierce, drive in; fix;
    point
claveteado nailed
clavija peg (*of a musical instrument*)
clemencia clemency, pity
clérigo clergyman, priest
click click
cliente client, customer
coágulo clot
cobarde coward
cobija blanket
cobijar to cover
cobrizo copper colored, Indian

cocido stew
cocina kitchen
cocinera cook
coche *m.* carriage, car
codicia greed
codicioso greedy
codo elbow
codorniz *f.* quail
coger to catch; take, grab; cogidos del
    brazo arm in arm
cohete *m.* firecracker
cohibido inhibited, shy
cohibir to inhibit, restrain; awe
cola tail
colaboración collaboration
colaborador collaborator
colar (ue) to filter, strain, drip
coleccionador collector
colega colleague
colegio (boarding) school
cólera anger
colérico angry
colgajo hanging adornment
colgar (ue) to hang
colmena beehive
colmo limit, last straw
colocación position
colocar to place
colonia neighborhood; colony
colono colonist
color color; —es colors; flag
colorado red
columna column
collar *m.* necklace
coma comma; no tener punto ni — to
    have nothing
comal *m.* flat earthenware pan for
    cooking tortillas
comandancia de la policía police sta-
    tion
comandante commander, major
comarca region, vicinity
combate *m.* combat, fight
combatir to combat, fight
combinación combination
combustible *m.* fuel
comedor dining room
comentar to comment (*on*)
comenzar (ie) to begin

comer to eat; —**se** to eat up; **dar de** — to feed; **echar de** — to feed
comerciante businessman, salesman
comercio commerce
cometa *m.* comet
cometer to commit
comezón *f.* itch; longing, desire
comida meal, food, dinner
comilona *coll.* big banquet
comisionado delegate, agent
comité *m.* committe
comitiva retinue
como as (if), like; **así** — just as; —**quiera que sea** be that as it may
¿cómo? how? why? what?; — **así?** how so?
comodidad comfort
compa (*abbreviation of* **compadre**) pal
compacto compact
compadre companion, friend
companía (*mispronunciation of* **compañía**) company
compañero companion
comparación comparison
comparar to compare
comparecer to appear
compás *m.* rhythm; **a** — rhythmically
comprender to understand, realize
comprobar (ue) to prove
comprometerse to commit or pledge oneself
comprometido compromising; embarrassing; dangerous, critical
compromiso difficult situation; obligation
compuerta floodgate
cómputo computation
común common; — **y corriente** ordinary; **lugar** — everyday occurrence
comunicación communication, message
comunicar(se) to communicate, disclose
comunismo communism
con with; **para** — towards, to, for
concebir (i) to conceive
conceder to concede, grant, give
concentrar to concentrate
concepción conception

concepto concept, ideal
concertado concerted
concertar (ie) to arrange
concesión concession
conciencia conscience
concienzudo conscientious
conciliación conciliation
conciliador in a conciliatory manner
conciudadano fellow citizen
concluir to end, conclude
conclusión conclusion
concordar (ue) to agree; tally, jibe
concretar to make concrete; reduce to its basic form
concurrencia attendance; crowd
concurrir to attend
concurso gathering
concha shell
condena prison sentence
condenar to condemn
condesa countess
condición condition
conducir to lead, direct; carry, transport
conducta conduct, behavior
conejo rabbit
conferenciar to have a conference
confesar (ie) to confess
confiadamente trustingly, unsuspecting
confianza confidence
confiar en to trust in
confidencia revelation of a secret
conflagración conflagration, tremendous turmoil
conflicto conflict
conforme satisfied, in agreement
conformidad conformity
confortar to comfort
confundir to confuse
confusión confusion
confuso confused; ambiguous
congregar to gather together, unite
congreso congress
conjunción conjunction, joining together
conjunto group; whole, aggregate
conjuro incantation, exorcism
conmigo with me
conmoción excitement

conmovedor moving
conmover (ue) to move emotionally, excite
cono cone
conocedor connoisseur, expert; judge
conocer to know, recognize; meet
conocido acquaintance
conocimiento knowledge; subject
conque so then, and so
conquista conquest
conquistador conqueror
conquistar to conquer, win over
consagrar to consecrate, dedicate; appoint
consecuencia consequence
consecutivo consecutive
conseguir (i) to obtain; succeed in
consejero counselor
consejo council, advice; — **sumario** summary court material
consentir (ie, i) to spoil; allow, consent (to)
conservador conservative
conservar to conserve, keep
considerable considerable
consideración consideration
considerar to consider
consigna order; password, assignment
consigo with himself, herself, yourself, themselves
consiguiente consequent; **por** — therefore
consistencia consistency
consolar (ue) to console
conspiración conspiracy
conspirador conspirator
constante constant, steadfast
constar to be evident, clear; to be a matter of record; **conste** note, be aware
constelado covered (*as with stars*)
consternación consternation
consternado distressed
constitución constitution
constitucionalista constitutional
constituido constituted, comprised
construir to construct
consuetudinario usual
consultar to consult (about)

consumado complete, perfect
consumido consumed, burnt
consumir to consume
contabilidad bookkeeping, accounting
contacto contact
contagiado contaminated, infected
contar (ue) to count; tell
contemplar to contemplate, look at
contener to contain; —**se** to control oneself
contenido contained, held in; *m.* content
contentar to make happy
contento content, happy
contestación answer
contienda battle
contigo with you
contimás *Mex.* even more
continental continental
continente *m.* continent
continuar to continue
contonear to strut, swagger
contra against; **en su** — against him
contracción contraction
contradecir to contradict
contradictorio contradictory
contraer to contract
contramarchar to countermarch
contraorden *f.* counterorder
contrario opposite; **al** — on the contrary; **de lo** — otherwise
contratar to contract
contrato contract
contribución contribution
contribuir to contribute
contribuyente contributor
contrincante opponent
controversia controversy, dispute
convencer to convince
convencimiento conviction; convincing
convenido agreed upon
conveniente proper, right, suitable
convenir to be convenient, fitting, proper, better, right; — **en** to agree upon
convento convent
conventual monastic
convergir to converge
conversación conversation

conversar to converse, talk
convertible convertible
convertir (ie, i) to convert, change; **—se en** to become
convicción conviction
convocar to convoke, call together
coñac *m.* cognac
cooperación cooperation
cooperar to cooperate
copa top (of a tree); goblet, cup full of liquor; drink
copia copy
copiar to copy
copiloto copilot
copla couplet, verse
coraje *m.* anger, resentment
coral coral
corazón heart
corbata tie
corcovado humpbacked
cordel *m.* rope, cord
cordón *m.* string
corneta trumpet, bugle
coro chorus; **a —** all together
corona crown
coronel colonel
corral *m.* corral, yard
correa leather strap
corredor corridor
correo mail; message
correr to run; circulate; chase; pass quickly; **a todo —** at full speed; **— a prisa** to be in a rush
correspondiente corresponding
corresponsal correspondent, journalist
corrida bullfight
corrido Mexican ballad; continuous
corriente current; cheap; **común y —** ordinary
cortante cutting
cortar to cut (short); cut off, interrupt
corte *f.* court
cortejo procession
cortés polite
cortesano courtier, flatterer seeking favors at the government palace
cortina curtain
cosa thing; business
cosecha harvest, crop

cosechar to harvest
coser to sew
cósmico cosmic
costa coast; **a — de** at the cost of; **a toda —** at any cost
costado side
costar (ue) to cost
costo cost
costra scab; hardened layer
costumbre custom; **tener — de** to be accustomed to
cotorra parrot
covacha small cave
coyote coyote; *Mex.* labor contractor
coyuntura occasion, opportunity
creación creation
Creador Creator
crear to create
crecer to grow
creciente growing
crédito credit
crédulo credulous
creer to believe; **ya lo creo** yes indeed
crepuscular of the dusk
crespón *m.* crape
criado servant
criar to grow, raise; **cría uñas** he gains strength and know how
criatura creature, child
crimen *m.* crime
criminal criminal
crin *f.* mane
criollo Creole, a person born in the New World of Spanish parents
cristal *m.* crystal, glass
cristianismo Christianity
cristiano Christian person; human being
Cristo Christ
crítico critic
crónica chronicle, history
crucificar to crucify
crudo crude, bitter
cruel cruel
crueldad cruelty
crujiente creaking
crujir to squeak
cruz *f.* cross
cruzar to cross

cuaderno notebook
cuadra stable
cuadrado square
cuadrángulo quadrangle
cuadrarse to salute
cuadriculado quadrille (*page*)
cuadrilla group; **jefe de —** foreman
cuadro picture
cuadrúpedo quadruped, four-legged animal
cuajado jelled
cual which, what; like, as; **el —, la —, lo —, los —es, las —es** who, which; **tal por —** so and so
¿cuál? which (*one?*), what?
cualquier used before a *sing. n.* for **cualquiera; de — modo** at any rate
cualquiera any (*one*) at all
¡cuán! how!
cuando when; **— menos** at least; **de vez en —** from time to time
¿cuándo? when
cuanto as much as; *pl.* as many as; all that; *pl.* all those; **en — a** as for; **unos —s** some few, a few
¿cuánto? how much? **¿cuántos?** how many
cuarenta forty
cuarentón forty-year-old person
cuartel *m.* quarter; mercy; barracks
cuarto room; quarter
cuate *coll.* friend
cuatrocientos four hundred
cubano Cuban
cubeta pail
cubierto place setting at the table
cubilete *m.* dicebox
cubrir to cover
cuclillas en — crouching, squatting
cuchillada cut or slash with a knife
cuchillo knife
cuello neck; collar
cuenta bead; file, account; **a —** on account, on credit; **darse — de** to realize; **hacer —s** to figure; **hacer de —** to pretend
cuento story
cuerda rope, cord, string

cuerno horn; **— de la abundancia** cornucopia, horn of plenty
cuero leather
cuerpo body; military corps; **— diplomático** diplomatic corps
cuervo crow
cuesta slope; **llevar a —s** to carry over one's shoulder (back)
cuestión question
cueva cave
cuico *Mex.* policeman
cuidado care, worry
cuidadosamente carefully
cuidar (de) to take care of, care for; **—se de** to take notice of
culatazo blow with the butt of a rifle
culebra snake
culminar to culminate, arrive at a climax
culpa fault, guilt, blame
culpable guilty
cultivar to grow, cultivate; work
cultivo cultivation
culto cultivated; well educated, civilized; *m.* cult, worship, religion
cumbre top, peak
cumpleaños *m.* birthday
cumplir (con) to fulfill, carry out
cuna cradle
cundir to spread
cuñada sister-in-law
cura priest
curandero folk healer
curar to cure
curiosidad curiosity
curioso curious
curtidor tanner
cusiliar to sic on
cúspide *f.* peak
custodiar to guard
cutis *m.* skin; complexion
cuyo whose, of whom, of which

CH

chachalaca a bird that cries continually while flying
chalet *m.* chalet
chamaco *Mex.* child, boy

chamarra *Mex.* jacket
chamba *Mex.* work, job
chancear to joke
changuitas little monkeys; *coll.* female servants
chaparro short and squat
chapete *m.* rosy cheek
chapopote *m.* tar
charco puddle
charlar to chat; charla que te charla chatting incessantly
charol *m.* patent leather
charola tray
charro Mexican cowboy; *coll.* corrupt labor leader
chata pug-nose
Chava diminutive for Salvador
cheque *m.* check
chicano Chicano
chicle *m.* gum
chiclero a gatherer of chicle
chico boy; small
chiflado crazy
chifladura craziness
chiflar to whistle
chilaquiles Mexican dish made with tortillas, hot pepper, and cheese
chile *m.* hot pepper
chileno Chilean
chillante gawdy
chillar to chirp, squawk, howl
chimenea chimney; fireplace
chinaco *Mex.* liberal guerrilla soldier during the War of the Reform and the French intervention
chino Chinese
chiquillo child, kid
chistar to make a gesture as if one were about to answer
¡chitón! hush!
chivato goat
chocante annoying
chocar (ue) to strike, hit
chocolate *m.* (*hot*) chocolate
chocoyo dimple
chófer driver
choque *m.* clash
chorro spurt
choteo banter, jibe

choza hut
chubasco shower

D

dador giver
dados *m. pl.* dice
daga dagger
dama lady
danza dance
danzante dancer
danzarín dancer
danzón *m.* type of Mexican dance
daño harm; hacer — to hurt
dar to give; — con to hit upon; — cuenta de to give information about; inform about; take care; — de baja to discharge; — de comer to feed; — de palos to thrash; — el paso to take the step; open the way; — fin to end; — la ley to decree the law; — las once to strike eleven; —le de estocadas to kill him with swords; — media vuelta to turn half way around; — muerte to kill; — parte to inform; — término to end; — vueltas to turn around; —se a to begin to; —se cuenta de to realize, account for; —se de alta to be admitted for; —se de narices con to bump into; —se golpecitos to tap oneself; dando un brinco with a leap; había dado con él en tierra he had knocked him to the ground; dio por it occurred to him to; ¡Qué más les da! What difference does it make to them!
dardo dart
de of; from; about; with
debajo (de) under, below
debate *m.* debate
deber to owe, must, should, ought; debido a due to; *m.* duty
debidamente truly; properly
débil weak
debilidad weakness
decencia decency
decente decent
decididamente resolutely, decidedly, definitely

decidido determined; **esperaba** — a **cualquier cosa** he was awaiting resolutely whatever might come
decidir to decide; —**se a** to decide to
decir to say, tell; **es** — that is to say; **por mejor** — rather; **mejor dicho** rather
decisivo decisive
declaración declaration
declarar to declare
declinar to decline
decoro decorum, prudence, dignity
decrecer to decrease, go down
decretar to decree
dedicar to dedicate
dedo finger; — **meñique** little finger
defección desertion
defecto defect
defender (ie) to defend
defensa defense
defensor defender
definitivo definite, decisive
definir to define
deformado deformed
degenerado degenerate
degollar (üe) to decapitate, slaughter
degradar to degrade
deidad deity, God
dejadez neglect
dejar to let, allow, leave, abandon; — **de** to stop, cease; fail to
del (de + el) of the; from the
delantal *m.* apron
delante (de) in front (*of*); **por** — in front
delatar to inform against, denounce
delectación delight
delegado delegate
deleite *m.* joy
deletrear to spell
delicadeza delicacy, fineness, refinement
delicado delicate
delicia delight
delicioso delightful
delirio frenzy
delito crime
demagogia demagogy
demanda demand

demás (además) furthermore
demás other; **los** — the others, the rest of the
demasiado too, too much
democracia democracy
demonio devil, ¡qué —! what the devil
demostrar (ue) to prove, show
dentro inside, within
denuncia denunciation, accusation
denunciar to denounce, reveal
dependencia dependence
depender to depend
dependiente dependent on
deportivo sport
depositar to deposit, put down
depósito deposit
derecho right; **a derecha** to the right; **a su derecha** on his right
derivar to derive
derramar to shed; pour
derribar to knock down, knock off; overthrow
derrocar to overthrow
derrota defeat
derrotar to defeat, overcome
derrotismo defeatism
derrumbadero slide area
derrumbar to knock down; —**se** to fall down
desabrido tasteless
desafiar to defy, challenge
desagradable unpleasant
desagradecido ungrateful
desahogarse to get something off one's chest, pour out one's heart
desahogo comfort
desairar to rebuff, slight
desamparo abandonment; lack of shelter
desanalfabetización elimination of illiteracy
desangrar to bleed, hemorrhage
desaparecer to disappear
desarmar to disarm
desarrollar to develop
desarrollo development
desasirse to break loose
desastre *m.* disaster

desatar to untie; — **en melodías** to break out into songs or melodies
desayunar to breakfast
desbaratar to break into pieces, destroy
desbarrancar to fall into a ravine
desbordar to spill over
descabezar to behead
descalzo barefoot
descansar to rest
descarado shameless, impudent
descarga explosion, discharge
descargar to unload
descaro impudence
descender (ie) to descend, go down
descendiente descendant
descifrar to decipher, decode
descompuesto losing control of one's temper, overexcited
descomunal gigantic
desconcertar (ie) to confuse, disturb
desconfiado distrustful, suspicious
desconfianza distrust
desconocer to refuse to recognize, withdraw recognition, disregard
desconocimiento disowning
desconsolador distressing
descontar (ue) to deduct
descontento discontented, displeased
descreído unbeliever
describir to describe; trace
descubrimiento discovery
descubrir to discover, reveal, uncover; give away; —**se** to take one's hat off
descuidado unprepared
descuidarse de to neglect
desde from, since; — **luego** of course; immediately; **la soportamos — hace tres siglos** we have been bearing it for three centuries
desdeñoso disdainful
desdicha unhappiness, misfortune
desdoblar to unfold
desdoro dishonor, blemish
desear to desire, wish, want
desembarcar to disembark
desembocadura mouth of a river
desencanto disenchantment
desenfrenado unchecked, unbridled
desensillar to unsaddle

desentonado out of tune
desentumecer to unstiffen
desenvainar to unsheath, pull out
desenvolver (ue) to unpack, unwrap
desenvuelto relaxed, uninhibited
deseo desire
deseoso desiring
desertar to desert
desesperación despair
desfiladero abyss, chasm, ravine
desfilar to march past, parade
desfile procession, parade
desgracia misfortune
desgraciado unfortunate, accursed
desgranar to shake out grain from cereal; to flail
deshabitado uninhabited
deshacer to undo
deshonrar to dishonor
desierto desert, barren land
designación naming
designado designated, called
designar to designate
desigualdad inequality
deslavado washed off
deslizar(se) to slip, slide
desluir to detract
deslumbrante dazzling
desmadejado unraveled
desmán *m.* abuse
desmañado clumsy, lazy
desmembrado dismembered, dissolved
desmontado dismounted
desnudar to undress, strip
desnudo nude, naked, bare
desobedecer to disobey
desobediencia disobedience
desocupar to vacate
desorden *m.* disorder
despacio slow, slowly
despacharse to hurry up, make haste
despacho news, dispatch; office
despavorido pale from fright, terrified
despechado disappointed
despedazar to cut to pieces
despedir (i) to dismiss; —**se (de)** to take leave (of), say goodbye
despeñar to hurl from on high
desperdiciado wasted

desperdigar to scatter
despertar(se) (ie) to awaken; *m.* awakening
desplante *m.* indiscreet action or speech
desplegar (ie) to unfold; perform
despojar to remove from, strip off; plunder
despojos spoils; abandoned supplies; remains
despreciativo disdainful
desprecio contempt
desprenderse to tear oneself loose
despreocupado unconcerned
después after, later, then; — **de** after
destacado outstanding
desteñido faded
desterrar (ie) to banish, exile
destierro exile
destino fate, destiny
destitución destitution
destocado without a hat or headdress
destrozar to destroy
destrucción destruction
destructor destructive; *m.* destroyer
destruir to destroy
desvaído tall and graceless, gaunt; dull-colored
desvanecer to disintegrate, remove
desvelo anxiety
desventurado unfortunate
desvestido undressed
desviarse to turn off; wander
detener(se) to stop
detenido detained
determinación decision
determinar to determine
detestable detestable, hateful
detonación explosion
detrás (de) behind
deuda debt
deudor debtor
devoción devotion, intense interest
devocionario prayer
devolver (ue) to return, give back
devorar to devour
devoto devout; devotee
día day; **a pleno —** in broad daylight; **al — siguiente** on the following day;

al otro — on the next day; **de — y de noche** night and day; **— con —** day after day; **el — menos pensado** any day at all now, the least expected day; **días ha** in the last few days
diablo devil
diablura mischief
diadema crown
diagonal diagonal
dialecto dialect
diálogo dialogue, conversation
diana reveille, bugle call
diariamente daily
diario daily; **a —** daily
dibujo drawing
dictador dictator
dictar to dictate
dicha happiness; **por —** fortunately
dicho (*p.p.* of **decir**) told, said; aforesaid; **más bien —** rather; **mejor —** rather; *m.* argument
diente *m.* tooth
diestra right hand
diferencia difference, dispute
diferente different
difícil difficult
dificultad difficulty
difunto defunct, dead; late
dignidad dignity
digno worthy, outstanding
dilema *m.* dilemma, problem
diligente diligent, hardworking
diluvio flood, heavy rain
dimensión dimension
dinero money
dintel *m.* lintel, doorhead
dios god, God; **¡Vive Dios!** by God!; **—a** goddess
diplomacia diplomacy
diplomático diplomat
diputado deputy, congressman
dirección direction
directo direct
director director, principal
dirigente director
dirigir to direct, send; **—se a** to turn to, go to
disciplinar to discipline
discípulo pupil

discordia discord, disagreement, controversy
discreción discretion
discretamente discreetly
disculpar to excuse
discurrir to discuss
discursear to make speeches
discurso speech
discusión discussion; **a —** under discussion
diseminar to scatter
disentería dysentery
disfrutar (de) to enjoy; profit
disgustar to annoy
disgusto hard feelings; annoyance, quarrel
disimuladamente slyly
disipado dissipated
disipar to dissipate
disolución dissolution
disparar to fire; throw violently
disparo shot
dispensar to excuse
dispersar to scatter
dispersión dispersion, rout
disponer to dispose; order; prepare, have at one's disposal; **—se a** to prepare to
disponible available, useful
disposición disposition
distinguir to distinguish
distintamente distinctly, clearly
distinto different
distribuir to distribute
distrito district
disturbio disturbance
diversos various
divertirse (ie, i) to have a good time
dividir to divide
divino divine
división division
dizque they say that
do (*archaic and poetic form of* **donde**) where
doblar to fold; to toll (*bells*); **— una rodilla** to kneel on one knee
doble double
doblegado bent
docena dozen

dócil docile, obedient
documentar to document
documento document
dogma *m.* dogma, set of ideas
dólar *m.* dollar
dolencia pain
doler (ue) to hurt, ache; **—se de** to take pity on
dolido suffering
dolor grief, pain
doloroso pitiful
domicilio address
dominar to dominate, control
domingo Sunday
dominical Sunday newspaper
dominio rule, domain, control, realm
dompe *coll.* dump
dompero *coll.* garbage collector, junkman
don title used with man's first name
doncella maiden
donde where, in which, the place where
dondequiera wherever; **por —** everywhere
doña title used with woman's first name
dorado golden
dorar to gild
dormidero nest, sleeping place
dormir (ue, u) to sleep; **dormido** asleep
doscientos two hundred
dosel *m.* canopy
dosis *f.* dose
dotar to endow; give a dowry; provide; **— de** to provide with
droga *coll.* debt
duda doubt
dudar to doubt
duelo mourning
dueño master; owner
dulce sweet, tender; *m.* candy
duque duke
duradero lasting
durante during
durmiente *m.* railroad tie
duro hard, severe; closed

E

e (*used before words beginning with* **i** *or* **hi**) and
eclesiástico ecclesiastic, religious
eclipse *m.* eclipse
eco echo
economía economy
económico economic
echar to throw, toss; throw out; put, cast; — balazos to shoot; — carrera to run fast, gallop away; — pie a tierra to dismount; — uno al plato to send someone to his coffin, kill someone; — a perder to ruin; — de comer to feed; — de menos to miss; — de ver to notice; —la de guapo to act like a "big shot"; —se a to begin to; —se encima to arouse, draw on oneself; echado en cara told them to their faces, thrown up to them
edad age; en — of age; las antiguas —es the olden times
edificio building
educado educated, brought up
educativo educational
efectivamente really
efectivo effective
efecto effect; en — exactly, in fact, actually; as a matter of fact
efigie *f.* effigy, image
ejecución execution
ejemplar exemplary, as an example; *m.* example, copy
ejemplo example
ejército army
el *m. sing.* the; — que the one who, he who
elaborar to elaborate; manufacture; work out
elección election
electricidad electricity
electricista electrician
eléctrico electric
electrizado electrified, tense
elegir (i) to elect, choose
elemento element; —s equipment
elevador elevator
elevadorista elevator operator

elevar to raise; —se to rise up
eliminar to eliminate
elocuencia eloquence
elocuente eloquent
elogiar to praise
elogio praise
ello it; por — therefore
emanar to emmanate, come forth
emancipación emancipation, freedom
embajada embassy
embajador ambassador
embarcación ship
embarcado launched
embarcarse to embark, leave shore
embargar to impede, restrain
embargo sin — nevertheless, however
emborrachar(se) to get drunk
emboscado ambushed
embozado with one's face covered or concealed by a cloak
embreado rough shirt made from same material as sails
embriaguez drunkenness
embrollado embroiled
embustero liar
eminente eminent
emisario emissary, messenger
emoción emotion, excitement
emocionado moved
empaquetador packer
empecinamiento insistence, stubbornness
empellón *m.* shove
empeñado determined, persisting
empeñarse (en) to insist (on)
empeño resolution, determination
empeorar to become worse
emperador emperor
emperatriz empress
empezar (ie) to begin
empleado clerk, employee
emplear to employ, use
empleo job
empolvado covered with dust
emponzoñado poisoned
emprender to start on, undertake
empresa undertaking; company
empréstito loan
empujar to push, press

empuñar to grip
émulo emulator, rival
en in, into; on; at
enaguas *f. pl.* skirt
enamorado in love
enano dwarf
enardecido inflamed
encabezar to lead
encabritarse to rise on the hind legs
encadenar to continue the chain of, link
encaje *m.* lace
encaminar to guide
encampanar to entice
encandilar to dazzle
encanto charm, magic; pleasure
encañonar *coll.* to aim at
encararse con to face, confront
encarecer to raise the price
encargado man in charge
encargar to entrust, place in charge; —se de to take (be in) charge of
encargo job, duty; commission
encarnizado bloody
encender (ie) to light (up); inflame
encerrar (ie) to enclose, lock up; —se to shut oneself up
encima (de) above, on top (of); echarse — to arouse, draw on oneself
encina evergreen oak
encinta pregnant
encoger to shrink; —se de hombros to shrug one's shoulders
encomendar (ie) to recommend, entrust
encomienda estate granted by the king
encontrar (ue) to find, meet; —se to be; —se con to be confronted with, meet
encuentro encounter, skirmish; salieron a su — they came out to meet them
encharcar to form a puddle
endemoniado fiendish, devilish, horrible
enderezarse to straighten up
endeudarse to fall into debt
endurecido hardened
enemigo enemy
enemistad hatred, animosity

energía energy
enérgico energetic
enervado unnerved
enfadarse to become angry; enfadado angry
énfasis *m.* emphasis
enfermedad sickness, disease
enfermera nurse
enfermo sick
enfilar to line up
enfrentarse (a, con) to face, confront, stand opposite
enfrente opposite, in front
enfriarse to cool off
enfurecido furious
enganchador swindler
engañar to deceive
engendrar to engender
engullir to devour
enhiesto protruding
enjambre *m.* swarm
enjugar to dry
enjuto lean, dried
enloquecedor maddening
enlutado in mourning
enmarañar to entangle
enmudecer to become (remain) silent
enojarse to become angry
enojo anger
enojoso annoying, provoking
enorgullecerse de to take pride in, pride oneself in
enorme enormous
enormidad tremendous sum
enramada grove
enredar to entangle
enredo difficult situation, mess
enriquecer to enrich; —se to become rich
enrolar *Mex.* to enroll
enrollar to roll up
enroscado curled
ensanchar to expand
ensangrentado bloody
ensangrentar to stain with blood
ensañarse to vent one's fury
ensayo practice
enseña ensign, flag
enseñanza teaching

enseñar to show; teach; — las uñas to show one's claws, fight back
ensillar to saddle
ensombrecer to become dark
ensordecedor deafening
ente *m.* being
entender (ie) to understand; —se con to be in cahoots with
entendimiento understanding
enterarse de to find out about, become informed of
entereza strength, fortitude
entero entire, whole
enterrar (ie) to bury
entidad entity
entierro funeral
entoldar to cover with an awning or tent
entonar to sing in tune; give tone to
entonces then
entrada entrance
entraña(s) entrails, insides; heart
entrar(se) (en) to enter; bien entrada la noche rather late at night
entre between; among; — curioso y urgido half curious, half anxious
entrecejo space between the eyebrows, brow
entregar to give, deliver, hand over; — se to devote oneself, dedicate oneself
entrenar to train
entretener to entertain
entrevista interview
entristecer to sadden
enturbiar to disturb
entusiasmado enthusiastic, excited
entusiasmo enthusiasm
entusiasta enthusiast
enumerar to enumerate
envejecido aged
envenenar to poison
enviado envy
enviar to send
envidiar to envy
envío sending, being sent
envolver (ue) to wrap (up), envelope, enclose
epílogo epilogue

episodio episode
equilibrio balance
equipaje *m.* equipment
equitativo fair, just
equivalente equivalent
equivocado mistaken
equivocarse to be mistaken
erguir(se) (ye, i) to stand erect, straighten up, swell with pride; erguido de pecho with his chest out
errar to miss; yerra he misses
error error
erudito erudite, scholar
esbelto slim
esbirro bailiff, constable; soldier
esbozo sketch, outline
escalar to scale, climb
escalera stairs, steps
escalón *m.* step
escama fish scale
escándalo scandal, rumpus
escandaloso scandalous
escapar(se) to escape
escape *m.* escape; a — at full speed
escaramuza skirmish
escardar to weed
escarnecer to mock, ridicule
escasez lack
escaso scarce; — de short of
escenario setting
escepticismo skepticism
esclavista slaveholder
esclavitud slavery
esclavo slave
escoba broom
escoger to choose, select; el escogido the chosen one
escolar *adj.* school
escolta escort
escoltar to escort
escopeta shotgun
escribiente clerk
escribir to write
escritor writer
escritorio desk
escritura deed
escrúpulo scruple
escuadra fleet
escuadrón *m.* squadron

escuchar to listen to, hear
escudo shield
escuela school
escupir to spit
ese, esa that; esos, esas those
esencial essential
esforzado rigorous; brave
esforzarse por to try to
esfuerzo effort
esmedregal kind of fish
esmeralda emerald
esmero great care
esnob snob
eso that; ¿ — ? so what?; por — that is why, therefore
espacio space
espacioso spacious
espada sword
espalda back; ancho de —s broad-shouldered; volver la — to turn one's back
espantable horrible
espantapájaros scarecrow
espantar to terrify
espanto terror
espantoso terrifying
español Spanish, Spaniard
esparcir to scatter, spread
especia spice
especial special
especialidad specialty; con — especially
especialmente especially
especie *f.* species
especioso specious, false
espectador spectator
espejo mirror
espera wait; en — de in hope of
esperanza hope
esperar to wait; hope
espeso thick
espesura thicket
espía spy
espiar to spy on
espiga tassel of corn
espina thorn
espinoso thorny
espiral spiral
espíritu *m.* spirit, soul, mind
espiritualmente spiritually

espléndido splendid
esplendor splendor, brilliance
espontáneo spontaneous
esposa wife
esposo husband
espulgar to delouse
esquina corner
esquirol scab, strike-breaker
esquivar to avoid, dodge
establecer to establish
establecimiento establishment
estación station
estacionarse to park, stop
estado state, condition; — mayor general staff; los Estados Unidos the United States
estallar to burst forth, explode
estampar to stamp
estancia living room
estandarte standard, flag
estanque *m.* pool, pond
estante *m.* book case
estar to be; — de to be in position to; — en sí to have control of one's self, be in one's right mind; — por to be in favor of; no — para not to be in condition for; —se to remain
estatua statue
este, esta this; estos, estas these
éste, ésta this one, the latter; éstos, éstas these
estelar stellar
estigma stigma
estimular to urge, stimulate
estirar to stretch
esto this; en — whereupon; por — this is why, therefore
estoico stoic
estómago stomach
estorbar to hinder, obstruct
estrado platform
estrategia strategy
estratégico strategic
estratosférico stratospheric
estrechar to squeeze
estrecho narrow, tight
estrella star
estrellado star-spangled

estrellarse to shatter oneself, dash oneself
estremecer(se) to shiver
estribación mountain range
estribar en to be based on
estribo stirrup
estricto strict
estridencia stridency
estropajo mop; scrubbing rag
estructura structure
estruendo shattering noise
estudiante student
estudiantil student
estudiar to study
estudio study
estupefacto amazed, bewildered
estúpido stupid
estupor stupor, amazement
etcétera etcetera
eternidad eternity
eterno eternal
ética ethic
étnico ethnic
europeo European
evacuar to evacuate
evasivo evasive
evidencia evidence; obviousness
evitar to avoid
exactitud exactness, precision
exageradamente excessively
examen m. examination
examinar to examine, look at carefully
exasperar to exasperate
exceder to exceed
excelencia excellency
excelentísimo most excellent
excepción exception
excepcional exceptional
excesivo excessive
exceso excess; en — excessively, too
much
excitar to excite, arouse
exclamar to exclaim
excusa excuse
excusado toilet
excusar to excuse
execrado cursed, abominable
exhalar to exhale
exhausto exhausted

exhibicionista exhibitionist
exhibir to exhibit, reveal
exhortación exhortation
exigencia demand
exigir to demand
eximido exempted
existencia existence
existir to exist
expedición expedition
expendio stand where food or drinks
are served
experiencia experience
experimentado experienced
experto expert
explicación explanation
explicar to explain
explosión explosion
explotación exploitation
explotar to exploit
exponente m. weapon; means
exponer to expose, explain
expresar to express
ex-presidente ex-president
expresión expression
expropiación expropriation
expropiar to expropriate
expulsar to expel
extender (ie) to extend, spread, unfurl
extensión extension
extenso extensive, large
exterior exterior
extinguir to extinguish, put out;
abolish
extracción descent, extraction
extracto extract
extranjero foreign(er)
extrañar to miss; —se de to be surprised
at
extraño strange; stranger, foreigner
extraordinario extraordinary
extraviado lost; out of the way
extremar to exaggerate
extremo end, extremity
exuberancia exuberance
ex-zapatista ex-follower of Emiliano
Zapata
ey hey

F

fábrica factory
fabricar to manufacture; — **en serie** to mass produce
facción feature
fácilmente easily
factor factor
facultad faculty; means
facha appearance
fachada façade
fajar to tighten one's belt
fajear to whip, hit with a belt
falange *f.* group, gang
falda skirt; lower slope of a mountain
falso false
falta fault; lack; **hacer** — to be lacking
faltar to lack, need, be lacking
fallar to fail
fallo sentence; failure
fama fame
familia family
familiar familiar; traditional
famoso famous
fanfarrón braggart, blusterer
fantasma *m.* ghost, phantom
farol *m.* light, street lamp
farsa farce
fascineroso criminal
fastidiarse to get bored
fatal fatal
fatalista fatalist
fatídico ominous
fatiga hardship
fatigado tired
fatigoso tiring
fauces *f. pl.* jaws; gullet
favor favor
favorito favorite
faz *f.* face
fe *f.* faith; **a** — **mía** on my word of honor
febrero February
febril feverish
fecundar to impregnate, make fertile
fecha date
federación federation
federal federal; *m.* government soldier
federalista federalist: one who believes

in a relatively weak union of sovereign states
felicidad happiness
felicitaciones congratulations
felicitar to congratulate
feligrés *m.* parishioner
feliz happy; fortunate
feria fair
feroz fierce, ferocious
ferrado iron-plated
férreo iron-like
ferrocarril *m.* railroad
fértil fertile, productive
festín *m.* feast, banquet
fiar to lend; trust
fiel faithful
fiera beast
fiereza ferocity
fiero proud, fierce
fierro *coll.* knife
fiesta celebration, party; holiday
figura figure, drawing; looks
figurar to figure; be conspicuous; —**se** to imagine
fijamente fixedly, firmly
fijarse to pay attention, be observant, notice; **no fijar en pelos ni señas** don't examine them carefully
fijo fixed
fila rank
filo edge
fin *m.* end; purpose; **a** — **de** in order to; **al** — finally, after all; **dar** — to end; **en** — finally; in short; **por** — finally; **a** —**es de** towards the end of
final final; **al** — **de** at the end of
finalidad purpose
financiero financial
fincar — **un ejemplo** to set an example
fingir(se) to pretend
fino fine
firmar to sign
firme firm, solid
firmeza firmness
fiscal fiscal; district attorney
físico physical
fisonomía face
flagrante flagrant
flamante shining

flamear to flutter
flanco side, turn; **de —** on the side
flanquear to flank, outflank
flauta flute
flecha arrow
fletarse *coll.* to take off, leave
flete *m.* freight charge
flor *f.* flower
florear to flower
florecer to flower, bloom
flotante floating
flotar to float
flotilla fleet of taxis
fogón *m.* hearth, cooking place
fomentar to foment, encourage, promote; improve
fonda restaurant
fondo back, end, bottom, rear; background; **en el —** deep down inside, in substance
fonógrafo phonograph, record player
foquito small light bulb; core
forajido bandit
forastero outsider
forcejear to struggle
forma form
formación formation
formador creator
formal definitely
formar to form
formidable formidable, powerful
fórmula formula
formular to formulate
fortalecido strengthened
fortaleza fortress
fortificación fortification
fortuna fortunate, luck
forzoso compulsory
fosa ditch
foto *f.* photograph
fotógrafo photographer
fracasar to fail
fragancia fragrant
fragante fragrance
frágil fragile
fraile friar, monk; priest
francachela large meal
francés French
Francia France

franciscano Franciscan
franco frank; French unit of currency
francotirador sharpshooter, sniper
franja fringe
franqueza frankness
frase *f.* sentence, phrase
fraternidad fraternity
fratriciado fratricidal, involving the killing of one's brother
fray contraction of **fraile**, used before names of clergymen belonging to certain religious orders
frecuentado frequented
fregar (ie) to rub, massage
frenar to brake
frenético frantic
frente *f.* forehead; *m.* front, façade; **a su —** in front of them, **al —** in front of, at the head of; **cambio de —** change of heart, about face, **de —** in front; **— a** opposite, in the face of; **— a —** face to face
fresa strawberry
frescura freshness
frialdad coldness
frijol *m.* bean
frío cold, cold spell; **hacer —** to be cold
friolera trifle
frivolidad frivolity
frontera frontier
frontero opposite, facing; in front
fruncir to frown
frutal fruit-bearing
fruto fruit
fuego fire, shooting; **hacer —** to fire
fuente *f.* fountain
fuera (de) outside (of)
fuerte strong; *m.* fort
fuerza force, strength; **a — de** by dint of, because of; **a la —** by force
fuga escape, flight
fugar to flee, escape
fugitivo fugitive
fulano so and so; **— de tal** so and so
fulgurante shining
fumar to smoke
función fiesta, celebration
funcionar to function, work
funcionario office holder

Vocabulario 311

fundación foundation
fundamental fundamental
fundar to found
fundir to fuse, blend
funesto fatal, sad
furia fury
furioso furious
furtivo furtive, stealthy
fusil *m.* gun; **a tiro de** — within rifle range
fusilada execution
fusilamiento execution
fusilar to shoot, execute
fusión fusion, blending
fútbol *m.* soccer
futuro future

G

gabán *m.* overcoat
gabela tax, duty; tribute
gaceta gazette, newspaper
gachupín *Mex.* Spaniard
gala gala; **uniforme de** — dress uniform
galón *m.* braid
gallardía handsomeness, impressive bearing
gallardo handsome
gallinero chicken vendor; chicken coop
gallo rooster, cock; **pelea de** —s cockfight
ganado cattle
ganancia profit
ganar to win, gain; conquer; earn; reach; embark on; — **a** to win from
ganas desire, ambition
gangoso with a nasal voice
gañán farmhand
garage *m.* garage
garantizar to guarantee
garbo elegance
garganta throat
garita sentry box
garra claw
garrocha stick; — **de la siembra** long dibble, planting stick
garrotazo blow with a club
garrote *m.* club

gasa gauze
gasolina gasoline
gastar to spend; use
gasto expense
gatillo trigger
gato cat; **gata** *Mex.* servant girl; **a gatas** on all fours
gavilán *m.* hawk
gemebundo moaning
gemido moan
gemir (i) to moan
gendarme policeman
genealógico genealogical; **árbol** — family tree
generación generation
general general
generalísimo supreme commander
género genre, gender
generosidad generosity
generoso generous
Génesis Genesis
genial talented, skilled
genio temper
gente *f.* people; — **decente** well-educated, well-mannered people
gentuza rabble, men of little worth
genuino genuine, true
geológico geological
gerencia management, company
gesticular to gesture
gestión measure, action; **hacer gestiones** to campaign; take action
gesto gesture, facial expression
gigante gigantic, tremendous
girar to revolve, spin
giro check
globero balloon vendor
globo globe; balloon
gloria glory
glorieta traffic circle with trees and flowers or a monument at intersection of two or more streets
glorioso glorious
gobernador governor
gobierno government
golfo gulf
golondrina swallow
golosina sweet
golpe *m.* blow, beat

golpecito light blow; **darse —s** to tap oneself
gomitas azucaradas jelly beans
gorda *Mex.* tortilla
gordinflón fat
gordo fat
gordura fat
gorgojo weevil
gorjear to warble
gorra cap
gota drop
gozar de to enjoy
gozo joy
gracia grace, beauty; wit; **me cae en —** he sure amuses me; **—s** thanks; **tiro de —** coup de grace, death blow with which an executioner ends the sufferings of the condemned
grado degree, rank; **al — de que** to such a degree that
gramófono phonograph
gran used for **grande** before a *sing. n.*
granadero riot policeman
grande large, great, tall
grandecito a bit tall, rather tall, somewhat tall
grandeza greatness
granito granite
granizada hail storm
granja farm
granjearse to ingratiate oneself
grano grain
grasoso greasy
grato pleasing
gratuito free
grave serious
gravedad gravity, seriousness
graznar to croak
gremio guild, society
grillete *m. chain, shackle*
grillo chain, shackle; cricket
gris gray
gritar to shout
grito shout; **a —s** shouting
grosero rude
grueso thick, fat
grupa rump of a horse; **volver —s** to turn around
grupo group

guacamaya macaw
guacamole *Mex.* guacamole
guacarear to vomit
guajolote *Mex.* turkey
guante *m.* glove
guapo handsome; **echarle de —** to act like a "bigshot"
guarache *Mex.* sandal
guardar to keep, maintain; guard; **guardando tu memoria** remembering you
guardia *f.* group of armed men; *m.* guard; **de —** on duty
guardián guardian, guard
guarnecido embellished, decorated
guarnición garrison
güero *Mex.* fair, blond
guerra war
guerrero warrior
guerrilla guerrilla band
guerrillero guerrilla
guía *m.* guide
gustar to please
gusto pleasure; **con —** gladly; **es mi —** that's what I want

H

haber to have (used to form the perfect tense); **— de** to be to; **has de** you are to, should, must; **han de** they are to, will; **he aquí** here you have
hábil capable, able
habitación room; **habitaciones** housing
habitante inhabitant
habitar to inhabit
hábito habit
hablador big talker
hablar to speak
habsburgo Hapsburg: royal family of Austria which reigned from the Middle Ages until 1918
hacendado owner of an **hacienda**
hacer to make, do, cause; **— caso de (a)** to pay attention to; **— cuentas** to figure; **— daño** to hurt; **— de cuenta** to pretend; **— falta** to be lacking; **— frío** to be cold; **— fuego** to fire; **— gestiones** to campaign, take action; **— los**

honores to honor; — **una pregunta** to ask a question; —**se** to become; —**se a un lado** to move to one side; —**se aire** to fan oneself; —**se cargo de** to take charge of; —**se el ánimo** to decide; —**se el perdedizo** to disappear; —**se esperar** to delay in arriving; **¡hagan juego!** place your bets!, **hace mucho tiempo que no te veo** I haven't seen you for a long time; **había desaparecido hacía bastantes años** he had disappeared many years before

hacia towards
hacienda hacienda, estate, property
hacha axe
haitiano Haitian
hallar to find; —**se** to find oneself, be
hallazgo discovery, find
hambre *f.* hunger
hambriento hungry
harapiento ragged
harto a lot
hasta until, as far as, up to; even; — **luego** so long; — **que** *conj.* until
hazaña deed
hechicero witch doctor
helado frozen
helecho fern
helicóptero helicopter
hembra woman
hermetismo hermetism, secrecy
herramienta tool
hervor boiling
hidra hydra
hielo ice
hierático hieratic, priestly
hilacha shred
hilacho rag
hilada row
hipi hippie
hipnotizador hypnotic
hipnotizar to hypnotize
hipócrita hypocrite, hypocritical
hispánico Hispanic
hispanidad Hispanic culture
histérico hysterical
historieta dibujada comic strip
hojear to leaf through
honda slingshot

hondo deep; **en lo — de** deep down in
honesto honest
honor honor; **hacer los —es** to honor
honra honor
honradez *f.* honesty, integrity
honrado honest
honrar to honor
hora hour, time; **¡Hora sí!** Now's the time!
horario schedule
horda horde
horizonte *m.* horizon
hornilla oven
horno oven
horrendo horrible
horrible horrible
horror horror; **¡Qué —!** How dreadful!
hortaliza orchard, vegetable garden
hosco rude
hospedaje *m.* lodging
hospital *m.* hospital
hospitalidad hospitality
hostigar to chastise, harass
hostil hostile
hostilidad hostility
hotel *m.* hotel
hoy today
hoz *f.* sickle
huarache *Mex.* sandal
huehue *Mex.* elder
huele (a) (3rd person *sing. pres.* of **oler**) smells (like), looks (like)
huelga strike
huelguista striker
huella track, trace, footprint
huérfano orphan; — **de** bare of
hueso bone
huesoso bony
huésped guest
hueste *f.* host; army
huevo egg; —**s rancheros** *Mex.* Mexican dish of fried eggs with tomato and chile sauce served on a tortilla
huída flight
huilota *Mex.* pigeon, dove
huir to flee
huizache *Mex.* a thorny tree
huizachero *Mex.* shyster lawyer
hule *m.* rubber

humanidad humanity
humanitario humanitarian
humano human
humedad humidity
humedecer to wet
humildad humility, humbleness
humilde humble, poor
humillar to humiliate
humo smoke; —s airs
humor humor
humorada notion
hundir(se) to sink, submerge
huracán *m.* hurricane
huraño unsociable, hostile
hurgar to probe

I

ibero Iberian, Spanish
iberoamericano Iberoamerican
idea idea
ideal *m.* ideal
identificar to identify
idioma *m.* language
idolatrar to idolize
iglesia church
iglesita small church
ígneo igneous, in flames
ignominia shame, disgrace
ignominioso ignominious, shameful
ignorado little known
ignorancia ignorance; **en la —** unaware
ignorante fool
ignorar to be unaware of, not to know
igual equal, the same; **al — de** as well as; **sin —** unequaled, without a peer
igualdad equality
ilusión illusion
iluso dreamer
ilusorio illusory, deceptive
ilustre famous
imagen *f.* image, statue
imaginación imagination
imaginar(se) to imagine
imaginario imaginary
imantado magnetized
imitar to imitate
impaciencia impatience
impaciente impatient

impasible impassive, not revealing one's emotions
impecablemente flawlessly
impedir (i) to prevent
impenetrable impenetrable
imperativo imperative, commanding
imperecedero imperishable
imperial imperial
imperialista imperialist
imperio reign, command, empire
imperturbable imperturbable, unconcerned
ímpetu *m.* energy
impetuoso impetuous
implacable implacable, relentless
implorar to implore, beg for
imponderable beyond all praise, excellent
imponente imposing
imponer to impose
importancia importance
importante important
importar to be important, matter
imposibilidad impossibility
imposible impossible
imposición imposition
impotencia impotency, failure
imprecar to imprecate, curse
impregnar to impregnate
imprenta printing, printing press
impresión impression
impresionar to impress
impreso (*p.p.* of **imprimir**) printed; publication
impresor printer
imprevisto unexpected
improcedente contrary to law, unrighteous
imprudencia indiscretion
impuesto tax
impulsado driven
impulso impulse
imputar to impute, attribute
inabarcable very large
inaccesible inaccessible
inalienable inalienable, which cannot be taken away
inalterable unchanged
inanimado lifeless

inaprensible incomprehensible
inaudible inaudible
inaudito unheard of, unprecedented
incansable untiring
incendiar to set on fire
incertidumbre uncertainty
incesante unceasing, continual
incienso incense
incinerado incinerated, burned
incinerar to cremate
incitar to incite
incivil uncivil
inclinar(se) to bow, bend down, lean down
incluir to include
inclusive including
incoherente incoherent, disconnected
incómodo uncomfortable
inconfundible unmistakable
inconmovible unmoved
inconsciente unconsciously
inconsolable disconsolate
incontable innumerable
incontrastable invincible, unconquerable
incorporar to incorporate
increíble incredible
incubador incubator; cause
incurrir to incur
indeciso indecisive
indefectible invincible, unfailing
indefenso defenseless
indefinible vague
indeleble indelible
indemnización compensation, reimbursement
independencia independence
independiente independent
independizar to make independent, liberate
indiano Indian; American
indicar to indicate, point out
indiferencia indifference
indiferente indifferent
indígena *m.* native, Indian
indignación anger
indignado indignant, angry
indigno unworthy
indio Indian

indisciplinado undisciplined
indiscreto indiscreet
indiscutible undeniable
indispensable indispensable
individuo individual
indoamericanismo Indoamericanism
indoamericano Indoamerican
indolencia indolence, laziness
indolente indolent, lazy
indomable indomitable, unconquerable
industrial industrialist
industria industry
inepto inept
inesperado unexpected
inexperto inexperienced, unskilled
inexplicable inexplicable, unexplainable
infamado defamed
infancia infancy
infantería infantry
infatigable indefatigable, untiring
infeliz unhappy, unfortunate
inferioridad inferiority
infierno inferno
infinito infinite
inflamado inflamed
inflar to inflate, fill with air
inflexible inflexible, unswerving
infligir to inflict
influjo influence
informar to inform
informe *m.* report
infortunio misfortune
infundir to instil
ingeniarse to use one's ingenuity
ingeniería engineering
ingeniero engineer
ingenuo naive
inglés English
ingrato disagreeable, harsh
ingresar to enter
inhumano inhuman
inicial initial
iniciar to initiate, begin
iniciative initiative
injuria insult
injusticia injustice
injusto unjust

inmediato immediate; nearby
inmenso immense, tremendous
inmigrante immigrant
inminente imminent, close
inmolado sacrificed
inmoralidad immorality
inmóvil still, motionless
inmovilizar to stop; —**se** to stand still
inmutable immutable, unchanging
innecesario unnecessary
innoble base
innumerable innumerable
inocencia innocence
inocente innocent
inofensivo innocent
inquietar to worry, bother
inquieto anxious, worried
inquietud anxiety
inquirir to inquire about
inscripción inscription
insecto insect
inseguridad insecurity
insensato unreasonable
insepulto unburied
insignia insignia, decoration, badge
insignificante insignificant, meaningless
insinuación insinuation, hint
insistir (en) to insist (on)
insolencia insolence
insolente insolent
insoluble insoluble, impossible to pay off
insomnio insomnia
inspector inspector
inspiración inspiration
inspirar to inspire
instalar to install
instancia demand, request
instante instant, moment
instinto instinct
institución institution
instrucción instruction
instruido educated
instrumento instrument
insubordinarse to become unruly, rebel
insulto insult
insuperable insurmountable
insurgentado insurgent, rebel

insurgente insurgent, rebel
insurrección insurrection
insurrecto insurgent, rebel
integrante one who forms part of a group
integrar to form
integridad integrity; wholeness
íntegro entire
inteligencia intelligence; **mala —** misunderstanding
inteligente intelligent
inteligible intelligible
intención intention, purpose
intencionado with intention; **bien —** having good intentions
intenso intense
intentar to try, attempt
intento attempt
intercambio exchange
interceptar to intercept
interés *m.* interest
interesado interested
intergremial inter-union
interino interim, temporary
interior interior, inside
interlocutor person with whom one is speaking
interminable endless
internacional international
interno internal
interpretar to interpret
intérprete interpreter
interrogar to question, interrogate
interrogativo interrogative
interrumpir to interrupt
intervalo interval
intervención intervention
intervencionista interventionist (in favor of the French intervention of 1862); **— de la víspera** overnight interventionist
intervenir to intervene
íntimo intimate; immediate
intransitable impassable
intrépido fearless
intrigado puzzled
intrínseco intrinsic
inundación flood
inundar to flood

inútil useless, futile
inutilidad uselessness
invadir to invade
invariablemente invariably
invasión invasion
invasor invading; invader
inventar to invent
invento invention
invertir (ie, i) to invent
investido invested; appointed
invierno winter
invisible invisible
invitación invitation
invitar to invite
invocador invoker
invocar to invoke
involuntariamente involuntarily, unwillingly
inyección injection
ir to go; —se to go away; írsele de las manos to slip from one's hand; ¿Cómo le fue? How did it go with you? ¡Vamos! Come now!, ¡vamos, vaos! now, now!; ¡vaya! well! ¡Vaya una pregunta! What a question!
ira ire, anger; montar en — to fly into a rage
iracundo furious
irguió (3rd person *sing. pret.* of erguir); se — he stood up straight
iris *m.* iris
ironía irony
irrecuperable irrecuperable
irrefutable irrefutable, undeniable
irritación irritation
irritado irritated
irrumpir to erupt
isla island
isleño islander
italiano Italian
izquierdo left

J

jabalina javelin
jabón *m.* soap
jabonera soap factory
jacinto hyacinth
jadeante panting

jaguar *m.* jaguar
jajajaja ha ha ha ha
jalador *Mex.* drinker
jalar to pull, drag; —se los pelos *Mex.* to pull one's hair out
jalón *m.* pull, yank
jamás never
jaque *m.* check; tener en — to hold in check
jaqueca headache
jarcia rope
jardín *m.* garden
jarra jar, jug
jarro jar
jefatura headquarters
jefe chief, boss, officer; — de cuadrilla foreman; segundo en — second in command
jerga jargon
jeta snout, mouth
jinete rider
jitomate *Mex.* tomato. In Mexico the word tomate is used to refer to the fruit on the plant; jitomate when it is served or eaten
jornada one day march, journey; one day's work
jornal *m.* daily wages
jornalear to work by the day
jornalero day laborer
joven young
joya jewel
júbilo joy
jubiloso joyful
judicial judicial
juego game, sport; ¡Hagan —! Place your bets!
juez judge
jugar (ue) to play; bet, gamble
juguete *m.* toy
juguetón playful, mischievous
juicio judgment, sense
junio June
junta junta, council
juntar to gather
junto together; — a near
jurar to swear, promise
justicia justice, court; — mayor chief magistrate

justificación justification
justificar to justify
justo just, right; **en lo —** within one's right
juzgado courthouse
juzgar to judge

K

kepi *m.* cap
Kiko's one of the first American-type ice-cream parlors in Mexico, formerly situated on the Paseo de la Reforma and Bucareli
kilómetro kilometer: 5/8 of a mile
kiosko kiosk, bandstand

L

la *f. sing.* the; **—** **de** that of
laberinto labyrinth
labio lip
labor *f.* work; agricultural field
laborioso hard-working
labranza farm land, cultivation
labrar to work, carve
lacio straight
lacónico terse, stern
ladera slope, hillside
lado side, slope; direction; **del — de** on the side of; **hacerse a un —** to move aside
ladrar to bark
ladrón thief
ladronazo big thief
lagartija lizard
lago lake
lágrima tear
laguna lagoon, lake
lamentar to lament, regret; **—se** to complain
lámina sheet metal
lámpara lamp
lana *coll.* dough, money
lancha boat
langosta lobster
languidecer to languish
lanza lance

lanzar to throw, hurl; give out with, play; **— una mirada a** to glance at; **—se** to charge
lápida stone tablet
lápiz *m.* pencil
largamente for a long time
largarse to leave, take off
largo long; ¡**—**! away! **a lo — de** along the length of
las *f. pl.* the
lástima pity; tale of woe
lastimar to hurt
lastimoso pitiful
lateral side
latifundio large ranch
látigo whip
latín Latin
latino Latin
latinoamericanos Latin Americans
latir to beat; **me late** I have a feeling
latón *m.* brass
laurel *m.* laurel, victory wreath
lavar to wash
lazo lasso, noose; link
leal loyal
lealtad loyalty
lección lesson
lectura reading
leche *f.* milk
lecho bed
leer to read
legación legation
legal legal
legalidad legality
legalista legal
legendario legendary
legislación legislation
legítimo legitimate
legua league: about 3 miles
lejanía distance
lejano distant, far off
lejos far, afar
lengua tongue; language
lentejuela sequin
lentes *m. pl.* glasses
lento slow
leño log
león lion
letra letter

leva draft, forced recruitment
levantar to raise; —**se** to get up, rise up; rebel
leve slight
ley *f.* law; — **fuga** practice of killing prisoners by encouraging them to escape
leyenda legend
liberal liberal
libertad liberty
libertador liberating
libertar to free
libre free; **al aire** — in the open air
libritos de mañas dirty books
libro book; (mispronunciation of **libra**) pound
librote big book
licencia permission
licenciado lawyer
líder leader, boss; — **de oficio** professional politician
lienzo linen cloth; canvas
liga bond
ligero light, slight
limitar to limit
límite *m.* limit, border
limón *m.* lemon; **agua de** — lemonade
limonada lemonade, soda
limosna alms
limosnero beggar
limpiar to clean, clear
limpio clean, clear
lindo pretty
línea line
linóleo linoleum
linterna lantern
liquidación settlement
liquidar to dispatch, settle, take care of
líquido liquid
liso smooth
lisonja flattery
lista list; **a** — **de raya** on a daily basis; **pasar** — to answer to the roll call
listo ready; clever
literatura literature
litigar to litigate, dispute
litigio dispute, law suit
litro liter

liturgia liturgy, religious rites and services
lo it, him, you; — **que** what, that, which
lobo wolf
local local
loco crazy
locura madness; folly; crazy act
lodo mud
lógica logic
lógico logical
lograr to succeed (in); obtain; achieve
logro achievement
loma hill
lomerío hill, group of hills
lomo back
lona canvas
lonchería sandwich bar
longitud longitude, distance; line
loquero insane asylum
los *m. pl.* the; — **que** those who
losa floor tile
lote *m.* lot
lozanía lustiness, vigor
lucero star
lúcido lucid, sane
lucir to shine, display
lucha fight, struggle
luchar to fight
luego then; soon, immediately; **desde** — of course; **¡hasta** —! so long!
lugar *m.* place; **de** — **en** — from place to place; **en** — **de** instead of; — **común** everyday occurrence
lugareño villager; local
lujo luxury
lujoso luxurious
lumbre fire, light
luminoso brilliant
luna moon
luz light; — **de bengala** flare

LL

llaga sore
llama flame
llamado call, appeal
llamar to call, name; knock
llamarada flame

llamativo eye-catching
llano plain
llanto crying
llanura plain
llave *f.* key
llegada arrival
llegar to arrive
llenar to fill
lleno full; **reír a boca llena** to laugh heartily
llevadero bearable
llevar to take; wear; carry; — **a cabo** to carry out; — **a cuestas** to carry over one's back or shoulder; —**se** to take away, carry away
llorar to cry
llorón crying
llover (ue) to rain
lluvia rain

M

M-1 reglamentaria M-1 regulation type of firearm
macanazo blow with a police club
maceta flower pot
macizo strong
machetazo blow with a machete
machete *m.* a large heavy single-edge knife used to cut sugar cane, underbrush, etc. and often used as a weapon
macho virile male
madama madame
madera wood
maderista pertaining to Francisco I. Madero
madre mother; **el hijo de mi** — my mother's son, yours truly
madrecita little (old) mother
madrugada dawn, morning; **muy de** — very early
madrugar to get up early (at dawn); wake up
madurar to mature, ripen
maestro teacher
mágico magic
magnífico magnificent
mago magician

maíz *m.* corn
maje *Mex.* stupid
majestad majesty
majestuoso majestic
mal used for **malo** before a *m. sing. n.*
malaria malaria
malcriado ill-mannered
maldecir to curse
maldito damned, cursed
malear *coll.* to turn bad, weak
maleta valise, satchel
maleza shrubbery, underbrush
malgastar to misspend
malo bad, evil
malorear to badmouth
maltratar to abuse, hurt, mistreat
malvado evil, mean, wicked
mamá mother
mancillado stained
manco one-armed
mancha spot, stain
mandado errand
mandar to order, command; **Mande su merced** What can I do for you, sir?
mandato command
mando command
manejar to manage
manera way, manner; **a** — **de** as a kind of; **a la** — **de** in the fashion (style) of; **de una** — **siniestra** in a sinister way
manga sleeve
manguera hose
manifestación manifestation
manifestante demonstrator
manifestarse (ie) to appear
maniobra maneuver
mano *f.* hand; grinding stone
manojo bundle, sheaf
manosear to handle, run one's hand over
mansión mansion
manso tame, gentle
manta coarse cotton cloth
manteca lard
mantel *m.* tablecloth
manteleta shawl
mantener to maintain, hold
manto cloak
manzana block

mañana morning; **de la noche a la —** overnight; **muy de —** very early; *m.* tomorrow

mapa *m.* map

mapamundi *m.* globe

máquina de escribir typewriter

maquinaria machinery

mar *m. f.* sea

maravilloso marvelous

marcar to mark, brand

marcial martial, military

marcha march; **ponerse en —** to start out

marchar to march; **—se** to go away, march away; **la cosa marcha** things are moving along

marginado alienated

marido husband

marina marine

marinero sailor

mármol *m.* marble

maroma somersault, flip; **doy la —** I'll do an about-face

marqués marquis

martillazo blow with a hammer

mártir martyr

martirizar to torture

marzo March

mas but

más more, most; **— bien (dicho)** rather; **— de** more than; **los —** the majority; **por — que** in spite of the fact that

masa mass; **en — en** masse, in a large group

masculino masculine

mata plant

matadero slaughtering ground

matagusano insecticide

matanza slaughter

matar to kill

matemáticas mathematics

material menial; *m.* material

materia prima raw material

matizado shaded (color)

matorral *m.* thicket

matricular to enroll, register

matrimonial matrimonial

matrimonio marriage

máuser *m.* Mauser rifle

máximo maximum

maya *m.* Mayan language or person

mayo May

mayor greater, greatest; more; main, chief; **estado —** general staff; **la — parte** the majority

mayordomo majordomo, steward, overseer; boss, chief

mayoría majority

mazmorra underground dungeon

mazorca ear of corn

mecánica mechanism

mecedora rocking chair

mecer to sway, rock

mecha wick

mechón *m.* large lock of hair

medianoche midnight

mediante by means of

medicina medicine

médico doctor

medida measure, act; **a — que** at the same time as, while

mediero partner

medio half; somewhat; **en — de** in the midst of; **por — de** by means of; **a las cinco y media** at five-thirty; **a medias** partially, fifty-fifty; *m.* environment; **—s** means

mediodía noon

medir (i) to measure

meditación thoughtfulness

meditante meditating

meditar to meditate, ponder, think

meditativo thoughtful

mejilla cheek

mejor better, best; **— dicho** rather; **a lo —** perhaps; **por — decir** rather

mejora improvement

mejoramiento improvement

mejorar to improve

mejoría improvement

melaza molasses

melodía melody

memoria memory; **guardada la —** remembering you; **—s** memoirs

memorial *m.* petition

memorialista petitioner

mendicidad begging

menear to shake, stir

menester *m.* need, want; ser — to be necessary

menguado diminished

menor lesser, least; younger, youngest

menos less, least; except; a lo — at least; al — at least; echar de — to miss; lo de — least of all

mensaje *m.* message

mensajero messenger

mensual monthly

mentar to mention, name

mente *f.* mind, brain

mentecato fool

mentir (ie, i) to lie

mentira lie; parece — it seems incredible

mentiroso liar

menudo small; a — often

meñique *m.* little finger

mercado market

mercar *archaic* to buy

merced *f.* grace, mercy; su — you; vuesa — sir; vuestra — sir

merecer(se) to merit, deserve

merienda evening meal

meritito *coll.* real, honest-to-goodness

mérito merit

mero exactly

merolico street vendor

mes *m.* month

mesa table; — de tubo kitchen table with tubular legs

mesera waitress

meseta plateau

mesilla small table

mesnada group, congregation

mesón *m.* inn

mestizo part Indian, part Spanish

meta goal

metálico metallic

metate curved stone for grinding maize or cocoa

meter to put; — paz to make peace; —se en to meddle in

metro meter: 39.37 inches

metropolitano metropolitan; from Mexico City

mexica Aztec

mexicano Mexican

mezanín *m.* mezzanine

mezcal *m.* alcoholic beverage made from the maguey plant

mezclar to mix; —se con to mingle with

mezquino mean

mí me; — mismo myself

micrófono microphone

miedo fear

miel *f.* honey

miembro member

mientras (que) while, as long as; — tanto in the meantime

migración immigration officer

mil thousand

milagro miracle; polvo de — marvelous powder

milagroso miraculous

milímetro millimeter

militar *adj.* military; *n.* soldier; *v.* to fight

milpa corn field

millar *m.* thousand

millón *m.* million

millonario millionaire

mímica pantomime

mínimo minimum; small; en lo más — in the slightest

ministro minister, cabinet member

minuto minute, moment; por —s by the minute

mío -a, -os, -as mine; los —s my men

mira sight

mirada gaze, look; eyes

mirar to look (at); ¡mire! look here!; *m.* appearance

misa mass

miscelánea *Mex.* small neighborhood grocery store

miserable miserable, wretched, poverty-stricken

miseria misery, poverty

misión mission, missionary station

misionero missionary

misiva missive

mismo same, own, very self; ahora — right now; mí — myself; por lo — therefore; sí — himself

misterioso mysterious

mitad half; a la — halfway through (up)

mítin *m.* meeting

mito myth

mitología mythology

mochacha (mispronunciation of muchacha) girl

mochila backpack, briefcase

mocho (mispronunciation of mucho) much, many

mocho cut off; *coll.* Conservative (during the nineteenth century)

moda fashion

modelar to model, carve

modesto modest, unpretentious; insignificant

modista fashion designer

modo way, manner; de cualquier — at any rate; de — que so then, so that; de todos —s at any rate

mojado wet

mojarse to get wet

molde *m.* mold

moldeado molded

mole *m.* thick Mexican gravy

moledera nuisance, unbearable situation

moler (ue) to grind

molestar to bother, annoy

molestia bother, annoyance

molesto ill-humored, annoyed

molienda de caña sugar mill

molino mill

momentáneamente for the moment

momento moment; en esos —s at that time

momiza old men

monago altar boy

monarca monarch, ruler

monarquía monarchy

monarquista monarchist

moneda coin

monito small doll

mono monkey

monolingüe monolingual

monopolista monopolist

monótono monotonous

monsieur mister (*in French*)

monstruoso monstrous, huge

montado mounted, riding

montaña mountain

montañoso mountainous

montar to mount; — en ira to fly into a rage

monte *m.* mountain; woods

montón *m.* heap, pile

montuoso thickly forested

montura saddle

monumento monument

moños poner — to put on airs

morada dwelling, house

morado purple

morder (ue) to bite

mordida bite

mordisquear to nibble at

moreno dark, brunette

morera white mulberry tree

moribundo dying

morir(se) (ue, u) to die; fue muerto he was killed

mortífero deadly

mosca fly

mostacho(s) mustache

mostrador counter

mostrar (ue) to show

mota boll, speck

motín *m.* riot

motivo motive, reason

motor motor

mover(se) (ue) to move

movible movable

movilizar to mobilize; —se to move

movimiento movement

moza girl

mozo boy, lad, young man; servant

muchacha girl; — de mini mini-skirted girl

muchacho boy

muchedumbre crowd

mucho much, great; *pl.* many; por — que no matter how much

mudo silent, speechless

mueble *m.* piece of furniture

mueca grimace

muelle *m.* dock

muerte *f.* death

muerto dead

muestra indication

mugir to bellow
mugroso filthy
mujer woman, wife; coward
mula mule
multicultural multicultural
multiplicar to multiply
muñeco doll
músculo muscle
mutismo muteness, silence

N

nacer to be born; rise
nacimiento born
nación nation
nacional national
nacionalidad nationality
nada nothing; para — not at all
nadie nobody, no one
náhoa Nahuatl: Aztec language spoken
  by the Indians in the central part of
  Mexico
naranja orange
naranjada orangeade
naranjal m. orange grove
nariz f. nose, nostril; asomar las narices to show one's face
nativo native
natura (poetic word for naturaleza) nature
naturaleza nature
naturalmente naturally
navaja knife
nave f. ship
navío ship
neblina fog
necedad foolishness, stupidity
necesario necessary
necesidad necessity, need
necesitar (de) to need
necio foolish, stupid
negar (ie) to deny; —se a to refuse to
negativo negative
negociante businessman
negocio business
negrero slave trader
negro black, dark; Negro; oro —
  petroleum
neobarroco neobaroque

nervio nerve
nervioso nervous
nevado snowy, snow-capped
ni nor, not even; — ... — ... neither
  ... nor ...; — siquiera not even; —
  un not a single
nidal m. nest
nido nest
niebla fog, mist
nieto grandson
nieve f. snow; ice cream
ningún used for ninguno before a m.
  sing. n.
ninguno no; de ninguna manera under
  no circumstances
niño child
nivel m. level
no no, not; — obstante notwithstanding, nevertheless
noble noble
nobleza nobility
noción notion
nocturno nocturnal
noche night; de — by night; de la — a
  la mañana overnight; en plena — late
  at night; esta — tonight
nogal m. walnut tree
nómada nomad, nomadic
nombrar to name
nombre m. name; de — by name
nopal m. cactus
norte m. north
norteamericano (North) American
nostalgia nostalgia
nota note, short letter
notablemente notably
notar to note, observe
noticia a piece of news; —s news
notorio notorious
nouveau riche new rich (in French)
novecientos nine hundred
novedades news
noventa ninety
novia bride
noviembre November
novio sweetheart; groom
nube f. cloud
nublado cloudy
nuca back of neck

nudillo knuckle
nudo knot
nuera daughter-in-law
nuestro, -a, -os, -as our; los —s our
forces
nueva news
nuevamente again
nuevo new; de — again
nulo null, void; nil
número number
numeroso numerous
nunca never
nupcias *f. pl.* nuptials, marriage
nutrir to nurture

O

o or
obedecer to obey
obediencia obedience
obediente obedient
obispo bishop
objeto object, purpose
oblea wafer for sealing letters
oblicuo oblique
obligación obligation, duty
obligar to oblige
obra work, deed; —s públicas public
works
obrajero foreman, overseer
obrar to act; — sobre to effect
obrero worker, laborer
obscurecer to darken, get dark
obscuridad darkness
obscuro dark, obscure
obsequio gift; en — de as a gift to
observación observation
observar to observe
observatorio observatory
obsesión obsession
obsesionado obsessed
obstáculo obstacle
obstante no — notwithstanding, nevertheless
obstinado obstinate
obstinarse en to persist in
obstruir to obstruct
obtener to obtain
ocasión occasion; en ocasiones at times

occidente *m.* occident, west
ocioso idle; beside the point; useless
ocote *m.* pine torch
ocre ochre, yellowish
octavo eighth
octubre October
ocultar to hide
oculto hidden
ocupación occupation
ocupado busy
ocupar to occupy
ocurrir to occur, happen; lo ocurrido
what has happened
ocurso *Mex.* petition
ochenta eighty
odiar to hate
odio hate
odioso hateful
ofender to offend
ofensa offence
ofensivo offensive
oferta offer
oficial officer
oficialito insignificant officer
oficiar to officiate, hold forth
oficina office
oficio job; líder de — professional
politician
ofrecer to offer
oído ear
oidor judge on the Audiencia
oír to hear
ojillo small eye
ojo eye; agarrar entre —s a uno to get
tough with someone
oleoducto pipeline
olfatear to smell
oliente smelling
olimpiada Olympics
olímpico Olympic
olivo olive
olor smell, fragrance, odor; — a pólvora smell of powder
oloroso fragrant
olvidar(se) (de) to forget
olla clay jar
ombligo navel
ondulación wave
opacado obscured, dimmed

opaco opaque
operación operation
operador operator
operar to operate
opinar to have an opinion, think, be of the opinion
oponer to oppose, bring up in opposition; **—se a** to oppose
oportunamente at the right time
oportunidad opportunity; **en su —** at the appropriate moment
oposición opposition
opositor opposition
opresión opression
oprimir to oppress
optar por to decide in favor of
opuesto opposite
ora now
oración prayer
oráculo oracle
oral oral
oratorio oratorical
órbita orbit
orden *f.* command; religious order; *m.* order, arrangement
ordenar to order, command; arrange, take care of; **lo ordenado** what has been ordered
ordinario ordinary; **de —** ordinarily
orear to airate, expose to the air
oreja ear
orejera ear-piece
orfebrería gold work
organismo organization
organización organization
organizador organizer
organizar to organize
orgía orgy, revel
orgullo pride
orgulloso proud
oriente *m.* orient, east
orificio orifice, opening
origen *m.* origin
originar to originate
orilla shore; **a —s de** on the shores (banks, sides) of
orín *m.* rust
ornamental ornamental
oro gold; **— negro** petroleum

ortiga nettle, a prickly plant
os you, to you (*direct or indirect object pronoun corresponding to* **vosotros**)
osado daring
oscilación oscillation, wavering
oscurecer to grow dark
oscuridad darkness
otate *Mex.* rod, staff
otomí *m.* dialect spoken by the Indians in the state of Guanajuato and regions slightly to the north
otoño autumn
otro other, another
ovación ovation, applause
oyente auditor, listener

P

pácatelas bang bang
paciencia patience
paciente patient
pacífico peaceful
pacto pact
pachón pointer (dog)
pachuco zoot suiter; young Mexican American from the **barrio** who acts, dresses, and speaks in a "sharp" manner
padre father; priest; **—s** parents
padrino godfather
paf bang!
paga pay, salary
pagar to pay (for)
pago payment
país *m.* country; **— adentro** into the hinterland
paisaje *m.* landscape, countryside
paisano civilian; fellow countryman; friend
paja straw
pajar *m.* straw loft
pájaro bird
paje page
palabra word; **tomar la —** to take the floor, start to speak
palacio palace; **ciudad de los —s** Mexico City
palanca lever
paleta popsicle

Vocabulario

327

pálido pale
palma palm tree, palm leaf; **sombrero de —** straw hat
palmera palm tree
palmo span
palo stick; **dar de —s** to thrash
paloma dove
palomar *m.* pigeon house; love nest
palpar to feel
palpitar to palpitate, beat
paludismo malaria
palurdo boor, rude fellow
pamplinas nonsense
pan *m.* bread, loaf of bread
panadero baker
pancarta political sign or banner
pandilla gang
pánico panic
panorama *m.* panorama
pantalón pants
pantorrilla calf of the leg
panza belly
paño cloth
pañuelo handkerchief
papá papa, dad
papel *m.* paper
paquete *m.* pack, package
par pair, couple
para to, for, in order to; **— con** towards, to, for; **— sí** to himself
parábola parabola
parabrisas windshield
parada act of standing someone up; (bus) stop
paradero whereabouts
parado *Mex.* standing
paraje *m.* place
paralelamente parallel
paralizar to paralyze
paranoico paranoid
parapeto wall
parar(se) to stop; **—se** *Mex.* to stand up; **— las patas** *coll.* to die
parasitismo parasitism, act of living like a parasite
parcela piece of land
parcial follower
parco sparing; sober, moderate; **más — de palabras** less talkative

parecer to seem, appear; **al —** apparently; **—se a** to resemble; **parece mentira** it seems incredible
parecido similarity
pared *f.* wall
paredón *m.* big wall
parejo even
paréntesis *m.* parenthesis
pargo pargy (kind of fish)
pariente relative
parlamentar to negotiate, parley
parlamento conversation
párpado eyelid
parque *m.* park; ammunition
párrafo paragraph
párroco parish priest
parroquia parish
parroquiano parishioner, townsperson
parte *f.* part, side; **en mala —** *coll.* in the pants; **en todas —s** everywhere; **la mayor —** the majority; **por otras —s** elsewhere; **por todas —s** everywhere; *m.* news, message; **dar —** to inform
participación participation, sharing
participar to participate
partícula particle
particular private, special
partida departure, group
partidario advocate, adherent
partido decision; party
partir to depart, leave, come out of; march forward; **a — de esta hora** from this hour (time) on
parvada flock
párvulo preschool child
pasado last, past; **el año —** last year
pasaje *m.* fare
pasajero temporary
pasaporte *m.* passport
pasar to pass, go, pass on, pass over to; happen; spend; endure; **— de** to pass beyond; **— lista** to call the roll; **— por** to be considered, be taken for; **— revista** to review; **¿Qué le pasa?** What's bothering you?
pasatiempo pastime
pasear(se) to walk, pass, move
pasión passion
pasividad lack of emotion

pasivo passive
pasmado astonished, stunned
pasmoso terrifying
paso step; passage, entrance, way; a —
largo with long strides; a pocos —s a
few steps away; abrir — to open a
path; dar el — to take the step; — a
— step by step
pastel m. pie, pastry
pastor shepherd
pastoso pasty, doughy
pastura pasture
patada kick
patear to kick
paternal paternal, fatherly
paterno paternal
patíbulo gallows, scaffold
patín m. skate
pátina patina, film, varnish
patio courtyard
pato duck; andar de — waddling gait
patria country
patriarca patriarch
patrio patriotic, national
patriota patriot
patriótico patriotic
patrón boss
pausa pause
pausado calm, deliberate, quiet
pavimento pavement
pavor fright
paz f. peace; meter — to make peace
pecado sin
pecador sinner
pecho chest; hasta medio — halfway
down his chest
pedazo piece
pedigüeño persistent in begging
pedir (i) to ask for, request
pedregal m. rocky ground
pedrusco rough piece of stone
pegado a very close to
pegar to stick, hang onto; fire; strike a
blow, hit
peinar to comb
pelar to peel; — gallo coll. to get going,
take off
pelea fight, struggle
pelear to fight, struggle

película film
peligro danger
peligroso dangerous
pelirrojo redhead, with red hair
pelo hair; no fijar en —s ni señas don't
examine them carefully
pelota ball
peluca wig
peluquero barber
pellejo skin
pellizcar to pinch
pena sentence, punishment; grief
penal penal
penalidad penalty, hardship
pendejo stupid
pender to hang
pendiente m. earring, pendant
penetrar to penetrate, enter; — en to
comprehend
penitencia penitence
penitenciaría penitentiary
pensador thinker, sage
pensamiento thought
pensar (ie) to think, consider; intend;
ni — don't even think
pensativo thoughtful
pensión pension, boarding house
peña rock
peñascal m. rocky hill or mountain
peñasco large rock
peón peon, peasant
peonada group of peons
peor worse, worst
pepenar Mex. to gather, pick up,
scrounge
pequeño small, little
pequeñuelo little one, tot
perceptible perceptible
percibir to perceive
perdedizo apt to get lost; hacerse el —
to disappear
perder (ie) to lose; ruin; echar a — to
ruin; —se to get lost
pérdida loss
perdonar to pardon, excuse
perdurar to survive
perecer to perish
peregrinación pilgrimage
perezoso lazy

perfeccionar to perfect
perfecto perfect
perfil *m.* profile
perfilarse to be outlined
perforación drilling
perforadora drill
perforar to drill
periferia periphery
periódico newspaper
periodismo journalism
perito expert
perla pearl
permanecer to remain
permiso permission
permitir to permit
pernoctar to spend the night
pero but
perón *m.* kind of apple
perrazo big dog
perro dog
persecución persecution
perseguir (i) to pursue, persecute, chase
persona person
personal personal; en lo — personally; *m.* personnel
perspectiva perspective, prospect
pertenecer to belong
perverso perverse
pesadilla nightmare
pesado heavy; bothersome, annoying
pésame *m.* condolence
pesar *m.* grief, trouble, worry; a — de in spite of
pescar to fish
pesebre *m.* stable, manger
peso weight; Mexican unit of currency
pestañear to blink
peste *f.* epidemic, disease
petaquilla chest or trunk
petate *m.* straw mat
petición petition
petrificado petrified
petróleo petroleum
petrolero *adj.* petroleum
pez *m.* fish
pezuña hoof
piadoso charitable; religious, holy
piano piano
picacho peak

picar to prick, puncture
pico beak, mouth
pie foot; a — on foot; de — standing; de —s a cabeza from head to toe
piedad pity
piedra stone
piedrecilla small stone
piel *f.* skin
pierna leg
pieza piece; room
pilmama *Mex.* babysitter
pilón *m.* pile, heap
piloncillo brown sugar
pinar *m.* pine grove
pintar to paint
pintor painter
pintoresco picturesque, quaint
pintura painting
pinzas *f. pl.* tweezers, pliers
piojo louse
piojoso lice-ridden
pipa pipe
piquete *m.* small group of soldiers
pira fire; funeral pile
pirámide *f.* pyramid
pirata pirate
pisada footstep
pisar to tread upon
pisoteado trampled
pistola pistol
pitahayo cactus plant that gives a bright purple juicy fruit
pitazo loud whistle, signal
pito whistle
pizarrón blackboard
placer *m.* pleasure
plaga plague
plagado plagued
plagiar *Mex.* to kidnap
plan *m.* plan
planeta *m.* planet
planicie *f.* plain
planta sole of the foot; de — on a permanent basis
plantar to plant; set, fix upright
plañidera weeping, moaning
plañido crying, moaning
plata money, silver
plataforma platform

plátano banana
plateado silvery
platero silversmith
plática talk, conversation
platicón one who talks too much
plato plate
playa beach
plaza square of a city
plazuela small plaza
plebeyo plebeian, commoner
plebiscito plebiscite
plegaria prayer
pleitesía homage
pleito argument
pleno full; en plena noche late at night
pleonasmo pleonasm, redundancy
pliego sheet (of paper)
pliegue m. fold
plomazo lead (bullet)
plomero plumber
plomo lead; gloom; caer a — to fall flat
pluma pen; feather
plumaje m. plumage
población town
poblar (ue) to settle
pobre poor
pobreza poverty
poco a little, few; short; not very; a —
in a short while; Mex. you don't
mean to tell me that; no —s several;
— a — little by little; por — almost
pocho coll. term of disrespect used by
Mexicans to refer to Mexicans living
in the U.S.
poder to be able to; have power; no pude más I couldn't stand it any longer;
no pudo más he was exhausted; no
pueden nada they are powerless,
helpless; puede ser que it may be that,
perhaps; m. power; los —es the administration
poderío power
poderoso powerful
polaina leggings
policíaco adj. police
politécnico polytechnic
política politics; policy
político political; politician
polvareda dust

polvo dust; powder; — de milagro
miraculous powder
pólvora powder
pollito chick
pómulo cheek bone
ponchar to punch
ponderación excessive praise
ponderar to praise highly
poner to put; — a prueba to put to the
test; — fuego to set on fire; — sitio to
besiege, lay siege; — uñas to put on
airs; —se to become; put on; place
oneself; —se a to begin to; —se con
to start up with; —se de acuerdo to
agree; —se en camino to start out;
—se en marcha to start out; —se en
pie to stand up; ponérsele en la cabeza to get into one's head
popular popular
por by; because of, for; through,
along, by means of; in order of; for
the sake of; ¿— qué? why?; — . . .
que no matter now, however; — sí o
— no just in case; — una parte on the
one hand
porción portion
porfiado stubborn
porfiriano pertaining to Porfirio Díaz
pormenor detail
porque because
porrazo blow with a club
portal m. archway
portarse to behave oneself
portátil portable
portento portent
portería entrance, vestibule
portero porter; superintendent, jani-
tor; doorman
portezuela car door
pórtico portico
portón large heavy door
posada lodging
posar to repose, perch
poseedor owner
poseer to possess
posesión possession
posible possible
posición position
posterior posterior

posterioridad posterity; con — a after
postigo shutter, small window
potencia force, power
potente powerful
potrero pasture
potrillo colt
pozo well
practicar to practice
preceder to precede
precio price
precioso precious
precipitado hasty
precipitar to hurry
preciso precise, exact; necessary
preferible preferable
preferir (ie, i) to prefer
pregonar to declare, announce
pregunta question; hacer una — to ask
a question
preguntar to ask
pre-hispánico pre-Hispanic
prejuicio prejudice
preludiar to begin
premiar to reward
prenda article
prender to take prisoner; — fuego to
set fire
prendido clinging
prensa newspaper, press
preocupación worry
preocupar to concern; —se to worry
preparación preparation
preparar(se) (a) to prepare (to), get
ready (to)
preparativo preparation
presa dam; catch, booty
presagio omen
presbiteriano Presbyterian
prescindir to set aside; dispense with,
do without; prescindiendo de si not
even considering whether
presencia presence
presenciar to witness, be present at
presentar to present; —se to appear
presente *m.* present
presidencia presidency
presidencial presidential
presidente president; — municipal
mayor

presidio jail, prison
preso (*p.p.* of prender) prisoner
prestación lending
préstamo loan
prestar to lend, give
prestigiar to give prestige to
presumir to presume, pretend
presuroso in a hurry, hasty
pretender to pretend; propose
pretensión proposal
pretexto pretext
prevalecer to prevail
previo previous
previsto (*p. p.* of prever) foreseen, an-
ticipated
prieto dark-skinned
primavera spring
primer used for primero before a *m.*
sing. n.
primera first gear
primero first
primo cousin
principal principal, outstanding, chief,
main
príncipe prince
principio beginning; principle; desde
un — from the start; en un — at first
prisa haste; correr — to be in a rush; de
— quickly
prisión prison
prisionero prisoner
privado private
privar to deprive
probabilidad probability
probar (ue) to taste
problema *m.* problem
proceder to proceed
proclama proclamation
procónsul procounsel
procurador attorney
procurar to try; to secure, obtain
prodigalidad lavishness, wastefulness
prodigio prodigy, marvel
pródigo lavish, generous
producir to produce
productivo productive
producto product
profano layman; profane
profe *coll.* professor

profecía prophecy
profesión profession
profesor professor, teacher
profético prophetic
profetizar to prophesy
profundidad depth
profundo profound, deep; low
progenitor progenitor, parent
programa *m.* program
progreso progress
prohibir to prohibit
prohijar to adopt
prójimo fellow man
prolongar to prolong
promesa promise
prometer to promise
promotor promoter
pronto soon, quick, quickly; ready; **de
— suddenly**
pronunciar to pronounce
propaganda propaganda
propicio favorable; inclined
propiedad property
propietario owner
propina tip
propio own, very characteristic, typical; **del — Hidalgo** from Hidalgo himself; **—s** own people
proponer(se) to propose; **lo propuesto** what has been proposed
proporción percentage
proporcionar to provide with
proposición proposition, proposal
propósito purpose
proseguir (i) to proceed, continue
prosperidad prosperity
protección protection
protector patronizing
proteger to protect
protesta protest
protestante Protestant
protestar to protest
proveer to provide
provenir to come forth, stem
providencia providence
provisión provision
provisional provisional
provocador provoking, provocative
provocar to provoke, challenge

próximo (a) next (to)
proyectar to project, plan
proyectil *m.* projectile, bullet
proyecto project, plan
prudencia prudence, good judgment
prudente prudent, wise
prueba proof, evidence; **poner a —** to put to the test
publicar to publish
público public; **obras públicas** public works
pudiente affluent, powerful
pudor *m.* modesty
pueblo people; town
puente *m.* bridge
puerco pig, hog
puerta door
puerto port
pues since, as, well, then, because; **— bien** well then
puesto position, job; stand; **— que** since
pujante powerful
pulgada inch
pulir to polish
pulsar to feel the pulse of, examine
pulsera bracelet
pulso pulse
punta point (of a spear, sword, pencil)
puntería aim
puntiagudo pointed
puntilla small point; **de —s** on tiptoes
punto point, period; **no tener — ni coma** to have nothing; **— de vista** point of view
puñado fistful
puñalada stab
puñetazo punch
puñito small fistful
puño fist
pupila pupil
pupitre *m.* desk
purgar to atone for, serve out
purito pure; real
puro pure
púrpura purple

Q

que than, which, that, who, whom; ¡— lo deje en libertad! Set him free!

¿Qué? What? How? ¡— . . .! What a . . .! ¿eso —? so what?; ¿y —? and so what

quebrantar to crush

quebrar (ie) to break

quedar(se) to remain; **queda cumplida** it is fulfilled; **queda por hacerse** it remains to be done

queja complaint

quejarse to complain

quelite *Mex.* weed

quemadero place where things are burned

quemar to burn

querer (ie) to want, wish, love

querido dear

quien who, whom; he who; **a —** whom; **—es** those who

quieto quiet

quijada jaw

quina quinine

quince fifteen

quinientos five hundred

quinto fifth; five centavo coin

quisiera (3rd person *sing. imperfect subj.* of **querer**) he would like

quiso (3rd person *sing. pret.* of **querer**) he tried

quitar to remove, take away

quizá(s) perhaps

R

rabia anger

rabiar to be (become) furious

racial racial

ración ration

racional rational

radicar to live

radio *m.* radio

raído frayed, threadbare

raíz *f.* root

rajado cracked, split

rajarse to become afraid; *Mex.* to desert

rama branch

ramonear to graze

rancio rancid, stale, old

ranchería hamlet, cluster of huts

ranchero rancher; *adj.* ranch-like

rancho ranch; small town

rapado with one's head shaven

rapar to shave someone's head

rapidez speed

rápido rapid, swift

rapto kidnapping

raro rare, strange

ras level

rascar to scratch

rasgar to tear, rip through

raso flat, level; clean, **a campo —** on the open field

rasposo scratchy

rastra track, trail; **a —s** crawling

rastro trail

rata rat

ratero thief

ratificar to ratify

rato while; **a —s** from time to time, occasionally

raya line, dash; stripe; **a lista de —** on a daily basis; **tienda de —** store owned and operated by the owner of an **hacienda**

rayador storekeeper

rayar to appear (dawn, light)

rayo ray, lightning

raza race; Chicanos or Mexican-Americans

razón *f.* reason; **con todita —** no wonder; **gente de —** rational people; **— de más para** even more reason why we should; **tener —** to be right; **razones** words

reaccionar to react

reaccionario reactionary

real royal; real, live; *m.* Spanish coin, the equivalent of 25 **céntimos**

realidad reality

realista royalist; realistic

realizar to carry out

realzar to stand out

reanudar to resume, renew

reaparecer to reappear

rebaño flock
rebatir to refute
rebelde rebel
rebeldía rebellion
rebelión rebellion
rebozo shawl, stole
rebullir to stir
rebuscar to search hard, search again
recado message
recámara bedroom
recargado overloaded; — **sobre (en)** leaning on
recepción reception
receptor receiving, receiver
recibidor waiting room
recibimiento reception
recibir to receive, welcome
recién recent
reciente recent
recinto enclosure
recio strong
reclamar to claim, demand
recluta recruit, soldier
recobrar to recover
recodo bend
recoger to take in; gather, get together, collect
recomendable recommendable
recomendar (ie) to recommend
recomenzar (ie) to begin again, resume
recompensar to recompense, pay
reconcentración concentration
reconcentrar to concentrate
reconciliarse con to have a reconciliation with
reconocer to recognize, reconnoiter
recordar (ue) to remember, recall
recorrer to go over, pass over, travel over; move around
recostar (ue) to lean
recrear to enjoy oneself
rectángulo rectangle
rectificar to rectify, correct
recto straight
recua mule team
recuerdo memory
recular to retreat, go back
recuperar to recover
recurrir(se) a to resort to, go to

recurso recourse; solution, alternative; resource
rechazar to reject, refuse
rechinador squeaky
rechinar to squeak
rechingar to ruin
rechupado sucked dry
red *f.* red
redactar to write, make out, draw up
rededor en — around
redentor redeemer
redoblar to roll (drums)
redondo round; **caer** — to fall flat
reducir to reduce; commit
reelección re-election
reembolsar ro reimburse
reemplazar replacement
referir (ie, i) to tell; **—se a** to refer to
refinado refined
refinería refinery
reflejo reflection
reflexión thought
reflexionar to reflect, think
refluir to flow back
reforma reform
reforzar (ue) to reinforce
refrenar to check, control
refrescar to refresh
refresquería refreshment stand
refrigeración refrigeration
refuerzo reinforcement
refugiarse to take refuge
regadera sprinkler
regadío irrigated land
regalar to give a gift
regalo gift, present
regañar to scold
regar (ie) to sprinkle, irrigate
regateo bargaining
regazo lap
régimen *m.* régime, government
regio royal
región region
regir (i) to rule, prevail; be in force
regla rule; **en** — in order
regocijarse to rejoice
regresar(se) to return
regreso return; **de** — back
regustoso very happy

rehundido stored away
rehusarse to refuse
reina queen
reino kingdom, viceroyship
reír(se) (i) to laugh; — **a boca llena** to laugh heartily; —**se de** to laugh at, make fun of
reivindicador vindicator
rejodido old and battered
relación relation
relámpago lightning
relativo relating, with reference
relieve *m.* appearance; relief
religioso religious
reloj *m.* clock, watch
reluciente shining
relleno stuffed full
remar to row
rematar to finish off
remate *m.* end, conclusion
remedio remedy, solution; **no hay otro** — there is no other way out
remedo imitation
remilgoso prudish
remolino whirlwind
remoto remote
removible removable
renacer to be born again; reappear
rencor hatred, hard feelings, rancor
rendición surrender
rendir(se) (i) to surrender
renegar (ie) to damn, disown
renovación change
renovar (ue) to renovate
renta rent
renunciar to renounce, refuse; — **a** to resign from
reo condemned prisoner
reojo glance
reparar to notice
repartidor delivery boy
repartir to divide, distribute
reparto division
repatriado repatriated
repeler to repel
repente de — suddenly
repentino sudden
repercutir to resound, re-echo
repetir (i) to repeat

repicar to ring bells
repiquetear to ring merrily
repisa shelf, mantel piece
replegarse (ie) to retreat, fall back
repleto full
replicar to reply, answer
reponer to put back; reply; —**se** to recover
reposante comfortable
reposar to rest
reposo repose, rest
represalia reprisal
representación representation
representante representative
representar to represent
reprobable that which is deplorable
reprobación condemnation
reprobar (ue) to condemn
reproche *m.* reproach
república republic
republicano republican
repugnancia hatred
requerir (ie) to require
requisar to requisition, commandeer, seize
res *f.* head of cattle; **de** — beef
resbalar to slip, slide
rescate *m.* ransom
reseco very dry
resentido resented
resequedad extreme dryness
reserva reserve
reservación reservation
reservado reserved, cautious
residir to reside
resignación resignation, acceptance (of the situation)
resignarse con to resign oneself to
resinoso resinous
resistencia resistance
resistente resistant
resistir(se) to resist; —**se a** to object to
resollar (ue) to breathe
resolución decision
resolver (ue) to solve; —**se a** to decide to, resolve to
resonar (ue) to resound
resoplar to breathe, blow hard
resorte *m.* spring

respaldar to back up
respecto a with regard to
respetar to respect
respeto respect
respetuosamente respectfully
respirar to breathe
responder to answer, respond; — de to
  answer for
responsabilidad responsibility
responsable responsible
respuesta answer
resquebrajadura crevice, slit
restablecer to restore
restablecimiento restoration
resto rest
restregar to rub
resucitar resuscitate
resuelto (p.p. of resolver) resolute,
  determined
resultado result
resultar to result; become
resumen m. summary; en — summing
  up
retaguardia rear, rearguard
retar to challenge
retardatario lingering behind
retén m. small group of soldiers
retener to retain, keep
retirada retreat, withdrawal
retirar(se) to retire, withdraw, retreat
retoñar to sprout
retorcer (ue) to twist
retrato picture
retroceder to go back, retreat
retumbar to resound
reunión meeting
reunir to reunite, join, gather together
revancha revenge
revelar to reveal
reventar (ie) to burst
reverencia reverence, respect; bow
reverendo reverend
revestido (de) coated (with)
revista review, journal; pasar — to review
revivir to revive
revolución revolution
revolucionario revolutionary
revolver (ue) to turn around

revuelta revolt
rey king
rezago left-over
rezar to pray
rico rich
riego irrigation
riel m. rail
rienda rein
riesgo risk, peril
rifle m. rifle
riflonazo big rifle
rígido rigid, stiff
rincón m. corner; town
riña fight
río river
riqueza wealth
riquillo rich person (used with contempt)
risa laughter
risotada guffaw, hearty laugh
risueño smiling
rítmico rhythmical
ritmo rhythm
rival rival
rivalidad rivalry
rizo curl
robar to rob
robo robbery, theft; plunder
robustecido strengthened, fortified
robusto strong
roca rock
rocalloso rocky
roce m. rubbing, friction
rodar (ue) to roll; drive (a carriage)
rodeado (de) surrounded (by)
rodear to surround
rodela round shield
rodeo roundabout advance
rodilla knee; de —s kneeling; doblar
  una — to kneel on one knee
rogar (ue) to ask, implore
rojizo reddish
rojo red
rollo newsreel
romano Roman
romántico romantic
romper to break; — a to start to
ronco hoarse
rondar to patrol; hover about

ronzal *m.* halter
ropa clothes
ropero wardrobe closet
rosa rose
rosado pink
rosario rosary
rostro face
roto (*p.p.* of romper) broken
rotograbado rotogravure
rozar to rub, graze
rubio blond
rubor embarrassment
rudeza rudeness, coarseness
rudo rough, rude
ruego plea
rugir to roar
ruido noise
ruina ruin
ruletear *Mex.* to cruise (a taxi driver)
rumbo direction, area; — a in the direction of
rumor noise, rumor
run-run *m. coll.* noise, excitement
rural rural
ruta route

S

sábado Saturday
sabana savanna, grassy plain
sabatino *adj.* Sabbath
saber to know; *m.* wisdom
sabiduría wisdom
sabio wise, learned
sable sabre
sabroso tasty, delicious
sacar to take out; —le de su error to set him straight; — en claro to understand clearly
sacerdote priest
saco bag
sacramento sacrament
sacrificar to sacrifice
sacrificio sacrifice
sacristán sacristan, priest's assistant
sacudidor duster
sacudir to shake, stir
sagrado sacred
sahumar to fumigate, perfume

sal *f.* salt
sala room
salario salary
salida departure, way out, outlet; — del sol sunrise
saliente protruding, jutting out
salir to leave, go out, come out; salieron a su encuentro they came out to meet them
salitrón block of salt
saliva saliva
salivazo spit
salón large hall, assembly room
salsa sauce, gravy
saltapericos wild plant with blue flowers
saltar to jump, leap
salto leap
saludar to greet, wave to; salute
saludo greeting
salvación salvation
salvador saviour
salvaje savage
salvajismo savagery
salvar to save; clear, leap across
salvo safe; sano y — safe and sound
sandalia sandal
sandía watermelon
sandío foolish
sangre *f.* blood
sangriento bloody
sanguíneo red-faced
sano healthy; — y salvo safe and sound
sanseacabó *coll.* that's all there is to it
santanista supporter of Santa Anna
santidad holiness; Su — His Holiness, the Pope
santo holy
santuario sanctuary
saquear to sack
saqueo sack
sarao evening party
sarape *m.* sarape
sarcasmo sarcasm
sargento sergeant
sastre tailor
Satanás Satan
satélite *m.* satellite; crony
satín *m.* satin

satisfacción satisfaction
satisfacer to satisfy
satisfactorio satisfactory
saturar to saturate
sebo lard
secar to dry
sección section
seco dry; dull; thin; curt
secretario secretary
secreto secret
secuaz follower
sed *f.* thirst
seda silk
sede *f.* headquarters, seat
sedero silk weaver
sediento thirsty
seductor seductive
segregar to segregate, separate
seguida en — at once, immediately
seguir (i) to continue, follow; **seguido de** followed by
según according to
segundo second
seguridad certainty, security
seguro sure, certain; trustworthy; **de** — surely
seiscientos six hundred
seleccionar to pick out
sellar to stamp
sello seal
selva forest
semana week
semanal weekly
semanero hired by the week; weekly worker
sembrado cultivated (field)
sembrar (ie) to sow, plant
semejante such (a); similar
semilla seed
seminario seminary
sencillo plain, simple
senil senile
seno breast
sensacionalista sensationalist
sentar (ie) to seat; fit; —**se** to sit down
sentencia sentence; proverb
sentenciado condemned man
sentido sense, meaning; direction
sentimental sentimental

sentimiento sentiment, emotion, feeling
sentir(se) (ie, i) to feel; hear; *m.* opinion
seña mark, sign; **no fijar en pelos ni** —**s** don't examine them carefully
señal *f.* sign, signal, indication; **en** — **de** as a sign of
señalar to point out, fix, name, mark
señor gentleman, lord, master, sir, Mr.
señora lady, woman, madam, Mrs.; **muy** —**s mías** my dear ladies
señorial manorial, aristocratic
señorita young lady, Miss
separar to separate
septiembre September
sepulcro grave
sepultar to bury
ser to be; — **de** to belong to; **es decir** that is to say; **es que** the fact is that; **o sea** or in other words; *m.* being
serenidad serenity, calm
sereno serene, calm, quiet; *m.* watchman
seriedad seriousness
serio serious
sermón *m.* sermon
serpiente *f.* serpent, snake
serranía mountain ridge, mountainous region
serrín *m.* sawdust
servible useful
servicio help, servants, service
servidor employee
servidumbre servitude, slavery; service
servir (i) to serve; — **de** to serve as; — **de mucho** to be very useful; — **de nada** to be useless
sesenta sixty
setecientos seven hundred
setenta seventy
severamente severely
sexo sex
sherife sheriff
si if
sí yes; itself, himself, each other, one another; — **mismo** himself
sidral *m.* cider
siembra sown field

siempre always; **de —** usual thing; **lo de — ** the usual; **para —** forever
sien *f.* temple
sierra mountain, ridge of mountains, mountain range
siesta afternoon nap
sigla initial
siglo century; **por los —s de los —s for** centuries on end
significar to mean
signo sign
siguiente following
silbar to whistle
silbido whistle
silencio silence
silencioso silent
silueta silhouette
silla chair; throne; saddle
sillón large chair, armchair
simbólico symbolic
símbolo symbol
simpatía sympathy
simpático likeable, nice
simpatizar (con) to get on well (with)
simple simple, simple-minded
simpleza stupidity
simulado simulated
sin without; **— embargo** nevertheless; **— que** *conj.* without; **— alcance** without greater significance
sinceridad sincerity
sincero sincere
sindicato labor union
sinfonola juke box
singular strange
siniestro sinister
sino but
sinsabor unpleasantness
sintetizar to synthesize
siquiera even, at least; **ni — ** not even
sirvienta servant
sistema *m.* system
sitiar to besiege
sitio place, siege
situación situation
situado located, situated
situar to place
soba massage; wallop
soberano sovereign; outstanding

soberbio superb; haughty
sobrante left over, in excess
sobrar to be left over, be in excess, not to be needed
sobre on, over; **— todo** especially
sobrellevar to bear, endure
sobrenombre *m.* nickname
sobresaltar to frighten
sobresalto dread, fear
sobresueldo bonus
sobreviviente surviving
sobrevolar (ue) to fly over
socarronería cunning
social social
sociedad society
socorrer to help
sofá *m.* sofa
sofisticado sophisticated
sofocarse to choke, suffocate
sol *m.* sun
solamente only
solar solar, planetary
soldadera campfollower; woman soldier
soldado soldier
soledad loneliness
solemne solemn, serious
soler (ue) to be accustomed to; **suelen inventar** they are wont to invent, they usually invent
solferino reddish purple
solicitar to request
solidaridad solidarity
solo alone, single; **a solas** alone
sólo only
soltar (ue) to free, let loose
solución solution
sollozar to sob
sollozo sob
sombra shadow, shade
sombrear to darken
sombrero hat
sombrío dark
someter to submit, beat down
son *m.* song, air, melody
sonar (fue) to sound, jingle, be heard, ring; **ha sonado la hora** the hour has struck
sonido sound

sonoro sonorous, clear, loud
sonreír (i) to smile
sonriente smiling
sonrisa smile
sonrojo blush (from shame)
soñar (ue) (con) to dream (of)
sopa soup; **— de pasta** dish of pasta
soplar to blow; fan
soportar to support, bear, endure, stand up under
sorbete *m.* slurp
sorbo puff; sip
sordo deaf
sorna sneer; sarcasm
sorprender to surprise
sorpresa surprise
sosiego calm
sospechar to suspect
sospechoso suspicious
sostén *m.* support
sostener to hold up, maintain, sustain, support
sostenimiento support
suave mellow, gentle, meek
subalterno subordinate
subcasta subcaste
súbdito subject
subir to go up, rise
súbitamente suddenly
sublevarse to rebel
sublime sublime, wonderful
subordinado subordinate
subsecuente subsequent
subsistir to exist
suceder to happen
sucesivo successive
suceso event
sucio dirty
sucumbir to succumb, die
sudor perspiration
sudoroso perspiring
sueldo salary
suelo soil, land, ground, floor
suelto loose
suenecito light sound
sueño sleep; dream
suerte *f.* fate, luck; **de — que** so that; **de tal — que** in such a way that, so that

suéter *m.* sweater
suficiente sufficient
sufragar to vote
sufrido enduring
sufrimiento suffering
sugerir (ie, i) to suggest
sujetar to hold fast, grasp
sujeto man, individual; subject
sumadora adding machine
sumario summary; **consejo —** summary court martial
sumergido submerged
sumiso submissive, meek, humble
suntuoso sumptuous, very rich and ornate
superficie *f.* surface
superfluo superfluous
superior superior, upper
superioridad superiority
suplicar to beg
suponer(se) to suppose
suposición supposition
supremo supreme
supresión suppression
suprimir to suppress
supuesto (*p.p.* of **suponer**) supposed; **por —** of course
sur *m.* south
surco furrow
surgir to come forth, rise up, arise
suriano southerner
suspender to suspend, stop
suspenso suspense
suspirar to sigh
suspiro sigh
sustento sustenance, food
sustituir to substitute
susto dread, fear
sustraerse to withdraw oneself, elude
sutil subtle
suyo -a, -os, -as of his, hers, yours, theirs; **los —s** his men

T

tabla board
tablón *m.* plank
tacón *m.* heel
tactactac click, click, click

tajada slice; cut; herd
tajante cutting
tal such (a); **el** — that; — **por cual** so
and so; — **vez** perhaps; **un** — one
talabartero saddler, harness maker
talar ankle-length
talento talent, skill
talla wood carving
tallado carved
taller *m.* workshop
tamaño size; *adj.* so large, so great,
such large, such great
tambalearse to stagger
también also, too
tambor drum
tampoco neither
tan so, as; such (a)
tanque tank
tanto so much, as much; *pl.* so many,
as many; **en** — **que** while; **mientras** —
in the meantime; **por lo** — therefore;
— . . . **como** . . . both . . . and . . .;
un — a little; **otras tantas doncellas**
the same number of maidens
tapar to cover
tapete *m.* carpet, tapestry
tapia wall
tapiado walled in
taquilla box office
tarasco Indian dialect spoken in the
state of Michoacán
tardar to be late; — **en** to delay in, take
long to
tarde *f.* afternoon; **al caer la** — at sunset; **por la** — in the afternoon; *adv.*
late
tardío late
tarea task, work
tarjeta card
tarugo stupid
tata *coll.* father, dad
tatema *Mex.* heat
té *m.* tea
tea torch
técnico technical; technician
tecolote *m.* owl
techo roof, ceiling
tejano Texan
teje y maneje *coll.* cleverness

tejido textile
tela cloth, skin
telar *m.* loom
telegrafiar to telegraph
telegrafista telegraph operator
telégrafo telegraph
telegrama *m.* telegram
telón theatre curtain
tema *m.* theme, topic; **cambiar de** — to
change the subject
temblar (ie) to tremble
temblor trembling
temer to fear
temeroso fearful, afraid
temible dreaded
temor fear
temperamento temperament, character, disposition
tempestad storm
templado moderate, temperate
templo temple
temporada time period
temporal worldly; *m.* storm, long rainy
spell
temprano early
tenaz tenacious
tenaza pliers
tendedero clothesline
tender (ie) to extend, stretch (out),
spread, lay out, give, strain, recoil
tendón *m.* tendon
tenebroso dark and scary
tener to have, hold; consider; — **la costumbre de** to be accustomed to; — **en
jaque** to hold in check; — **pena** to
grieve, worry; **no** — **punto ni coma** to
have nothing; — **que** to have to; —
razón to be right; — **voluntad a** to favor; **tenga la bondad de** . . . please
. . .
teniente lieutenant
tenso tense
tentativa attempt
tenue fine
teñir (i) to color, dye
teodolito theodolite, surveyor's instrument
teológico theological, religious

tepache *m.* Mexican pineapple-flavored drink
tepehua Indian dialect spoken in Durango, Jalisco, Chihuahua, Sinaloa
tepemezquite kind of cactus
tequila *m.* tequila
tercer used for **tercero** before a *m. sing. n.*
tercero third
tercia trio
terciado slung
terciar to carry (arms) diagonally across one's chest
terco stubborn
terminado used up
terminante final, decisive
terminar to end, finish; **terminó por decir** he finally said
término purpose; **dar —** to end
terquedad stubborness
terrateniente landowner
terregal *m.* dust storm
terreno land
terrible terrible
territorial territorial
territorio territory, land
terror terror
terroso dirty
terruño land, region
tesis *f.* thesis
tesorería treasury
tesoro treasure
testarudo stubborn
testículo testicle
tertulia social gathering
teul *Mex.* Spaniard, white man
texano Texan
tianguis *Mex.* market day
tibio lukewarm, tepid
tiburón *m.* shark
tic tiqui noise of a telegraph key
tiempo time; season; **a —** on time; **de — atrás** for a long time
tienda store; **— de raya** store owned and operated by the owner of an hacienda
tierno tender
tierra land
tierruca one's own homeland

tieso stiff
tigre tiger, mountain lion
timbre *m.* bell, buzzer
timidez timidity
timón *m.* rudder
tinaja clay jug
tinieblas *f. pl.* darkness
tinte *m.* hue
tin-tin tinkling
tío uncle; old man
tipo type; fellow, guy
tirador shooter
tiranía tyranny
tiránico tyrannical
tirano tyrant
tirantes *m. pl.* suspenders
tirar to throw; shoot; pull; **—(se) de** to pull on
tiro shot, pellet; **a — de fusil** within rifle range; **— de gracia** coup de grâce, death blow with which an executioner ends the suffering of the condemned; **— al blanco** bull's-eye
tiroteo volley of shots, shooting
titán titan, giant
titubeante hesitatingly, haltingly
titubear to hesitate
titubeo hesitation, hemming and hawing
titular to name
título title; **a — personal** to their own accord
tiza chalk
tiznada soot
toalla towel
tobillo ankle
tocar to play; touch; **nos toca** it's our turn
todavía still, yet
todito all, every bit; **con todita razón** no wonder
todo everything; all, whole, every; **sobre —** especially; **— el mundo** everyone; **—s** everyone
toldo awning, cover
tolerancia tolerance
tolerar to tolerate, allow
tolteca Toltec
toma *f.* taking

tomar to take; *coll.* take off; — **de** to take by, grab by; — **la palabra** to take the floor, start to speak; —**se en cuenta** to take into account; **¡toma!** why!

tonelada ton

tono tone; **subir de** — to become louder

tonteras *f. pl.* foolishness

tontería nonsense

tonto fool, stupid

topar to bump

toque *m.* bugle call; touch; ringing of bells; — **eléctrico** electric shock

torcer (ue) to twist

tordo thrush; gray

torero bullfighter

tormenta storm

tormentoso stormy, turbulent

tornar to turn

torno turn; **en** — around

toro bull

torpe dull, stupid; clumsy, sluggish

torpeza blunder

torre *f.* tower

torrencial torrential

torreón fortified tower

tortilla tortilla: flat, thin corn pancake used in place of bread in Mexico

tortuga turtle

tortura torture

tosco coarse, rude

total total

totonaco Indian dialect spoken in the states of Veracruz and Puebla

trabado tongue-tied

trabajador worker

trabajar to work; shape, carve

trabajo work, hardship, labor

tradición tradition

tradicional traditional, age-old

traducir to translate

traer to bring, carry, bear

trágico tragic

trago drink, swallow

traición treason

traicionar to betray

traidor traitor

traje *m.* suit; dress

trajín *m.* moving about

trama trick, scheme

trampa trick, fraud; trap

trance *m.* danger; **a todo** — at any cost

tranquilidad calm

tranquilizador reassuring

tranquilizarse to calm down

tranquilo calm

transcurrir to pass

transformar to transform

transitar to travel

transitorio transitional

transmisión transmission

transmisor transmitting

transmitir to transmit

transparencia transparency

transparente transparent

traspasar to go through, trespass

transpirar to perspire

transporte *m.* transportation

tranvía *m.* trolley car

trapo rag, cloth

tras (de) after, behind

trascendental very important

trasladar to move, transfer

trasto dirty dish

tratado treaty

tratamiento treatment; address

tratar to treat, deal (with); try; — **de** to try to; —**se de** to be a question (matter) of

trato treatment, handling; deal

través a — **de** through, across

travesura prank, mischief

traza appearance

trazado sketched, outlined

trazo trace

tregua truce; intermission

treinta thirty

treintena a group of thirty

tremendo tremendous, terrifying

trémulo quivering, shaking

trenzar to braid, intertwine

trepadora ivy

trepar to climb

trepidante vibrating

trescientos three hundred

trespeleque *Mex.* silly-looking, worthless

tribu *f.* tribe
tribuna tribunal
tributar to pay homage, render
tributo tribute, contribution
trigo wheat
trinar to trill, sing
trinchera trench
tripulante crew
triste sad, unfortunate
tristeza sadness
triturar to crush
triunfar to triumph
triunfo triumph
trocar (ue) to change
troje *f.* granary, barn
tronante thundering
tronar (ue) to thunder
troncharse *coll.* to die
trono throne
tropa troop
tropel *m.* throng, rush
tropical tropical
trotar to trot
trozo piece
truco trick
trueno thunder, loud detonation
tubería pipes
tubo pipe, roll, tube
tul *m.* reed
tumba tomb, grave
tuna prickly pear
túnica tunic, robe, gown
tuno sly
turista tourist
turno turn, shift
turquesa turquoise

U

u (*used before words beginning with* **o**
   or **ho**) or
último last; **por —** finally
ultraje *m.* outrage
umbral *m.* threshold; doorway
umbroso shady
un used for **uno** before a *m. sing. n.*
unánime unanimous, single
únicamente only
único only, unique

unidad unity
uniformar to uniform, outfit
unión union
unir(se) (a) to join, unite
universal universal
universidad university
universo universe
uno one, a; **— a —** one by one; **—s**
   some; **—s cuantos** some few, a few
uña fingernail, claw; **enseñar las —s** to
   fight back, show one's claws
urgente urgent
urgir to be urgent, imperative
usar to use
usté (usted) you
usurero usurer, money lender
útil useful
utilidades *f. pl.* profits

V

vaca cow
vacilación vacillation, hesitation
vacilante wavering
vacilar to vacillate, waver, hesitate
vacío empty
vaguedad vagueness, mystery
valer to be worth, cost; **más vale . . .**
   it's better . . .; **—se de** to use; **Válgame Dios** God help me
valeroso brave
valiente brave
valioso valuable
valor value, bravery
valorizar to evaluate
valuar to evaluate
válvula valve
valle *m.* valley
vampiro vampire
vanguardia vanguard, squad
vanidad vanity
vano vain; **en —** in vain, uselessly
vaporoso vaporous, ethereal, delicate
vara yard; pole
varios *m. pl.* several
varón male
vasallo vassal, subject
vasconcelista pertaining to Vasconcelos
vaselina vaseline

vasija any form of receptacle, container
vaso glass
vasto vast
vecindad neighborhood
vecino neighbor; inhabitant; *adj.* neighboring
vega flat lowland
vegetación vegetation
vegetal vegetable
vehemencia vehemence, force
vehemente vehement, forceful, strong
veintena score, twenty
veintiocho twenty-eight
veintitantos twenty-plus, some twenty odd
vejación annoyance; oppression
vejez *f.* old age
vela candle; **en —** without sleep
velada ambush
velado hushed
veladora candle
velorio wake
vena vein
venado deer
vencedor conqueror
vendedor vendor
vender to sell
veneciano Venetian
veneno poison
venerable venerable, respected
venerado venerated, respected
venerar to revere, respect
venganza revenge
vengar to avenge
venir to come; **venga . . .** let's have . . .
venta sale; tavern
ventaja advantage
ventanuco small dirty window
ver to see, look at; **a —** let's see; **echar de —** to notice; **vérselas con** to answer to
veraniego summer
veras *f. pl.* reality, truth; **de —** really
veraz truthful
verdad truth
verdadero true, real
verde green
verdor green
verdugo hangman, executioner

vereda path
vergel *m.* flower garden
vergonzante shameful
vergonzoso shameful
vergüenza shame
verso verse, line of poetry
verter (ie) to pour
vertiente *f.* slope
vértigo dizziness
vespertino evening or afternoon
vestíbulo vestibule, lobby
vestido dress, gown, robe
vestir(se) (i) to dress, wear
veterano veteran
vez *f.* time; **a la —** at the same time; **a su —** for his part, in his turn; **de una — para siempre** once and for all; **en — de** instead of; **otra —** again; **tal —** perhaps; **una —** once; **a veces** occasionally
vía road; track
viaje *m.* voyage, trip
viajero traveler
víbora snake
vibración vibration
vibrante vibrating
vibrar to vibrate, quiver
vicepresidente vice-president
vicio vice
víctima victim
victoria victory
vida life
vidrio glass
vidrioso glassy
vieja *coll.* wife, old lady
viejecito little old man
viejo old
viento wind
vientre *m.* belly
viernes Friday
vigente current, in force
vigésimo twentieth
vigía lookout, watch
vigilancia vigilance, watchfulness
vigilante watchful, on guard duty; *m.* watchman, guard
vigor vigor
vil mean, base, despicable; common
villano villain

vindicar to vindicate; establish
vino wine
viñedo vineyard
violación violation
violencia violence
violento violent; rapid
virgen virgin, maiden
virreina wife of the viceroy
virreinal viceregal
virreinato viceroyship, viceroyalty
virrey viceroy
virtud virtue
visera visor
visión vision
visita visit; visitor; **de** — on a visit
visitante visitor
visitar to visit
víspera the night before; **intervencionista de la** — overnight interventionist
vista sight, view, insight; eyes; **a la —** (**de**) in sight (of); **punto de** — point of view; **hasta la** — so long, till we meet again
visual visual
vital vital
vitorear to cheer
vitrina glass showcase
viuda widow
vivaz lively, bright
víveres *m. pl.* food, provisions
vivir to live; ¡viva . . .! long live . . .!; ¡vive Dios! by God!
vivo live, alive
vocabulario vocabulary
vocación vocation
vocal member of a council
vociferar to yell
volante flying, fast-moving
volar (ue) to fly
volcánico volcanic
volcar (ue) to overturn, pour out
voltear to turn around
voluntad will; **tener** — **a** to favor
voluntariamente voluntarily, willingly
voluntario volunteer
volver (ue) to return; turn; — **a hacer** to do again; — **grupas** to turn around; — **la espalda** to turn one's back; —**se**

to become, turn; turn around
vomitar to vomit, hurl out
vómito vomit
voraz voracious, greedy
votar to vote
voz *f.* voice, shout; word; **en** — **alta** out loud, aloud; **a tres voces** all three together in one voice
vuecencia your excellency
vuelco turn
vuelo flight
vuelta return; turn; **dar media** — to turn halfway around; **dar** —**s** to turn around; **de** — back, returned
vuesa archaic form of **vuestra**; — **merced** your grace, your honor, sir
vuestro your
vulgar common

Y

y and
ya already, now; soon, then; — **lo creo** yes indeed; — **no** no longer; — **que** since
yacer to lie
yacimiento deposit
yanqui Yankee
yantar to eat
yegua mare
yerba plant
yergue (3rd person *sing. pres.* of **erguir**); **se** — he stands up erectly, stiffens with pride
yermo sterile, dry
yerno son-in-law
yerra (*pres.* of **errar**) to miss
yugo yoke
yunta yoke

Z

zafar to cut loose, escape
zafir *m.* sapphire
zanco stilt
zangolotear to shake violently
zanja ditch
zapatero shoemaker

zapatismo agrarian movement led by Emiliano Zapata

zapatista follower of Emiliano Zapata

zapato shoe

zapatón big shoe

zapote *m.* fruit of the sapote tree

zarandear to shake briskly

zarzal *m.* bramble, thorny bush

zoológico zoo

zopilote *m.* buzzard

zozobra worry, anxiety

zumbar to buzz

zumbido buzz

Acknowledgments (continued from copyright page)

The late Gregorio López y Fuentes, for selections from his works *Tierra* and *Huasteca.*
Olivia Ramírez de Yáñez, for selection from *Al filo del agua* by Agustín Yáñez.
The late Martín Luis Guzmán, for "Pancho Villa en la cruz" from his *El águila y la serpiente.*
Ediciones Era, México, D.F., for "Dios en la tierra" by José Revueltas.
Rosario Ahumada de Díaz Guerrero and the late José Vasconcelos, for selections from *El proconsulado* by José Vasconcelos.
The late Mauricio Magdaleno, for selections from his *Pánuco 137.*
Paloma Gorostiza, for selection from *El color de nuestra piel* by Celestino Gorostiza.
Brandt & Brandt Literary Agents, Inc., for "El costo de la vida" by Carlos Fuentes, from *Cantar de ciegos* by Carlos Fuentes. Copyright © 1964 Editorial Joaquín Mortiz, S.A. Reprinted by permission of Brandt & Brandt Literary Agents, Inc.; and "Epílogo" by Carlos Fuentes, from *La cabeza de la hidra* by Carlos Fuentes. Copyright © 1978 Editorial Joaquín Mortiz S.A. Reprinted by permission of Brandt & Brandt Literary Agents, Inc.
Elena Poniatowska, for selections from her *La noche de Tlatelolco.*
Arhoolie Productions, El Cerrito, CA, and Chris Strachwitz, for the version of the corrido "Joaquín Murieta."
The late Tomás Rivera, for "Los niños no se aguantaron" and "Es que duele" from his *. . . y no se lo tragó la tierra.*
Rolando Hinojosa, for "Un poco de todo" from his *Klail City y sus alrededores.*
Luis Dávila, for selections from his *A Decade of Chicano Literature.*
Bilingual Press/Editorial Bilingüe, for selection from *Reto en el paraíso* by Alejandro Morales.

Illustration credits:

Map insert between pages 3 and 4: Courtesy of Pan American Book Company, Los Angeles, CA.
Pages 28 and 32: Courtesy of the Hood Museum of Art, Dartmouth College, Hanover, NH.
Pages 40 and 48: Courtesy of the Unidad de Investigación y Documentación del Instituto Nacional de Bellas Artes, México, D.F.
Pages 66, 86, 134, and 154: Courtesy of José Verde Orive, official photographer of the Instituto Nacional de Bellas Artes, México, D.F.
Page 96: Courtesy of the Instituto Nacional de Bellas Artes, Colección Artes Plásticas, México, D.F.
Insert of Maximiliano and Carlota between pages 109 and 110, and page 118: Courtesy of the Instituto Nacional de Antropología e Historia, Secretaría de Educación Pública, Museo Nacional de Historia, México, D.F.
Page 150: Courtesy of the Instituto Nacional de Bellas Artes, Museo de Arte Moderno, México, D.F.
Page 202: Courtesy of the photographer, Héctor Darío Vicario.
Page 216: Photo by George Ballis, courtesy of the United Farm Workers union, Los Angeles, CA.
Page 248: Courtesy of Tey Diana Rebolledo, Southwest Hispanic Research Institute, Women Studies Program, and the Department of Modern and Classical Languages, University of New Mexico, Albuquerque, NM.